세계의 교사교육

변화하는 정책과 실천

세계의 교사교육

초판 1쇄 인쇄 2025년 7월 7일
초판 1쇄 발행 2025년 7월 17일

편저 린다 달링-해먼드·앤 리버맨
번역 전국교원양성대학교총장협의회
펴낸이 김승희
펴낸곳 도서출판 살림터

기획 정광일
편집 송승호·조현주·이희연
북디자인 꼬리별

인쇄·제본 (주)신화프린팅
종이 (주)명동지류

주소 서울시 양천구 목동동로 293, 2215-1호
전화 02-3141-6553
팩스 02-3141-6555
출판등록 2008년 3월 18일 제313-1990-12호
이메일 gwang80@hanmail.net
블로그 http://blog.naver.com/dkffk1020
한국교육연구네트워크 www.kednetwork.or.kr

ISBN 979-11-5930-326-5 93370

세계의 교사 교육

변화하는 정책과 실천

린다 달링-해먼드·앤 리버맨 편저
전국교원양성대학교총장협의회 번역

세계의 교사교육

교사는 교육 시스템에서 가장 중요한 단일 요소지만, 오늘날 세계에서 질 높은 교사를 양성하는 데 필요한 것은 무엇인가?

전 세계적으로 많은 국가가 글로벌 요구에 부응하기 위해 학교를 어떻게 변화시킬지 고민하고 있다. 국제 비교 연구에서는 핀란드의 학교가 교육 성취도 순위에서 선두를 차지하는 것으로 나타나는데, 그 이유는 무엇일까? 핀란드는 교사교육에서 어떤 새로운 정책과 실천을 개발했으며, 이러한 변화를 어떻게 지원하고 있을까? 유럽과 아시아의 여러 국가도 질 높은 교사교육을 제공하는 상위권 국가에 속하지만, 이들이 어떤 방식으로 교사교육을 운영하고 변화를 이루었는지에 대한 정보는 많지 않다.

이 책에서는 세계적으로 저명한 연구자들이 우수한 성과를 내고 있는 국가들의 교사교육에 관한 체계적인 정책과 실천을 다루며, 이들이 교사 역량, 교육의 형평성, 변화하는 글로벌 사회에 어떻게 대응하고 있는지를 분석한다. 높은 성과를 보이는 국가들—핀란드, 싱가포르, 네덜란드, 영국, 홍콩, 캐나다, 호주, 미국—은 각기 다른 정책과 실천을 통해 교육 변화를 지원하고 있으며, 특히 다음과 같은 측면에서 흥미로운 다양성을 보여준다.

- 신임 교사의 양성, 배치, 지원 및 평가에 대한 강조
- 교사 유지율, 교사의 전문적 지식, 지속적인 전문성 개발 중시
- 교육과정 변화 및 주요 정책의 개혁

또한, 이 책에서는 각 국가의 교사양성 과정에 영향을 미치는 지역적·문화적 요인을 조명하며, 이런 요소들이 변화를 가능하게 하는 동시에 장애 요인이 되기도 한다는 점을 논의한다.

『세계의 교사교육Teacher Education around the World』은 각국의 사례를 통해 무엇을 배울 수 있는지, 어떤 정책과 실천이 다른 국가에서도 적용 가능할지, 그리고 어떤 요소가 특정 국가의 문화적 맥락에 깊이 뿌리내려 있는지를 탐구한다. 또한, 모든 국가에서 공통적으로 나타나는 주요 주제를 정리하고, 이들이 교사교육의 변화를 어떻게 지원하고 유지하는지를 구체적으로 서술한다. 이 책은 교사교육, 교사 양성, 교육정책에 관심 있는 모든 이에게 필수적인 자료가 될 것이다.

편저자 소개

린다 달링-해먼드Linda Darling-Hammond는 미국 스탠퍼드대학교 교육대학원의 찰스 E. 뒤쿠먼 석좌교수다.

앤 리버맨Ann Lieberman은 미국 컬럼비아대학교 교원양성대학의 명예교수이자, 미국 스탠퍼드대학교의 선임 연구원이다.

저자 및 공헌자들

린다 달링-해먼드Linda Darling-Hammond는 미국 스탠퍼드대학교Stanford University 교육학과 찰스 E. 두쿠먼 석좌교수Charles E. Ducommun Professor of Education로, 스탠퍼드 교육기회정책센터Stanford Center for Opportunity Policy in Education와 학교 재설계 네트워크School Redesign Network를 설립했으며, 스탠퍼드 교사교육 프로그램Stanford Teacher Education Program의 교원 후원자faculty sponsor로 활동했다. 그녀는 미국교육학회American Educational Research Association 회장을 역임했으며, 미국 교육아카데미National Academy of Education 회원이기도 하다. 또한, 2008~2009년에는 미국 대통령 버락 오바마Barack Obama의 교육정책 전환팀을 이끌었다. 그녀의 연구, 교육, 정책 활동은 학교 개혁, 교사 역량, 교육의 형평성 문제에 초점을 맞추고 있다.

달링-해먼드는 300편 이상의 연구 및 저서를 집필했으며, 주요 저서로는『평평한 세계와 교육: 미국의 형평성에 대한 헌신이 우리의 미래를 어떻게 결정할 것인가The Flat World and Education: How America's Commitment to Equity Will Determine Our Future』Teachers College Press, 2010,『강력한 교사교육: 모범적인 프로그램에서 배우는 교훈Powerful

Teacher Education: Lessons from Exemplary Programs」Jossey-Bass, 2006 등이 있다. 최근 수상 경력으로는 2011년 브록 국제 교육상Brock International Prize in Education과 2009년 맥그로-힐 교육 혁신상 McGraw-Hill Prize for Innovation in Education이 있다.

자넷 드레이퍼Janet Draper는 2007년부터 홍콩 침례대학교Hong Kong Baptist University 교육학과 교수로 재직하고 있으며, 그 이전에는 스코틀랜드 모레이 하우스 교육연구소Moray House Institute of Education, 에든버러대학교University of Edinburgh, 그리고 영국 엑서터대학교 University of Exeter에서 오랜 기간 교사 교육을 담당했다. 그녀의 연구 관심사는 교사 개발, 교사의 직업과 전문직화, 그리고 경력 전반에 걸친 신임 교사 적응 교육Induction of Staff, 학교 리더십, 일과 삶의 균형 work-life balance에 관한 것이다. 또한, 2005년부터 잉글랜드 교원평의회General Teaching Council for England; GTCE 위원회 회원으로 활동해 왔다.

에이 린 굿윈A. Lin Goodwin은 미국 컬럼비아대학교 교원양성대학 Teachers College, Columbia University 교수이자 부학장Vice Dean이다. 그녀의 연구 및 저술은 교사의 정체성과 발달의 연관성, 다문화적 이해와 교육과정 실행의 관계, 그리고 미국 학교에서 아시아계 미국인 교사와 학생들이 직면한 문제에 초점을 맞추고 있다. 그녀는 교육 분야의 주요 학술지에 다수의 논문을 게재했으며, 여러 권의 책을 편집했다.

최근 논문으로는 「식민지화된 교육과정: 미국의 아시아계 교육의 현재Curriculum as colonizer: (Asian) American education in the current U.S. context」Teachers College Record 및 「세계화와 양질의 교사 양성: 교직 지식 영역을 재고하다Globalization and the preparation of quality teachers: Rethinking knowledge domains for teaching」Teacher Education가 있다.

그녀는 교사교육, 다양성, 평가 문제와 관련하여 다양한 기관에서 컨설턴트로 활동해 왔으며, 중동, 유럽, 아시아의 교육자들과 협력하여 학교, 교사교육, 교육과정 개혁을 추진하는 작업을 해 왔다.

카렌 해머니스Karen Hammerness는 미국 뉴욕에 있는 바드대학Bard College의 교직 석사 과정Master of Arts in Teaching Program에서 부교수Associate Professor 및 프로그램 연구 책임자Director of Program Research로 활동하고 있다. 그녀의 연구는 교사교육의 설계 및 교수법, 그리고 교사와 교원 양성 프로그램에서 '비전vision'이 갖는 역할에 초점을 맞추고 있다. 주요 저서로는『교사의 눈으로 바라보기: 교직의 이상과 교실 실천Seeing Through Teacher's Eyes: Professional Ideals and Classroom Practices』Teachers College Press, 2006가 있다.

앤 리버맨Ann Lieberman은 미국 컬럼비아대학교 교원양성대학 Teachers College, Columbia University의 명예 교수Emerita Professor이며, 과거 10년간 카네기 교수법 발전 재단Carnegie Foundation for the Advancement of Teaching의 선임 연구원Senior Scholar으로 활동했고, 현재는 스탠퍼드대학교 선임 연구원으로 재직 중이다.

그녀는 교사 리더십, 네트워크, 학교-대학 협력, 그리고 교육 개혁의 가능성과 도전 과제에 대한 연구로 널리 알려져 있다. 주요 저서로는『교사 리더십과 전문 학습 공동체Teacher Leadership and Teachers in Professional Communities』Lynne Miller와 공동 저술 및 『교사는 어떻게 리더가 되는가How Teachers Become Leaders』Linda Friedrich와 공동 저술 등이 있다.

또한, 그녀는 미국교육학회AERA 회장을 역임한 바 있으며, 이론과 실천의 괴리 및 연구·정책·실천 간의 단절 문제 해결에 주력해 왔다. 학자로서 연구에 몰두하는 동시에 교육 개혁에 적극적으로 참여하는 연구자이자 실천가scholar-activist로서 교육 분야의 이론과 실천을 연결하는 데 기여해 왔다.

존 맥베스John MacBeath는 영국 케임브리지 대학교Cambridge

University에서 교육 리더십 분야 책임교수Chair of Educational Leadership를 맡았으며, 현재 명예 교수Professor Emeritus로 활동하고 있다. 그 이전에는 스코틀랜드 글래스고의 스트래스클라이드 대학교University of Strathclyde에서 교육질관리센터Quality in Education Centre 소장을 역임했다.

그는 1997~2001년 영국 블레어 정부Blair Government의 교육 표준 태스크포스 위원Task Force on Standards으로 활동했으며, OECD, UNESCO, 국제노동기구ILO, 베르텔스만 재단Bertelsmann Foundation, 유럽연합 집행위원회European Commission 등과 협력하여 학교 자체 평가 관련 연구와 자문을 수행해 왔다.

또한, 1997년부터 홍콩 교육국Education Bureau의 연구자이자 컨설턴트로 활동하고 있으며, 국제학교효과성 및 개선회의International Congress on School Effectiveness and Improvement의 전前회장, 학습을 위한 리더십Leadership for Learning 센터 소장을 역임했다. 1997년 교육 분야의 공로를 인정받아 대영제국훈장Order of the British Empire: OBE을 수훈했으며, 2009년 에든버러대학교University of Edinburgh에서 명예 박사 학위를 받았다.

다이앤 메이어Diane Mayer는 호주 디킨 대학교Deakin University 교육학부 학장이며, 현재 연구와 학술 활동을 통해 교사의 업무 및 교사 교육에 관한 정책과 실천을 연구하고 있다. 그녀는 교직 전문성 개념과 교육 정책 및 실천의 변화를 경제·문화적 세계화 맥락에서 탐구하고 있다.

그녀는 『교사교육Teaching Education』 및 『아시아태평양 교원 교육 저널Asia Pacific Journal of Teacher Education』의 공동 편집자로 활동하고 있으며, 호주와 미국의 교원 양성 및 인증 기관과도 긴밀하게 협력하고 있다.

니콜 메리노Nicole Merino는 스탠퍼드대학교 교육 평가·학습·형평성 센터Stanford Center for Assessment, Learning and Equity; SCALE에서 캘리포니아 교사 성과 평가 책임자Director of Performance Assessment in California Teachers를 맡고 있다.

그녀는 교사 성과 평가 컨소시엄Teacher Performance Assessment Consortium; TPA 개발 및 실행을 주도하고 있으며, 스탠퍼드 교사교육 프로그램Stanford Teacher Education Program에서 강의를 하고 있다. 캘리포니아대학교 산타바버라University of California, Santa Barbara에서 박사 학위를 받았으며, 교사 평가와 아동 발달을 전문적으로 연구하고 있다. 특히 유아기의 사회 인지social cognition in early childhood에 대한 연구를 해 왔다. 또한, 그녀는 캘리포니아 교사 성과 평가Performance Assessment for California Teachers; PACT 지역 코디네이터 및 교사교육 프로그램 보조교수Teaching Associate로도 활동했다.

레이 페시오네Ray Pecheone는 스탠퍼드대학교 교육 평가·학습·형평성 센터SCALE의 창립자이자 책임 이사Executive Director다. 그는 교사와 교육 행정가를 위한 성과 평가performance assessment를 개발하고, 차세대 형성 평가 및 총괄 평가formative & summative assessment 시스템을 구축하는 프로젝트를 이끌고 있다. 그는 코네티컷주 교육부Connecticut State Department of Education에서 교육과정·연구·평가국장Bureau Chief for Curriculum, Research, Testing and Assessment을 역임했으며, 미국 국가 교원 전문성 표준 위원회National Board for Professional Teaching Standards; NBPTS 평가 개발 연구소Assessment Development Lab의 공동 책임자로 활동했다.

현재 그는 22개 주 및 85개 대학이 참여하는 국가 차원의 예비 교사 평가National Assessment for Pre-Service Teaching 프로젝트를 이끌고 있으며, 뉴욕시 대규모 학생 평가 연구 프로젝트를 감독하고 있다. 이 프로젝트는 모든 학생이 대학 및 직업 준비를 할 수 있도록 지원하는 것을 목표로 한다.

파시 살베리Pasi Sahlberg는 핀란드 헬싱키 국제교류센터Centre for International Mobility and Cooperation; CIMO의 총괄 국장Director General이다. 그는 교육 개혁, 교사 교육, 학교 컨설팅, 정책 자문 등 다양한 분야에서 국제적인 경험을 쌓아왔다. 핀란드에서는 교사, 교원 양성자, 정책 자문가, 교육 행정가로 활동했으며, 미국 세계은행World Bank과 이탈리아 유럽연합 집행위원회European Commission의 교육 전문가로도 일했다.

그의 연구 관심 분야는 교육 개혁, 학교 개선, 협력 학습, 국제 교육 정책 등이다. 저서로는 『핀란드의 교훈: 세계는 핀란드 교육 개혁에서 무엇을 배울 수 있는가?Finnish Lessons: What Can the World Learn about Educational Change in Finland?』가 있으며, 미국 교육협회ASCD 및 국제 협력학습협회IASCE의 이사회Board of Directors 위원으로 활동하고 있다. 핀란드 유바스큘라 대학교University of Jyväskylä에서 박사 학위를 받았으며, 헬싱키대학교University of Helsinki 및 오울루대학교University of Oulu에서 겸임 교수Adjunct Professor로 재직 중이다.

마르코 스눅Marco Snoek은 네덜란드 암스테르담 응용과학대학교 University of Applied Sciences Hogeschool van Amsterdam 교육학부 교수다. 그의 연구는 학교 혁신을 위한 교사의 전문성 및 직무 역량 개발에 초점을 맞추고 있다. 그는 네덜란드와 유럽의 교원 양성 정책에 관한 연구를 다수 발표했으며, 네덜란드 교원 양성 협회Dutch Association for Teacher Educators; VELON 이사회에서 활동하고 있다. 또한, 네덜란드 정부 대표로서 유럽연합 집행위원회European Commission의 교사 전문성 개발을 위한 주제별 워킹 그룹Thematic Working Group on the Professional Development of Teachers에 참여하고 있다.

얀 반 타르트베이크Jan van Tartwijk는 네덜란드 위트레흐트 대학교Utrecht University 사회행동과학부Faculty of Social and Behavioral Sciences 교육학 교수다.

그는 위트레흐트대학교에 합류하기 전, 네덜란드 라이덴대학교Leiden University 교사교육대학원Graduate School of Teaching에서 교사교육학과에 재직하며 교실 관리 강의를 하고, 교사교육 프로그램 운영에도 참여했다.

그의 연구 관심사는 교사와 학생 간 의사소통 및 교실 관리이며, 그 외에도 교사 및 의학교육 분야의 코칭과 평가, 교사 경력 전반에서의 교직 지식 형성 과정에 대한 연구를 하고 있다.

서문

    이 책은 교사 전문성, 학습에 대한 새로운 관점, 교사 전문성 개발, 21세기 핵심 역량과 같은 주제를 다루는 프로그램을 도입하고 실행하는 과정에서, 세계 여러 나라들이 예비교사 교육과 현직교사 연수에서 무엇을 하고 있는지를 보여주려는 시도이다. 우리는 '교사 전문성 teacher quality'이라는 개념이 전 세계 교육 담론에서 공통적으로 중요한 주제로 떠오르고 있음을 확인했지만, 그 정의나 정책, 실제 실행 방식은 각 나라의 맥락에 따라 다르게 나타난다는 점도 발견했다. 우리가 이 책을 통해 배우게 되는 것 중 하나는 각 문화권이 교육을, 특히 '교사 전문성'을 어떻게 바라보는가에 대한 시각이다. 역사, 국가 규모, 문화, 교사 양성 과정, 교원 교육 정책, 그리고 평가 방식의 변화 등은 이 책의 여러 장에서 다루어지는 핵심적인 쟁점들이다.

    우리는 각국의 내부로 깊이 들어가 정책이 어떻게 형성되는지, 혁신적 실천이 어떻게 지원되는지를 살펴보고, 이러한 탐구를 통해 무엇을 배울 수 있을지 알고자 했다. 일부 국가에서는 정책과 실제가 거의 단절 없이 연결되어 있으며, 교사가 되기 위해 석사 학위를 필수적으로 요구하는 등(핀란드, 싱가포르), 교사의 고등 교육을 강하게 강조한다. 반면 다른 나라들에서는 준비 기간이 짧더라도 21세기 교육에 대한 새로운 기대와 함께 교직에 진입할 수 있는 체제를 운영하고 있다(호주, 미국, 홍콩). 일부 국가에서는 새로운 슬로건을 통해 학교 교육에 대한 새로운 사고방식을 표현하며(홍콩, 싱가포르), 다른 국가들에서는 새로운 프로그램의 실행 방식 자체가 정책과 실천의 관계를 변화시키고 있다(캐나다, 영국).

현직 교사의 지속적인 학습 또한 국가별로 다양한 방식으로 운영된다. 일부 나라에서는 교사들이 전문성 개발의 조직과 실행 방식에 더 많은 발언권이 있으며(캐나다), 또 어떤 나라에서는 신임 교사의 양성과 적응, 지원, 평가에 대해 국가 차원의 공론장이 형성되어 있다(호주). 각국은 교사 전문성에 대해 다양한 정의와 준비 방식, 전문성 개발 프로그램을 운영하며, 변화 과정을 다루는 방식 또한 제각각이다.

이 책의 목적은 각국이 교사 전문성이라는 과제에 어떻게 접근하고 있는지를 보여주고, 그들의 맥락과 문화, 교원 교육에 대한 책무를 기술한 다양한 사례들을 통해 배우며, 국가 간에 관통되는 공통 주제들을 종합해보려는 데 있다. 우리는 그 유사성과 차이점을 살피며, 모두에게 교육적 통찰을 주고자 한다.

이 책은 진정한 협업의 정신으로 공동 집필되었다.

발간사

김창원(2024년 전국교원양성대학교총장협의회 회장)

    전국교원양성대학교 총장협의회는 10개 국립 교육대학교와 한국교원대학교의 총장 및 제주대학교 총장을 대리하여 부총장 겸 교육대학장이 참여하는 초등교원양성기관장의 협의체다. 초등 쪽에 중점을 두기는 하지만 교원대학교와 제주대학교는 중등교원 양성을 겸하고 있어, 교원교육을 중심으로 초중등교육 전반에 걸친 정책과 이론, 실천에 관한 고민을 함께하고 있다.

    총장협의회는 교원교육 이론의 심화와 미래지향적이고 국제 기준을 충족하는 교육과정 정착을 위해 '공동교육혁신센터'를 운영하고, 매년 학술 심포지엄과 정책 토론회를 개최하며, 교육 선진국의 교원 양성에 관해 깊이 있는 저술을 번역하고 있다. 최근 3년으로 한정하더라도 학술 심포지엄으로 〈대한민국 교원교육의 새로운 길을 찾아서〉[2022], 〈목적형 교원양성체제 강화를 위한 현행 법제 개선 방향〉[2023], 〈교원양성교육 재설계를 위한 방향 찾기〉[2024], 〈광복 100년을 향한 교원교육의 혁신 방향〉[2024]을 개최하고, 마크 터커[2022], 『교육의 미래와 학교 혁신』과 린다 달링 해몬드[2024], 『자율성과 전문성을 지닌 교사 되기』를 번역하였다. 이 번역서가 그 연장선상에 있음은 물론이다.

    출생률 저하와 기대수명 연장으로 인한 인구구조 변화, 기술 발전으로 인한 산업 구조와 직업 환경 변화, 그와 맞물린 교육 여건의 변화로 지금 대한민국 교육은 큰 변곡점에 서 있다. 2022 교육과정과 AI·디지털 교재가 전면 도입되면서 교사뿐 아니라 학부모와 학생도 혼란에 빠져 있는가 하면, 한쪽에서는 교권 침해 사례가 매일 보고되고, 다른 쪽에서는 부적격 교사 문제가 이슈가 되고 있다. 또한 사교육으로 대표되는 교육의 시장화에 이어 세대·남녀 갈등과 병행하는 교육의 정치화가 심화하고 있고, 지방 소멸이 학교 소멸로 이어지고 있다. 무엇보다, 긍정적/부정적 측면 모두에서 학교나 학부모가 감당하기 어려운 세대가 자라나고 있다. 어떻게 대처해야 하는가.

총장협의회는 교육을 둘러싼 제반 문제를 풀어 갈 핵심에 '교사'가 있다고 생각한다. 교실 붕괴 문제도, 기술 의존 문제도, 사교육이나 학력 저하나 인성 부재 문제도 그 예방과 해결의 최전선에 교사가 있다. 개인의 미래 역량이나 국가·사회 발전의 디딤돌 역할을 하는 것도 교사다. 우수한 교원 양성이야말로 국가의 존속을 담보하는 최우선 과제인 것이다. 국가·인구의 규모나 역사적·지정학적 맥락이나 유·무형 자원 등을 총체적으로 고려할 때, 지금까지 80년 동안 그랬던 것처럼 앞으로도 대한민국의 발전은 교육에 기댈 수밖에 없기 때문이다.

총장협의회는 교원교육을 고리로 하여 대한민국 교육을 혁신하고 미래의 교사와 학생들에게 좋은 삶을 제공하기 위해 최선을 다하고 있다. 물론, 교육은 워낙 이해 관계자가 많고 문제가 꼬여 있어 단시간에 해결하기 어려운 문제임을 안다. 그럴 때 참고할 수 있는 것이 과거의 사례이고 외국의 사례다. 그 또한 명쾌한 해결책을 주지 못함을 알지만, 돌아보고 널리 봄으로써 멀리 보는 혜안을 갖추어 가는 일이 결코 무의미한 일은 아닐 것이다. 대학마다 특색을 찾아가는 노력의 한편으로, 공동 심포지엄과 번역서 출간을 통해 시야를 공유하고 개선책을 모색해 가고자 한다.

　이 책의 번역에는 회원교 모두가 참여했지만, 특히 책 선정에서 마지막 출판까지 청주교대 이혁규 전 총장의 노고가 컸다. 번역과 교열 등에 힘을 보탠 모든 교수님의 노고에 감사드리며, 교원양성기관 구성원뿐 아니라 정책 분야에서 학교 현장에서 관심 있는 모든 분의 질정과 개선 노력을 기대한다.

세 번째 번역서를 출간하며

이혁규(청주교육대학교 교수, 번역 책임자)

이번 번역서는 전국교원양성대학교총장협의회 이름으로 출간되는 세 번째 책이다. 앞선 두 권이 교원 양성과 공교육 개혁의 방향을 다룬 것처럼, 이번 책 역시 세계 각국의 교원을 조명하고 있다. 세계 모든 나라는 산업화 시대에 정초된 공교육 모델을 새로운 시대에 맞게 개혁하기 위해 끊임없는 노력을 기울이고 있다. 이 과정에서 교원의 전문성 향상은 학교 혁신의 핵심 요소로 자리 잡고 있다.

한 국가가 지속적으로 유지·발전하기 위해서는 내실 있는 공교육이 필수적이며, 공교육의 질이 교사의 질에 달려 있다는 점은 부정하기 어려운 진리다. 이에 따라 각국은 고유한 역사와 전통에 기반하여 교원 양성, 임용, 재교육 등의 제도를 개선하고자 힘쓰고 있다.

그러나 이러한 노력은 일관되거나 체계적으로 이루어지지 않는다. 모든 정책이 그러하듯, 어떤 정책이 좋은 정책인지, 그 효과를 어떻게 측정할 수 있는지를 두고 의견이 엇갈릴 수밖에 없다. 특히 어떤 교사가 '좋은 교사'이며, 오늘날 필요한 교사의 자질과 역량이 무엇인지에 대해서도 쉽게 합의하기 어렵다. 더구나 교원은 한 국가의 공공부문에서 가장 큰 비중을 차지하는 직종 중 하나다. 따라서 교원의 처우 개선과 전문성 신장을 위한 투자는 항상 다른 예산 항목들과 경쟁 관계에 놓이게 된다.

이러한 상황은 정도의 차이는 있을지언정 모든 나라가 공통적으로 마주하는 현실이다. 그렇기 때문에 서로 다른 교원 양성·자격·임용·전문성 개발 시스템을 지닌 여러 나라를 비교한 연구는 우리의 교원 정책을 점검하고 개선하는 데 유익한 통찰을 제공한다. 원래 이 책은 핀란드, 싱가포르, 네덜란드, 영국, 홍콩, 캐나다, 호주, 미국 등 8개국을 다루었지만, 캐나다 편은 저자가 도덕적 문제로 해당 국가에서 징계를 받았다는 사실이 확인되어 제외하고, 최종적으로 7개국만 다루게 되었다.

책 내용은 충분히 숙독할 가치가 있다. 현재 세계 교사교육의 흐름은 교사 자격을 엄격히 하고 전문성을 지속적으로 강화하려는 경향과, 반대로 교사 부족 문제 등에 대한 현실적 대응으로 자격 기준을 낮추고 교사교육을 약화시키려는 경향이 공존한다. 이 책은 이러한 세계적 추세를 균형 있게 소개하면서도, 핀란드와 싱가포르를 책 앞부분에 배치함으로써 두 나라가 교사교육의 모범이자 선도 국가임을 부각한다. 이 두 나라 외에도 각각의 교사교육 제도와 정책을 우리나라와 비교하며 읽는 것은 독자에게 흥미롭고 유익한 경험이 될 것이다. 마지막 장에서는 이러한 연구 결과를 종합하며, 향후 교사교육이 나아가야 할 방향에 대한 시사점을 제시한다.

전국교원양성대학교총장협의회가 세 번째 책을 번역한 이유 또한 이러한 세계적 흐름을 교훈 삼아, 우리 교원 정책을 한 단계 더 발전시키려는 열망 때문이다. 공교육의 모범국으로 손꼽히는 핀란드는 이미 1979년부터 교사를 석사 수준에서 양성해 왔고, 싱가포르는 교사 양성 대학 입학과 동시에 준공무원 대우를 받으며 엄격한 양성과정을 거친다. 공교육 개혁에 대한 국민적 관심이 어느 나라 못지않은 대한민국에서, 정작 교원 정책에 대한 사회적 관심이 낮다는 점은 주목할 만하다. 이는 많은 학부모가 자녀 교육을 사교육에 의존하고 있기 때문이기도 하다.

그러나 우리 자녀만 잘 가르치겠다는 사교육 중심의 투자는 결국 공교육을 '공유지의 비극'으로 몰아갈 위험이 있다. 한 명 한 명의 학생을 진심으로 돌보고 성장시키려는 열정을 지닌 교사를 제대로 양성하고, 이들의 지속적인 성장을 지원하는 것이야말로 대한민국 교육이 사교육의 굴레에서 벗어나고 공교육의 본래 역할을 되찾는 길이다. 이 점에서 우리는 어떤 교사를, 어떤 방식으로 양성하고 현장에 배치하며, 그들의 평생 성장을 어떻게 지원할 것인지에 대해 다시금 깊이 숙고해야 한다.

또한 떨어진 교원의 자긍심과 사기를 회복하는 데에도 우리 모두의 노력이 절실하다.

이제는 질문해야 할 때다. 우리는 어떤 교사를 길러낼 것인가? 그리고 그 교사들이 미래의 학교를 어떻게 바꿀 수 있도록 도울 것인가? 이 책이 그 물음에 대한 성찰의 출발점이 되기를 진심으로 기대한다.

끝으로, 이번 번역 작업을 위해 아낌없이 지원해 주신 각 대학 총장님들께 깊이 감사드린다. 바쁜 일정 속에서도 번역과 감수에 정성을 기울여 주신 모든 교수님, 그리고 어려운 여건에도 불구하고 출판을 맡아 주신 살림터에도 진심으로 감사의 마음을 전한다.

차례

1장

핀란드에서 가장 선호하는 직업, 교사
-핀란드의 교사와 교사교육

파시 살베리(Pasi Sahlberg) 25

2장

양질의 교사, 싱가포르 스타일

에이 린 굿윈(A. Lin Goodwin) 63

3장

네덜란드의 예비 교사교육
-공유된 비전과 공통적인 특색

카렌 해머니스(Karen Hammerness)
얀 반 타르트베이크(Jan van Tartwijk)
마르코 스눅(Marco Snoek) 97

4장

영국의 교사 훈련, 교육,
혹은 경험 기반 학습

존 맥베스(John MacBeath) 133

1장

핀란드에서 가장 선호하는 직업, 교사
-핀란드의 교사와 교사교육

도입

핀란드는 세계에서 문해력이 가장 높은 국가 중 하나로 간주된다. 겸손한 사람들의 국가인 핀란드는 사실 세계 최고가 될 의도가 전혀 없었다. 핀란드인들은 경쟁을 좋아하지만, 협력이 이 나라의 더 전형적인 특징이다. 1990년대 초, 핀란드 교육이 국제적으로 평균 수준에 머물러 있던 시절, 핀란드 교육부 장관은 스웨덴의 동료 장관을 방문했다. 그 자리에서 스웨덴 장관은 10년 안에 스웨덴 교육 시스템이 세계 최고가 될 거라고 했다. 이에 핀란드 장관은 핀란드의 목표는 훨씬 소박하다고 답하며, "우리는 스웨덴보다 앞서는 것만으로도 충분하다"라고 말했다. 그리고 실제로 그렇게 되었다. 이 일화는 핀란드와 스웨덴 간의 긴밀한 형제 관계와 공존을 보여주는 사례다. 사실, 이웃한 북유럽 국가들 사이에서도 경쟁보다는 협력이 더 흔하다.

모든 연령대에서의 높은 교육 참여율과 수료율, 공적 자금으로 지원되는 교육에 대한 공평한 접근성, 그리고 최근 국제 학업 성취도 평가에서의 높은 성과는 핀란드의 전반적인 교육 체계가 견고하다는 것을 보여준다. 이러한 성과는 비교적 짧은 시간 안에 적은 비용으로 이루어졌다. 그 결과, 정책 입안자와 연구자들이 이 '핀란드의 기적'을 연구하기 위해 핀란드로 몰려들고 있다. 1980년대까지만 해도 평범한 교육 시스템을 갖춘 나라가 불과 몇십 년 만에 어떻게 글로벌 선두로 도약할 수 있었을까?

물론, 핀란드의 교육적 성공에는 여러 요인이 작용했다. 예를 들어, 모든 학생에게 동등한 교육 기회를 보장하는 통합된 9년제 의무교육, 다양한 요구를 지닌 학생들을 만족시킬 수 있는 현대적이고 학습 중심적인 교육과정, 그리고 시민들에게 교육 서비스를 제공하고 학교를 지속적으로 발전시킬 수 있게 하는 지방 자치와 책임 등이 그것이다. 그러나 연구와 경험은 핀란드가 다른 나라를 앞설 수 있었던 가장 중요한 요인으로 하나를 꼽는다. 바로 훌륭한 교사들이다.

이 장에서는 핀란드에서 교사가 수행하는 핵심적인 역할을 살펴보고, 최근 10년 동안 핀란드 교육 시스템을 세계적인 관심의 초점이자 연구 대상으로 변화시키는 데 교사교육이 어떻게 기여했는지에 대해 논의한다. 그러나 핀란드 교사교육의 현재 구조와 정책을 설명하기에 앞서, 핀란드 교육과 교사에 관한 몇 가지 역사적·문화적 측면을 검토하는 것이 유용할 것이다.

교육 전통

교육은 핀란드 문화와 사회에서 항상 필수적인 요소였다. 기본 교육에 대한 접근은 1922년부터 모든 사람에게 법적 의무이자 권리가 되었지만, 핀란드 사람들은 문해력과 폭넓은 일반 지식을 갖추지 않으면 삶에서 자신의 목표를 이루기 어렵다는 것을 오랫동안 인식해 왔다.

공식적인 공립학교 교육이 도입되기 전인 17세기부터 핀란드에서는 대중의 문해력을 키우는 일이 사제와 기타 종교인들의 책임이었다. 교리학교는 외딴 지역 마을에서 주일학교와 순회학교를 통해 종교 중심의 초기 문해력 교육을 제공했다. 전통적으로 교회는 남성과 여성 모두에게 합법적으로 결혼하기 위해 읽고 쓸 줄 아는 능력을 요구했다.

이는 알렉시스 키비Aleksis Kivi가 1870년 출판한 핀란드 최초의 소설 『일곱 형제』Seven Brothers, Kivi, 2005에서 아름답게 묘사되어 있다. 문해력을 갖춘다는 것은 모든 의무와 권리를 지닌 성인으로 성장하는 것을 의미했다. 20세기 초 핀란드에서 공립학교 시스템이 확장되면서 교사들도 점차 이러한 책임을 맡게 되었다. 특히 교사들은 전통적으로 높은 사회적 지위를 물려받았기 때문에 큰 존경과 신뢰를 얻었다. 실제로 핀란드인들은 교사를 의사, 변호사, 경제학자와 같은 고귀하고 명예로운 직업으로 인식하며, 물질적 이익이나 보상보다는 주로 도덕적 목적에 의해 이끌리는 직업으로 여긴다. 교사는 핀란드가 문해력뿐 아니라 과학과 수학 성취도에서도 국제 사회를 선도하는 주요 요인이다. 물론, 핀란드의 높은 교육 성과에는 다른 여러 요인도 기여하고 있다.

1960년대까지 핀란드의 교육 수준은 비교적 낮았다. 예를 들어, 1952년 핀란드가 하계 올림픽을 개최하고 아르미 쿠셀라Armi Kuusela가 미스 유니버스로 선정되었을 당시, 성인 핀란드인 10명 중 9명은 7년에서 9년간의 기본 교육만을 마쳤으며, 당시 핀란드에서 대학 학위는 매우 예외적인 성취로 여겨졌다.Sahlberg, 2007 다시 말해, 당시 핀란드의 교육 수준은 말레이시아나 페루와 비슷했으며, 스칸디나비아반도의 이웃 국가들인 덴마크, 노르웨이, 스웨덴보다 처져 있었다.

1960년대에도 초등학교 교사들은 여전히 대학 기관이 아닌, 짧은 실용적 교사 훈련을 제공하는 기관에서 2년 또는 3년간의 교사 양성 세미나 과정을 통해 교육을 받았다. 1950년대에 교사 양성 세미나를 졸업한 대표적인 인물로는 마르티 아티사리Martti Ahtisaari가 있다. 그는 오울루Oulu의 초등학교 교사로 근무한 후 핀란드 대통령이 되었으며, 노벨 평화상 수상자로 알려져 있다.

오늘날 핀란드는 교육 성과를 기념할 때 교사의 가치를 공개적으로 인정하며, 학교와 관련된 교사들의 전문적인 통찰력과 판단을 명시적으로 표현하지는 않더라도 신뢰한다. 간단히 말해, 훌륭한 교사와 현대적인 교사교육 시스템이 없었다면 오늘날 핀란드의 국제적 성공은 불가능했을 것이다.

핀란드 어린이들이 7세에 초등학교에 입학한다는 점을 고려하면, 이러한 교육적 성과는 더욱 주목할 만하다. 오늘날 핀란드 교육 시스템은 6세에 선택적으로 거치는 유치원 단계와 모든 사람에게 의무적인 9년제 기초 학교(페루스코울루, peruskoulu)로 구성된다. 원칙적으로 기초 학교는 초등학교 6년과 중학교 3년으로 이루어진다. 이후에는 선택적으로 이수할 수 있는 3년제 고등학교 교육이 이어지며, 여기에는 두 가지 주요 선택 계열이 있다. 일반 학교(루키오, lukio)와 직업학교(암마티코울루, ammattikoulu) 계열이다. 두 계열 모두 대학이나 전문대학으로 이어지는 고등교육 과정을 제공한다.

기초 학교의 상급 학년과 일반 및 직업 고등학교에서는 내용 전문가content experts와 과목 중심 교사subject-focused teachers가 수업을 담당한다. 국제 비교에 따르면, 핀란드의 등록률과 졸업률은 매우 높은 수준을 자랑한다. 핀란드 통계청 자료Statistics Finland, 2009에 따르면, 6세 아동의 약 98%가 유치원에 다니고, 99%가 의무 기초 교육을 마치며(대부분 유급이나 지체 없이), 기초 학교 졸업생의 95%가 자신이 선택한 고등학교에서 즉시 학업을 이어간다.

일반 및 직업 상급 중등학교의 중퇴율은 1980년대에는 높았으나 점차 감소하여 현재는 매우 낮아졌다. 집중적인 학생 상담과 개인화된 학습 프로그램 덕분에 핀란드는 평균 95%의 졸업률을 달성했으며, 이는

OECD 국가의 평균 졸업률인 82%를 크게 넘는 수치다.^{OECD, 2011; Vlijrvi & Sahlberg, 2008} 핀란드의 과제는 더 많은 젊은이가 고등학교 과정을 정해진 기간에 완료하게 돕는 것이다. 특히 직업학교에서는 예정된 졸업 시점과 실제 졸업 시점 사이에 상당한 격차가 있다.

핀란드의 모든 교육은 고등교육을 포함하여 공공 재정의 지원을 받는다. 핀란드 교육기관의 총 지출 중 약 2%만이 민간 자본으로 충당되며^{OECD, 2008}, 이는 산업화된 OECD 국가들의 평균(14%)이나 유럽연합 EU의 평균(10%)에 비해 상당히 낮은 수준이다. 지방정부와 기초자치단체Municipalities가 공교육 제공에 대한 주요 책임을 맡고 있다. 초·중등 교육 예산의 약 58%는 지방세 수입으로 충당되며, 나머지는 국가 예산으로 지원된다. 요약하면, 핀란드의 교육 행정은 분권화되어 있다.

미국이나 영국의 공교육과 비교하면 핀란드 교육 시스템에는 많은 차이점이 있다. 핀란드 시스템은 엄격한 학교 감사가 없으며, 학교 성과에 대한 정보를 대중에게 제공하기 위해 외부 표준화 학생 평가를 하지 않는다. 대신, 교육 정책의 주요 동인으로 교육 기회의 평등을 채택한다. 핀란드 학교에서 사용하는 유일한 외부 고부담 시험 도구는 고등학교 교육 마지막에 치르는 국가 학력시험National Matriculation Examination이다.[1] 교사교육은 핀란드 교육 정책의 이러한 특성과 전적으로 부합한다.

핀란드는 교사를 다섯 가지 범주로 구분한다.

---

[1] 국가 학력시험(National Matriculation Examination)은 핀란드 고등학교(일반 계열) 졸업생이 치르는 국가 단위의 시험으로, 대학 입학 자격을 부여하는 중요한 평가 도구다. 이 시험은 졸업시험이자 대학 입학시험의 기능을 겸하며, 핀란드 교육 시스템의 독특한 특성을 반영한다. 한국에서 흔히 '대학입학시험'으로 번역되는 용어와 달리, 핀란드에서는 이 시험이 단순히 대학 입학을 위한 것이 아니라, 학생의 고등학교 학업 성취도를 종합적으로 평가하는 데 중점을 둔다. 이는 핀란드 교육 정책의 핵심 가치인 평등성과 전인적 평가를 이해하는 데도 중요한 맥락을 제공한다.(*이하 모든 각주는 역자 주다. 원문 주는 장 뒤에 후주로 나타냈는데, 없는 장도 있다.)

1. 유치원 교사는 유치원 교실에서 근무하며, 미취학 아동반(만 6세 과정)을 가르칠 자격도 갖추고 있다.

2. 초등학교 교사는 9년제 통합 기초 학교의 1~6학년을 가르치며, 일반적으로 한 학년에 배정되어 여러 과목을 담당한다.

3. 교과목 교사는 기초 학교의 상급 학년(보통 7~9학년)과 일반 고등학교, 직업학교에서 특정 과목을 가르친다. 이들은 보통 수학, 물리, 화학 등 13개 과목을 전문적으로 가르친다.

4. 특수 교육 교사는 초등학교와 기초 학교 상급 학년에서 특수 교육이 필요한 학생 개인 또는 집단과 함께 일한다.

5. 직업 교육 교사는 고등학교 직업학교에서 가르치며, 직업 교사 양성 프로그램에 입학하기 전에 자신의 교육 분야에서 최소 3년의 실무 경험을 요구받는다.

이 다섯 가지 교사 범주 외에도, 유사한 교육학적 지식과 기술이 요구되는 성인교육 기관의 교사들도 있다.

핀란드에서는 매 학년도 약 5,700개의 신규 교사 양성 프로그램 기회가 열리며, 이 중 약 3분의 2가 초등학교 교사와 교과목 교사를 위한 것이다. 이 글은 핀란드 교사교육 학생의 다수를 차지하는 초등학교 교사와 교과 교사의 교육에 초점을 맞추고 있다.

교육과 교사에 대한 꿈

직업으로서의 교직은 핀란드의 국가 문화와 깊이 연결되어 있다. 사실, 공식 학교 교육의 한 가지 목표는 문화유산, 가치관, 열망을 한 세대에서 다음 세대로 전수하는 것이다. 따라서 교사는 국가 건설에서 필수적인 역할을 맡고 있다. 수 세기 동안 핀란드는 국가적 정체성, 모국어, 그리고 고유한 가치를 지키기 위해 투쟁해 왔다. 이는 먼저 스웨덴 왕국의 통치를 받은 4세기 동안, 이후 러시아 제국과 5명의 차르가 지배한 1세기 이상 동안, 그리고 과거 지배 세력과 세계화의 압력 사이에서 독립 국가로 자리 잡아야 했던 또 다른 1세기를 통해 이루어진 여정이다. 이러한 역사는 핀란드인들에게 깊은 흔적을 남겼으며, 교육, 독서, 자기 계발을 통한 개인적 발전에 대한 강한 열망을 심어주었음은 의심의 여지가 없다. 이는 핀란드의 문화적 DNA의 일부가 되었다.

따라서 핀란드에서 교사와 교육이 높은 평가를 받는 것은 당연한 일이다. 핀란드 언론은 일반 고등학교 졸업생이 선호하는 직업에 대한 여론조사 결과를 정기적으로 보도한다. 놀랍게도, 젊은 핀란드인 사이에서 교직은 지속적으로 가장 존경받는 직업으로 평가되며, 의사, 건축가, 변호사보다 높은 순위를 차지한다.Helsingin Sanomat, 2004 교직은 핀란드인의 핵심적 사회 가치인 사회정의, 타인에 대한 배려 그리고 행복과 일치한다. 또한, 교직은 대중의 존경과 칭찬을 받는 독립적인 직업으로 인식된다. 특히 교직은 젊은 여성들에게 인기 있는 경력 선택지로, 초등학교 교사교육 프로그램에 진학하는 입학생의 80% 이상이 재능 있는 여성이다.

실제로 교사들은 핀란드 사회에서 존경받는 직업인이다. 전국 조사에서 약 1,300명의 성인 핀란드인(15~74세)에게 배우자(또는 파트너)의 직업이 그들과의 관계에 헌신하기로 하는 데 영향을 미쳤는지 질문했다.Helsingin Sanomat, 2008 응답자들은 파트너나 배우자로 선호하는 직업 5가지를 30개 직업 목록에서 선택하도록 요청받았다. 조사 결과는 다소 놀라웠다. 핀란드 남성들은 교사를 가장 바람직한 배우자의 직업으로 꼽았으며, 이는 간호사, 의사, 건축가보다 약간 높은 순위를 기록했다.

반면, 핀란드 여성들은 이상적인 남편의 직업으로 교사보다 의사와 수의사를 선호했다. 전체 응답자의 35%가 교사를 배우자의 이상적인 직업 5가지 중 하나로 선택했다. 이는 핀란드의 결혼 시장에서 의사에 이어 교사가 두 번째로 선호되는 직업임을 보여준다. 이러한 결과는 핀란드에서 교사가 학교 안팎에서 높은 전문적 및 사회적 지위를 얻었음을 분명히 입증한다.

그러나 핀란드에서 가장 뛰어나고 재능 있는 사람들만이 이러한 직업적 꿈을 이룰 수 있다. 매년 봄, 수천 명의 일반 고등학교 졸업생이 8개 대학의 교사교육과에 지원서를 제출하는데, 그중에는 가장 재능 있고 창의적이며 동기 부여가 잘된 젊은이들이 다수 포함되어 있다. 따라서 핀란드에서 초등학교 교사가 되기 위한 경쟁은 매우 치열하다. 일반적으로 일반 고등학교를 성공적으로 졸업하고, 외부 평가 시험인 엄격한 국가 학력시험Matriculation Examination을 통과하는 것만으로는 충분하지 않다. 합격자는 높은 성적, 긍정적인 성격, 뛰어난 대인관계 기술을 모두 갖추어야 한다. 매년 약 10명 중 한 명만이 핀란드 초등학교 교사가 되기 위한 준비 과정에 입학할 수 있다. 교사교육 프로그램의 모든 범주에 대한 연간 지원자 수는 약 20,000명에 이른다.

초등학교 교사교육 후보자 선발 과정은 두 단계로 이루어진다. 먼저 모든 후보자는 교수 및 교육의 다양한 측면에 대한 선택된 자료articles를 기반으로 한 국가수준의 입학시험national entrance exam을 치러야 한다. 이후 국가 학력시험 점수, 학교에서 발급한 고등학교 졸업장, 학교 외 활동에서의 성과를 바탕으로 상위 후보자들이 2단계 평가로 선발된다. 이들 후보자는 대학 교수진이 교육 문제에 대한 이해도와 인성을 평가하는 면접에 응하게 된다. 면접에서는 특히 교사가 되기로 결심한 이유를 설명해야 한다.

이러한 두 단계 선발 과정에서 알 수 있듯이, 핀란드 교사교육 과정에 입학하기 위해서는 매우 까다로운 선발 과정을 거치며, 가장 유능한 지원자만 입학이 허용된다. 일반적으로 지원자는 어린이를 가르치거나 함께 일한 경험이 요구된다. 핀란드 대학의 교사교육과는 매년 700명을 조금 넘는 초등학교 교사교육 학생을 수용한다. [그림 1.1]은 2001년 이후 성별에 따른 연간 총 지원자 추세를 요약한 것이다. 두 가지 현상이 명확하게 드러난다.^{Kumpulainen, 2008에서도 보고됨} 첫째, 핀란드의 초등학교 교사 직업은 이 10년 동안 중반에 약간 감소한 시기를 제외하고는 점점 더 매력적으로 되고 있다. 둘째, 초등학교 남자 교사의 비율은 여전히 비교적 낮은 수준을 유지하고 있다. 초등교사 석사학위 프로그램을 마치지 않는 학생 수는 적지만, 남학생들이 다른 분야로 진출하는 경향이 상대적으로 높아 초등학교 교사로 남는 비율이 낮다.

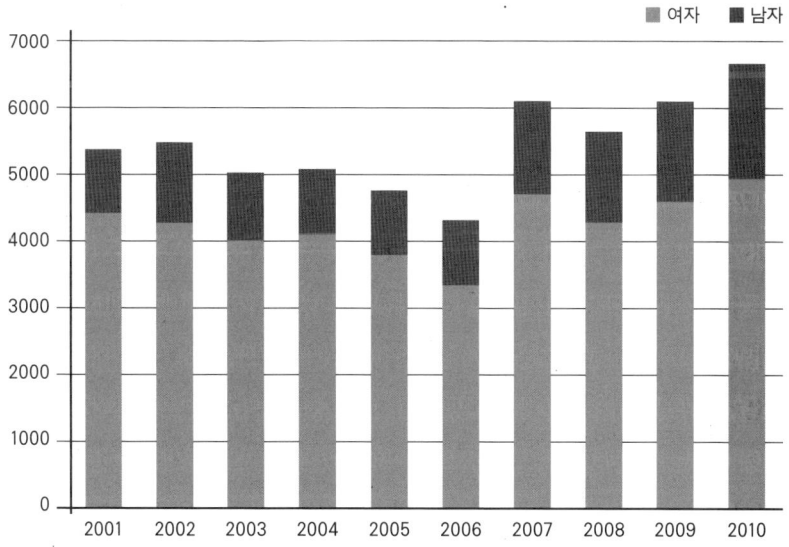

[그림 1.1] **핀란드 초등학교 교사교육 프로그램에 지원한 연간 지원자 총수(2001-2010)**

1970년대 중반까지 초등학교 교사는 교원양성대학teacher colleges에서 교육을 받았다. 중학교와 고등학교 교과 교사는 핀란드 대학의 특정 교과 중심 학과에서 학업을 이어갔다. 1970년대 말까지 모든 교사교육 프로그램은 학문적 고등교육의 일부가 되었고, 따라서 대학에서 이루어지게 되었다. 동시에 과학적 내용과 교육 연구의 발전이 교사교육 교육과정을 더욱 풍부하게 만들었다.

오늘날 교사교육은 연구 기반으로 운영되며, 이는 과학적 지식으로 뒷받침되고 연구 수행에 필요한 사고 과정과 인지 기술에 중점을 두어야 함을 의미한다.Jakku-Sihvonen & Niemi, 2006 핀란드의 연구 기반 교사교육의 핵심 원칙은 과학적 교육 지식, 교수법(또는 내용 교수 지식, PCK), 그리고 실습을 체계적으로 통합하는 것이다. 이를 통해 교사가 교육적 사고, 증거 기반 의사결정 능력, 그리고 교육자의 과학적 공동체 참여를 높일 수 있게 돕는다.

그 결과, 오늘날 모든 핀란드 초등 및 중등학교에서 정규 교사로 근무하기 위한 기본 요건은 석사학위 취득이다.〈표 1.1〉 참조 이에 대한 자세한 내용은 다음 섹션에서 다룰 것이다.

〈 표 1.1 〉 핀란드 학교 유형별 필수 교사 자격

학교 유형	학생 연령	학년	요구되는 교사 자격
유치원	0-6		유치원 교사(학사)
취학 전 교육기관	6		유치원 교사(학사) 초등학교 교사(석사)
기초학교	7-16	1-9	기초학교 교사(석사)
초등학교	7-12	1-6	초등학교 교사(석사)
하급 중등학교	13-15	7-9	교과 교사(석사)
일반 상급 중등학교	16-18	10-12	교과 교사(석사)
직업 상급 중등학교		10-12	직업 교사(학사) 교과 교사(석사)
대학교	19세 이상		고등교육 학위(석사/박사)
전문대학	19세 이상		고등교육 학위(석사/박사)

*참고: 일반적인 고등학교는 무학년제 구조에 기반하므로, 학생들은 전통적인 학년이나 수업 속도에 구애받지 않고 학업을 수행할 수 있다.

급여는 핀란드에서 젊은이들이 교사가 되려는 주된 이유가 아니다. 교사들은 국가 평균 급여 수준에 매우 근접한 급여를 받는다. 평균적으로 OECD 국가의 중간 경력 중학교 교사가 받는 연봉(약 44,000달러)과 비슷한 수준으로, 이는 OECD 평균보다 약간 높은 수준이다.OECD, 2011

재정적 보상보다 더 중요한 요인은 높은 사회적 명성, 학교 내에서의 전문적 자율성, 그리고 사회와 공공의 이익에 봉사한다는 교육의 정신과 같은 비금전적 인센티브이다. 이로 인해 핀란드 젊은이들은 교직을 독립적으로 일하며 대학에서 배운 과학적 지식과 기술을 활용하는 다른 전문직과 동등한 경력으로 여긴다. 이는 교사들이 교육과정, 학생 평가, 전문성 개발, 그리고 자신의 업무 진행 상황 보고와 관련하여 전문적 판단을 내릴 수 있는 자율성을 학교에서 계속 유지하는 이유 중하나다.

지식 기반 업무를 위한 교사교육

국제 지표에 따르면 핀란드는 세계에서 가장 발전된 지식 사회 중 하나로 평가된다.Sahlberg, 2011 잘 교육받은 핀란드인은 지식, 연구, 그리고 혁신의 초석이다. 1960년대 이후 핀란드의 교육 정책은 성공 조건으로 지식과 기술을 강조해왔다.Aho et al., 2006 학교는 핀란드를 전통적인 산업-농업 국가에서 현대적 혁신 기반 지식 경제로 전환시키는 데 중요한 역할을 했다. 이러한 변화는 핀란드 교사 양성 방식의 상당한 개선 없이는 불가능했을 것이다.

교사교육은 핀란드 고등교육 체제에서 중요한 위치를 차지하며, 그 중요성이 널리 인정받고 있다. 그러나 다른 국가들에서는 교사교육을 학문 중심의 4년제 대학 외부에서 이루어지는 반半전문적 교육으로 간주하곤 한다. 1978~1979년 제정된 핀란드 교사교육법The Finnish Acts on Teacher Education은 정규 교사로 고용되기 위한 최소 요건을 석사학위로 규정했으며, 이는 다른 학문 분야와 동일한 과학적 요건을 갖춘 석사 논문을 포함한다. 이 법은 모든 교사교육 프로그램을 교원양성대학colleges에서 핀란드의 대학교들로 이전하는 계기가 되었다. 이는 교사라는 직업이 학문적 연구에 기반을 두고 있다는 신념의 토대를 마련했다. 이러한 전환의 중요한 부수 효과는 1972년 기초학교 개혁The Basic School Reform으로 분열되었던 핀란드 교사 집단의 통합이었다. 1980년대 초 이후 모든 교사가 석사학위를 취득하게 되었으며, 모두 같은 교원 단체에 소속되었다.

오늘날 모든 교사는 석사학위 소지자로서 박사 과정 등 상위 연구를 할 수 있는 자격을 갖추고 있다. 초등학교 교사교육 프로그램의 주요 과목은 교육학이다. 교과 중심 교사교육 프로그램에서는 학생들은 수학이나 외국어 등과 같은 특정 과목에 집중하여 학습한다. 또한 교과 중심 교사 후보자는 자기 전공 분야에서 내용 교수 지식PCK으로 구성된 교수법을 공부한다. 핀란드에서 교사 자격증을 취득하는 유일한 방법은 대학의 학위를 통해 가르칠 수 있는 자격증을 따는 것이다. 교육부2007에 따르면 오늘날 교사가 되기 위한 석사학위를 성공적으로 마치는 데는 평균 5년에서 7년 반이 걸린다.

오늘날 모든 교사는 석사학위가 있어 자동으로 대학원 진학 자격[2]을 갖추고 있다. 초등학교 교사교육 프로그램의 주요 전공은 교육학이다.

---

2 핀란드에서 "자동적으로 대학원 진학 자격을 갖추고 있다"는 표현은 석사학위가 대학원 과정으로 간주되지 않는 일부 국가에게 특히 유의미하다. 반면, 한국에서는 석사 과정이 대학원 과정으로 이해되므로, 이러한 표현은 한국 독자에게는 약간의 혼란을 줄 수 있다. 핀란드의 맥락에서는 석사학위가 연구 중심의 학문적 자격을 의미하며, 이는 교육학 및 기타 전문 분야에서 학문적 연구를 이어갈 수 있는 기반을 제공한다.

교과 중심 교사교육 프로그램에서는 학생들이 수학이나 외국어 같은 특정 교과에 집중한다. 교과 중심 교사 후보자들은 전공 교과에 대한 내용 교수 지식을 포함하는 교수법도 함께 학습한다. 핀란드에서는 교사 자격증을 얻는 다른 방법이 없으며, 대학 학위가 곧 교사로서의 면허를 의미한다.

핀란드 교육부[2007]에 따르면, 오늘날 석사학위 취득에 소요되는 기간은 평균 5년에서 7년 반 정도다. 핀란드 교사교육은 예비 교사의 개인적·전문적 역량을 균형 있게 개발하는 데 중점을 둔다. 특히 현대의 교육적 지식과 실천에 따라 교수 과정을 관리할 수 있게 하는 교육적 사고 기술을 개발하는 데 세심한 주의를 기울인다.[Niemi, 2002; Westbury et al., 2005]

초등 교사교육에서는 교육학을 주요 전공으로 삼아서 (1) 교육학 이론, (2) 내용 교수 지식, (3) 교과 교수법과 실습이라는 세 가지 주요 주제 영역을 중심으로 교육이 이루어진다. 연구 기반 교사교육 프로그램은 필수 석사 논문으로 마무리된다. 예비 초등학교 교사들은 일반적으로 교육학 분야에서 석사 논문을 작성한다. 반면, 교과 중심 예비 교사들은 자신의 전공 교과 내에서 주제를 선택한다. 교사교육에서 요구되는 학문적 기대 수준은 초등학교에서 고등학교까지 모든 교사교육 프로그램에서 동일하다.

핀란드의 교사교육은 현재 진행 중인 볼로냐 프로세스[3]에 따라 개발되는 유럽 고등교육 영역의 프레임워크the framework of the European Higher Education Area[Jakku-Sihvonen & Niemi, 2006; Pechar, 2007; Zgaga, 2007]에 맞추어져 있다. 현재 핀란드 대학은 2단계 학위 프로그램을 운영한다. 첫 번째 단계는 의무적으로 이수해야 하는 3년제 학사 학위 프로그램으로, 이를 통해 학생들은 대학원 과정 이수 자격을 갖추게 된다. 두 번째 단계는 2년제 석사학위 프로그램으로 이어진다. 이 두 학위 과정은 최소 두 개 이상의 교과목을 포함하는 다교과적 프로그램 multidisciplinary programs으로 구성된다. 학업은 46개 유럽 국가에서 통용되는 유럽 학점 교류 및 누적 시스템the European Credit Transfer and Accumulation System; ECTS을 기준으로 학점 단위로 정량화된다.

ECTS는 유럽 고등교육 영역의 정책 지침으로, 학생이 프로그램 목표 달성에 필요한 학업 부담을 기반으로 한 학생 중심 시스템이다. 일반적으로 목표는 학습 성과learning outcomes와 습득해야 할 역량 competences 측면에서 구체화된다. ECTS는 60학점이 한 학년 동안 정규(전일제) 학생의 학업량에 해당한다는 가정에 근거하며, 유럽에서 전일제 학업 프로그램에 해당하는 연간 학업량은 대부분 1,500~1,800시간이다. 따라서 1 ECTS 학점은 25~30시간의 학업량에 해당한다.

핀란드 교사교육의 요건은 학사학위의 경우 180 ECTS 학점이며, 이는 교사 자격증 취득이나 교사로서의 영구 고용 자격을 충족하지 못한다. 이어지는 석사학위 과정에서는 120 ECTS 학점을 이수해야 하며, 이를 통해 교사로서의 자격을 최종적으로 갖추게 된다.

폭넓은 교원 양성 교육과정은 신규 핀란드 교사가 이론과 실무에서 균형 잡힌 지식과 기술을 갖추게 한다. 또한, 예비 교사가 교육 심리학과 사회학, 교육과정 이론, 평가, 특수교육, 그리고 선택 교과 영역의 교

---

3 볼로냐 과정 또는 볼로냐 프로세스(영어: Bologna Process)는 영국, 프랑스, 독일, 이탈리아 등 29개 유럽 국가가 이탈리아 볼로냐에서 모여 2010년까지 단일한 고등교육 제도를 설립, 유럽 대학들의 국제 경쟁력을 높이고자 1999년에 출범한 프로그램이다 (볼로냐 선언). 그 후 유럽연합에 속하지 않은 국가들도 참여해 회원 수가 48개국으로 늘었다.
볼로냐 프로세스에 따르면 가맹국 내에서는 대학 졸업장 하나로 모든 나라를 넘나들 수 있다. 다시 말해, 유럽 어느 대학을 나오든 유럽 국가에서는 어디서나 취업 자격 요건을 갖추게 된다는 것이다. 볼로냐 과정의 주요 성과로는 유럽 국립대학들의 학위 제를 통일한 것이다. 기존 유럽 대학들은 학사와 석사 과정을 통합해 배우는 마스터 과정을 운영해 왔지만, 볼로냐 프로세스는 이를 미국식 학사, 석사, 박사 제도로 학제를 개편했다.

수법(혹은 내용 교수 지식, PCK)을 포함한 여러 관점에서 교육에 대한 심층적이고 전문적인 통찰력을 개발할 수 있음을 의미한다.

예비 교사들이 교원 양성 교육 프로그램 동안 무엇을 공부하는지 보여주기 위해, 유바스퀼라Jyvaskyla 대학 교사교육학과Department of Teacher Education에서 제공하는 필수 학점 단위와 함께 초등학교 교사교육 주제를 〈표 1.2〉에 요약했다.Sahlberg, 2011

〈 표 1.2 〉 **2009년 유바스퀼라 대학교 초등 교사교육 석사과정**

교육과정 구성(Curriculum component)	ECTS 학점
교육 기초 연구(Basic Studies in Education)*	25
언어 및 의사소통(Language and Communication Studies)	25
중급 교육 연구(Intermediate Studies in Education)*	35
통합 교과 연구(Multidisciplinary School Subject Studies)	60
부전공 교과목 연구(Minor Subject Studies)	60
고급 교육학 연구(Advanced Studies in Education)**	80
선택 연구(Elective Studies)	15
총 ECTS 학점	300

*참고: *교육 실습에서 12 ECTS 학점을 포함 **교육 실습에서 16 ECTS 학점을 포함.

핀란드의 8개 대학은 모두 국가 차원에서 조율된 교사교육 전략과 교육과정을 갖추고 있어 일관성을 유지하면서도, 각 대학의 자원과 인근 지역의 기회를 최대한 활용할 수 있는 지역적 자율성을 장려하고 있다.

일반적으로 기초 학교의 저학년(주로 1~6학년) 교사를 양성하는 초등학교 교사교육은 교수학 연구Pedagogical Studies 60 ECTS 학점과 교육학Educational Sciences의 다른 과목에 대한 최소 60 ECTS 학점을 포함한다. 이러한 추가적인 교육학 연구educational studies 과정에서는 독립적인 연구, 연구 세미나 참여, 그리고 최종 연구 결과 발표를 요구하는 석사 논문이 필수적이다.[4] 모든 대학에서는 이 연구 활동에 40 ECTS 학점을 공통적으로 할당하고 있다.

핀란드의 개정된 교원 양성 교육과정에 따르면, 초등학교 예비 교사는 교육학에서 주전공을 이수하고, 국가 교육 위원회National Board of Education와 교육부가 정기적으로 갱신하는 기초 학교를 위한 국가 교육과정 프레임워크에 포함된 과목 중에서 부전공으로 60 ECTS 학점을 취득해야 한다.

핀란드 초등교사 양성 프로그램에 진입하는 대부분의 예비 교사는 고등학교에서 학습한 다양한 교과목에 대한 탄탄한 지식과 능력을 갖추고 학업을 시작한다는 점이 주목할 만하다. 미국이나 영국과 달리 핀란드에서는 물리, 화학, 철학, 음악, 그리고 최소 2개의 외국어를 포함한 17개 필수 과목으로 구성된 교육과정을 성공적으로 이수해야 한다. 일반적으로 초등학교 교사 양성 프로그램에 합격한 학생들은 이러한 과목에서 평균 이상의 성적을 받아 왔다.

예를 들어, 헬싱키 대학교에서는 학생들의 10% 이상이 수학을 부전공으로 선택하며, 이를 통해 7~9학년에서 수학 교과 교사로 가르칠 수 있는 자격증을 취득한다.Lavonen et al., 2007 일반적으로 핀란드 초등학교 교사는 폭넓은 고등학교 교육과정과 그 기초 위에 탄탄하게 세워진 초등학교 교사교육 프로그램 덕분에 가르치는 과목에 대한 높은 숙달도를 갖추고 있음을 쉽게 알 수 있다.

교과 교사 양성은 초등학교 교사 양성과 동일한 원칙을 따르지만, 구

---

4 이 책에서는 'Pedagogical Studies'를 '교수학 연구'로, 'Educational Sciences'를 '교육학'으로, 'Educational Studies'를 '교육학 연구'로 번역했다. Pedagogical Studies는 교수법과 내용 교수 지식(PCK)에 중점을 둔 연구로, 교과목 교수법 및 학습 평가를 포함한다. Educational Sciences는 교육의 철학적, 심리적, 사회적, 이론적 기초를 연구하는 학문이다. Educational Studies는 교육학의 이론과 실습을 결합하여 독립적 연구, 세미나, 석사 논문 등을 포함한 연구 과정이다.

성 방식이 다르다. 교과 교사가 되기 위한 두 가지 주요 경로가 있다. 대부분의 학생은 먼저 전공 학과에서 한 가지 주요 과목(예: 핀란드어)과 한두 가지 부전공(예: 문학 및 드라마)으로 석사학위를 취득한다. 이후 교사교육학과Department of Teacher Education에 교과 교사교육 프로그램을 신청한다. 이 과정에서 교과 중심 교수 전략에 중점을 둔 교수학 연구Pedagogical Studies는 60 ECTS 학점으로 구성되며, 한 학년 academic year이 소요된다.

또 다른 경로는 학생이 전공 학과를 선택할 때 교원 양성 과정에도 직접 지원하는 것이다. 일반적으로 학생들은 전공 교과 2년 차 이후 소속 대학 교육학부Faculty of Education에서 교수학 연구Pedagogical Studies를 시작한다. 이 두 번째 경로의 교육과정은 첫 번째 경로와 동일하지만, 학사 및 석사 과정에서 일정이 다르게 편성된다. 이는 헬싱키 대학교 프로그램에서 보여주듯, 일반적으로 4학기에 걸쳐 진행된다.〈표 1.3〉

예비 교과 교사는 자신이 가르칠 과목, 예를 들어 수학이나 음악 같은 분야를 전공하기로 결정한다. 이러한 전공 교과의 경우 일반적으로 90 ECTS 학점에 해당하는 심화 과목advanced studies을 수강해야 한다. 또한, 부전공 교과에서 60 ECTS 학점이 필요하다. 일반적으로 교사교육학과는 내용 전공학과에서 제공하는 교과 내용 프로그램과 협력하여 교수학 연구Pedagogical Studies 과정을 구성한다. 이는 내용 전공학과 역시 소속 학생들의 교사교육에 책임을 지고 있기 때문이다.Lavonen et al., 2007

의무교육을 위한 국가 기본 교육과정 프레임워크National Framework Curriculum에 포함된 일부 특정 과목, 예컨대 직물 작업textile work 및 공예, 특수교육, 학생 상담, 음악 같은 과목에 대한 교사교육은 예외적으로 교육학과Department of Education에서 조직한다. 일반적으로 예술 및 체육 교사교육은 대학의 별도 학과나 기관에서 이루어진다.

핀란드에서 교사교육에서 중요한 역할을 하는 것은 교사교육학과가 아니라 학문 전공 학부academic subject faculties라는 점에 주목할 필요가 있다. 이들 학부는 교과 교사들에게 석사학위를 수여하는 책임을 맡고 있다.

〈표 1.3〉 **2011년 헬싱키 대학교 교과전공 교사교육 프로그램의 교육학 관련 구조**

학사 수준(25 ECTS학점)	석사 수준(35학점)
1학기(18학점) 발달 심리 및 학습(4) 특수교육(4) 교과 교수법 입문(10)	3학기(17학점) 교육의 사회적, 역사적 및 철학적 기초(5) 수업 평가와 발달(7) 교생실습학교나 현장학교에서 심화 교생실습(5)
2학기(7학점) 교생실습학교 기초 수업 실천(7) **석사 프로그램의 일부:** **연구 방법론(6)**	4학기(12학점) 연구 세미나(연구자로서 교사)(4) 교생실습학교 현장학교에서 최종 교생실습(8)

핀란드 교사교육학과의 교육은 신규 교사가 교실에서 적용할 것으로 기대되는 교육학적 원칙을 지원하도록 구성되어 있다. 각 대학의 교수는 완전한 교육적 자율권을 지니지만, 핀란드의 모든 교사교육학과는 교사교육 프로그램의 질을 개선하기 위해 상세하고 종종 구속력이 있는 전략을 갖추고 있다.

교과 중심 교육학Subject-focused pedagogy and its research, 예를 들어 핀란드 대학의 과학교육science education은 국제 표준에 부합할 정도로 상당히 발전해 있다.Kim, Lavonen, & Ogawa, 2009 또한, 협동 학습cooperative learning, 문제 기반 학습problem-based learning, 반성적 실천reflective practice, 그리고 컴퓨터 지원 교육computer-supported education은 오늘날 모든 핀란드 대학에서 적어도 어느 정도는 실행되고 있다. 효과적이고 혁신적인 대학 교육 실천을 보상하는 핀란드의 고등교육 평가 시스템은 이러한 긍정적 발전의 중요한 원동력 역할을 해

왔다.

연구 기반 교사교육research-based teacher education은 교육 이론, 연구 방법론, 그리고 실천의 통합이 모두 핀란드 교사교육 프로그램에서 중요한 위치를 차지함을 의미한다. 교사교육 교육과정은 교육적 사고의 기초에서 교육 연구 방법론으로, 그리고 교육학의 심화 분야로 이어지는 체계적인 연속체를 구성하도록 설계되어 있다. 이를 통해 학생은 교육적 실천의 체계적이고 학제적인 본질에 대한 이해를 강화한다. 또한, 핀란드 학생들은 교육의 실천적 또는 이론적 측면에 대해 독창적인 연구를 설계, 수행, 제시하는 방법에 대한 역량을 배운다. 핀란드 연구 기반 교사교육의 주요 요소는 초중등 학교에서의 실무 훈련이며, 이는 교육과정의 핵심 구성 요소로 표 1.2와 1.3에 제시되어 있다.

원칙적으로, 핀란드의 교사교육 프로그램에는 두 종류의 실습 경험이 있다. 첫째는 임상 훈련의 일부로, 교육학부Faculty of Education 소속의 교사교육학과Department of Teacher Education에서 세미나와 소집단 수입을 통해 이루어진다. 이 과정에서 학생들은 동료들과 기본적인 교육 기능을 연습한다. 둘째는 주요 교육 실습 경험으로, 대학이 관리하는 별도의 교사훈련 학교Teacher Training Schools[5]에서 이루어진다. 이 학교들은 기존 공립학교와 유사한 교육과정과 실습 과정을 갖추고 있다. 학생들은 교육 실습을 위해 선별된 실습학교Field Schools 네트워크를 활용한다. 초등학교 교사교육에서는 학생들이 계획된 학습 시간의 약 15%(예: 유바스큘라 대학의 경우 40 ECTS 학점)를 실습학교에서의

---

[5] 교사훈련 학교(Teacher Training Schools)는 핀란드의 교사교육 모델에서 핵심적인 역할을 하는 학교다. 대학이 직접 관리하며, 예비 교사들이 실제 교실 환경에서 교육 실습을 하도록 설계된 기관이다. 일반 공립학교와 유사한 교육과정을 운영하면서도, 교육 실습과 교수법 연구를 체계적으로 통합하여 핀란드 교사교육의 이론과 실무를 연결하는 중요한 역할을 한다. 이러한 학교는 교사교육의 질을 높이고, 연구 기반의 실습을 지원하는 핀란드만의 독특한 제도다.

교육 실습에 투자한다. 반면, 교과 교사교육에서는 학교에서의 실습 교육 비율이 교육과정의 약 1/3을 차지한다.

표 1.2와 1.3에 요약된 핀란드의 교사교육 교육과정은 이론적·방법론적 연구와 교육 실습을 체계적으로 통합하도록 설계되었다. 교육 실습은 일반적으로 5년 프로그램 동안 기본 실습basic practice, 심화 실습advanced practice, 최종 실습final practice의 세 단계로 나뉘어 이루어진다.

각 단계에서 학생들은 경력 교사의 수업을 관찰하고, 지도 교사의 지도 아래 실습 수업을 하며, 다양한 학생 집단을 대상으로 독립적인 수업을 할 기회를 제공받는다. 이러한 수업은 지도 교사와 교사교육학과 소속 교수 및 강사들에 의해 평가된다. 핀란드 교사교육에 대한 평가에 따르면, 교사교육 교육과정의 체계적인 특성이 다른 국가의 교사교육과 차별화되는 핀란드 교사교육의 주요 강점이자 특징임이 반복적으로 확인되고 있다.Darling-Hammond, 2006; Jussila & Saari, 2000; Saari & Frimodig, 2009

핀란드의 교사교육 프로그램은 이론적 지식, 실무 훈련practical training, 그리고 교육에 관한 연구 중심 탐구가 나선형 구조로 배열된 형태를 취한다. 교사교육의 책임은 연구 중심 대학 단위의 활동에 통합되어 있다.

예를 들어, 오울루 대학교The University of Oulu에서는 [그림 1.2]에 표시된 과학, 인문학 및 교육학의 세 가지 학문 단위를 통해 학생들에게 교사교육 교과목을 제공한다. 이 과정에는 교과 중심 교육 방법론subject-oriented teaching methodologies을 전문으로 하는 교수진(일반적으로 강사 및 교수)이 포함된다. 이들 학문 단위의 교육과정은 교사교육 전반을 책임지는 교사교육학과와 긴밀히 조율되어 운영된다.

교사훈련 학교는 핀란드 학생들이 교육 실습을 이수하는 네트워크의 주요 부분을 구성하지만, [그림 1.2]에서 볼 수 있듯이 일부 시립 실습

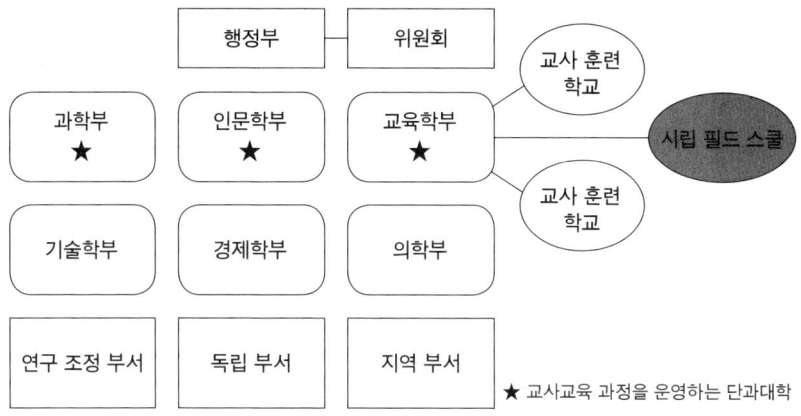

[그림 1.2] **2011년 오울루 대학의 구조와 교사교육 관련 조직**

학교Municipal Field Schools; MFS도 같은 목적을 수행한다. 오울루 대학교의 모든 교육 실습 중 약 3분의 1은 시립 실습학교에서 이루어진다. 교육 실습이 이루어지는 교사훈련 학교는 더 높은 전문 인력 요건을 요구한다. 지도 교사는 교육 실습생과 함께 일할 수 있는 역량을 입증해야 하며, 교사훈련 학교는 시립 실습학교와 달리 대학의 교사교육학과 또는 대학 단위의 교사교육 교수진과 협력하여 교사교육에서 연구 및 개발 역할을 해야 한다.

예를 들어, 오울루 대학교에서는 과학부와 인문학부 교수진이 교사교육 역할을 하며 적절한 인력을 지원한다. 따라서 모든 교사훈련 학교는 교생들에게 시범 수업과 함께 교생을 위해 설계된 대체 교육과정을 도입할 수 있다. 이러한 학교에는 장학, 교사 전문성 개발, 평가 전략에 잘 준비된 교사들이 근무하고 있다. 이와 같은 교사가 되기 위해 요구되는 특별한 자격은 없으며, 교사훈련 학교에 취업하는 데 필요한 지식과 기능을 습득하는 것은 개인 책임이다.

교사의 업무와 전문성 개발

핀란드에서 교사는 매우 인기 있는 직업으로, 교사교육학과와 교과 중심 프로그램을 졸업한 대부분의 신규 졸업생은 곧바로 학교에 임용되기를 희망한다. 학생들은 학업 과정에서 이미 교사의 관점에서 학교 생활이 어떠할지를 어느 정도 이해하게 된다. 그러나 졸업생들이 교육자 공동체에 참여하거나, 학급에 대한 전적인 책임을 지거나, 학부모와 상호작용하는 경험을 반드시 습득한 것은 아니다. 이러한 요소들은 교육과정의 일부로 포함되기는 하지만, 졸업한 많은 자격증 소지자들이 강의실에서 배운 이상주의와 학교 현장의 현실 사이에 괴리가 있음을 깨닫게 된다.

핀란드에서는 신규 교사가 첫 학교에서 정규 교사로서 적응하도록 돕는 신임 교사 적응 프로그램이 비교적 덜 발달되어 있다. 그러나 관련 연구와 개발 활동은 활발히 이루어지고 있다.Jokinen & Vlijrvi, 2006: OECD, 2005 새로운 교사의 교직 적응을 지원하는 책임은 각 학교와 이를 관할하는 지방자치단체에 있다. 따라서, 핀란드 교사의 적응 프로그램은 다양한 형태로 존재한다.

일부 학교는 학교 비전의 일환으로 신규 교사를 위한 심화된 절차와 지원 시스템을 도입하지만, 신규 교사를 환영하고 교실로 안내하는 것에 그치는 학교도 있다. 일부 학교에서는 신임 교사 적응교육이 교장이나 부교장의 명확한 책임으로 할당되지만, 다른 학교에서는 이 책임이 일부 경험 많은 교사에게 맡겨지기도 한다. 최근 유럽연합의 권고 European recommendations에서도 지적되었듯이, 신임교사 적응교육은 핀란드에서 추가로 개발이 필요한 분야임이 분명하다.European Commission, 2004

핀란드의 교사교육 프로그램은 여러 국제적 검토 및 평가에서 체계적인 학문적 구조와 높은 수준의 품질로 칭찬을 받아왔다.^{Jussila & Saari,} 2000 그러나 핀란드에서는 교사의 전문성 개발 및 재교육 프로그램이 초기 교사교육과 연계되지 않으며, 종종 교수와 학교 발전의 필수 영역에 초점을 맞추지 못한다는 점이 널리 인식되고 있다. 비판의 주요 초점은 대학에서 이루어지는 예비 교사교육과 학교에서 이루어지는 지속적인 전문성 개발 프로그램의 연계성이 약하다는 데 있다. 초등학교, 중학교, 고등학교를 감독하는 지방자치단체는 교사의 필요에 따라 전문성 개발이나 현직교사 연수를 제공할 책임이 있다. 실제로 지방자치단체는 전문성 개발을 위해 의무적으로 3일의 연수를 할당해야 한다. 그러나 오늘날 이 의무적인 3일 외에 추가로 얼마나 많은 전문성 개발이 필요한지, 어떤 유형의 프로그램이 적합한지는 개별 교사나 학교장의 결정에 달려 있다. 또한, 이러한 프로그램이 자금 지원을 받을 수 있는지 여부도 그들의 판단에 따라 결정된다.

핀란드에서는 교사 전문성 개발을 위한 재원 조달 능력에서 지자체와 학교 간에 상당한 격차가 있다. 이러한 상황은 핀란드 교육 재정 지원 방식에 기인한다. 중앙 정부는 지방자치단체나 학교의 예산 결정에 제한적인 영향력만 행사할 수 있다. 따라서 전문성 개발 및 학교 개선을 위한 예산을 다른 학교보다 훨씬 많이 받는 학교도 있다. 반면, 특히 경기 침체기에는 전문성 개발 예산이 가장 먼저 삭감되는 경우가 많다.

핀란드 교육의 거버넌스는 전국적으로 일관되지 않다. 일부 학교는 운영 및 예산에 대해 비교적 높은 자율성을 지니지만, 다른 학교는 그렇지 않다. 따라서 핀란드의 교사 전문성 개발은 다양한 형태로 이루어진다. 이상적으로는, 전문성 개발을 어떻게 준비하고 제공할지에 대한 주요 의사 결정권자는 학교다. 학교는 교과서, 난방, 유지 관리 같은 운영 비용을 절감하고, 그 자금을 교사 전문성 개발에 우선적으로 사용하려 할 수 있다. 그러나 일부 핀란드 지방자치단체는 여전히 모든 교사를 대상으로 일률적인 현직 연수 프로그램을 운영하며, 개별 학교의 결정권을 거의 허용하지 않는 경우도 있다. 2007년 유바스퀼라 대학교 The University of Jyvaskyla에서 실시한 대규모 국가 단위 조사에 따르면, 교사들은 평균적으로 매년 약 7일의 근무일을 전문성 개발에 투자했으며, 이 중 절반은 교사의 개인 시간에서 할애된 것으로 나타났다.Piesanen, Kiviniemi & Valkonen, 2007

핀란드 교사들은 전체 수업 시간에 따라 급여를 받으며, 연간 업무에는 계획 및 전문성 개발에 집중하는 3일이 포함된다. 국가 단위 조사에 따르면, 2007년 초등학교와 중학교 교사의 약 3분의 2가 전문성 개발에 참여한 것으로 나타났다.Kumpulainen, 2008 이는 핀란드 전체 65,000명의 교사 중 20,000명 이상이 해당 연도에 전문성 개발에 참여하지 않았음을 시사한다. 교육부의 최근 보고서2009에 따르면, 전문성 개발 참여는 감소 추세다. 이에 따라 정부는 지방자치단체의 재정 지원을 통해 모든 교사가 적절한 현직 교사 대상 전문성 개발 지원을 받을 수 있도록 요구하는 법적 근거를 강화하는 방안을 검토하고 있다.

핀란드에서는 매년 초중등교육에 다양한 형태로 교사와 교장의 전문성 개발을 지원하기 위해 약 3,000만 달러의 국가 예산을 배분한다. 이 예산의 주요 목적은, 특히 더 열악한 학교에서 근무하는 교사들을 위해 추가 교육에 대한 평등한 접근을 보장하는 것이다. 이러한 전문성 개발 지원은 경쟁 방식을 거쳐 서비스 제공자와의 계약을 통해 이루어진다. 초기 단계에서 정부는 현재 국가 교육 개발 필요에 기반하여 연수의 초점을 결정한다. 핀란드 교육부2009는 지방자치단체와 협력하여 2016년까지 교사 전문성 개발을 위한 공적 자금을 두 배 수준으로 늘릴 계획이다.

석사학위를 소지한 핀란드 교사는 통상적인 전문성 개발 기회의 일환으로, 또는 이를 보완하기 위해 대학원 과정에 진학할 수 있다. 초등학교 교사는 교육학 박사 과정을 비교적 쉽게 시작할 수 있으며, 박사학위 논문은 교육학 분야에서 선택한 주제를 중심으로 작성된다. 많은 초등학교 교사가 이 기회를 활용하며, 학교에서 가르치는 동안 박사 과정을 병행하기도 한다. 반면, 교과 교사가 교육학 박사 과정에 진학하려면 더 많은 노력이 필요하다. 교육학 박사 과정을 이수하려면 교육학에 대한 고급 과정을 이수해야 하며, 교육학 박사학위 논문을 완성할 자격을 갖추기 위해 기존 주전공(예: 화학)을 교육학으로 변경해야 한다.

집단적 책임의 시간

핀란드에서는 교직이 매우 높은 학문적 자격을 요구하는 까다로운 직업으로 인식되며, 이는 어린 학생들을 가르치는 교사에게도 동일하게 적용된다. 1970년대에 교사교육이 연구 중심 대학의 학문 영역으로 통합된 후, 핀란드 교사들은 정체성과 존경받는 전문직으로서의 소속감을 점차 강화해 왔다.

아호Aho와 동료들2006이 보고한 바에 따르면, 핀란드의 교육개혁 과정에서 교사들은 교육과정과 학생 평가에 대한 더 많은 자율성과 책임을 요구해 왔다. 교사들이 자신의 일을 경험하는 방식에서 핀란드의 교직 환경은 다른 나라와 상당히 다르다. 핀란드에서 교사들이 경험하는 전문성을 존중하는 환경은 교사교육 정책뿐 아니라 많은 젊은 핀란드인들이 교직을 가장 선망하는 미래 직업으로 여기는 이유를 설명하는 데 중요한 요인이다.

교육과정 계획은 학교와 지방자치단체의 책임이다. 오늘날 대부분의 핀란드 학교는 지방 교육 당국과의 조율과 승인을 거친 자체 교육과정을 갖추고 있다. 이는 교육과정 설계 과정에서 교사와 교장이 핵심 역할을 맡고 있음을 명확히 보여준다. 기초학교를 위한 국가 교육과정 프레임워크The National Framework Curriculum와 고등학교 교육을 위한 해당 문서는 각 학교가 교육과정 개발 과정에서 고려해야 할 지침과 규정적 요구 사항을 제시한다.

그러나 예를 들어, 미국과 달리 핀란드에는 학교 자체 교육과정에 포함해야 하는 엄격한 국가 표준이나 학습 성과에 대한 구체적인 설명이 없다. 이러한 이유로 핀란드의 교육과정 실천과 실제는 학교마다 다양하며, 설계된 교육과정도 학교마다 크게 다르다. 교육과정 계획 과정에서 교사의 핵심적인 역할을 고려할 때, 모든 교사에게 교육과정 관련 쟁점에 대한 고도의 지식과 기능을 신장시키는 교사교육이 필수적이다. 또한, 이는 교사 전문성 개발의 초점을 단편적인 현직 교사 연수에서 보다 체계적인 학교 개선으로 전환함으로써, 교육을 위한 보다 나은 윤리적·이론적 기반을 제공한다.

또 다른 중요한 교사의 책임은 학생 평가다. 앞서 언급했듯이 핀란드 학교는 표준화된 평가를 통해 학교의 진도나 성공을 판단하지 않는다. 이러한 접근에는 다음과 같은 세 가지 주요 이유가 있다. 첫째, 핀란드의 교육 정책은 학교 운영의 중요한 구성 요소로서 개별화 교육과 창의성을 높은 우선순위로 둔다. 따라서 학생들의 학교 내 발달은 통계적 지표를 활용하는 것이 아니라 주로 개인의 특성과 능력에 따라 판단된다. 둘째, 교육 개발자는 일부 다른 교육 시스템에서처럼 평가와 시험이 아니라, 교육과정, 교수학습이 교사의 사고와 학교 실천을 주도해야 하는 교육의 우선 요소라고 주장한다. 핀란드 학교의 학생 평가는 교수학습 과정에 내재되어 있으며, 이는 교사와 학생 모두의 활동을 개선하는 데 활용된다. 셋째, 핀란드에서는 학생의 학업 성취도를 결정하는 것이 외부 평가나 평가자의 소관이 아니라 학교 책임으로 간주된다. 대부분의 핀란드 학교는 교사가 모든 학생을 평가하고 채점할 때 비교 가능성이나 일관성과 같은 몇몇 단점을 인정한다. 그러나 외부 표준화 시험과 관련된 문제가 더 심각한 문제를 초래할 수 있다는 점도 널리 인식되고 있다. 이러한 문제로는 협소한 교육과정, 시험 중심 수업, 학교 간 및 교사 간 불건전한 경쟁 등이 포함된다. 따라서, 교실 평가와 학교 기반 평가는 핀란드 교사교육의 교육과정과 전문성 개발에서 중요하고 가치있는 요소로 간주된다.

핀란드의 학생 학습에 대한 유일한 '표준화된' 평가는 1852년 제정된 국가 학력시험이다.[Sahlberg, 2011] 이 시험은 고등학교 교육이 끝나는 시점에 시행되며, 학문적 고등교육을 위한 일반 요건으로 활용된다. 이 시험은 다양한 과목에서의 논술형 시험을 통해 학생의 지식, 기능, 역량을 평가하며, 학생이 비용 전액을 부담하고 외부 시험 위원회가 이를 관리한다. 많은 핀란드 교육 전문가들[Haivala, 2009]은 이 시험이 일반 고등학교의 교육과정과 수업에 뚜렷한 영향을 미치며, 중학교 마지막 학년에도 영향을 미친다고 주장한다.

핀란드 교사의 업무는 주로 교실 수업으로 이루어지지만, 업무 중 많은 부분은 교실 밖에서도 이루어진다. 공식적으로 핀란드 교사의 근무시간은 교실 수업, 준비 작업(생물학과 같은 실험실 기반 과목의 경우), 그리고 동료들과 학교 업무를 공동으로 계획하는 주당 2시간으로 구성된다. 다른 많은 나라와 달리 핀란드 교사는 수업이 없거나 교장이 다른 업무를 요청하지 않은 경우에는 학교에 있을 필요가 없다. 국제적인 관점에서 볼 때, 핀란드 교사는 다른 많은 나라 교사들보다 수업에 할애하는 시간이 적다. 예를 들어, 핀란드의 중학교 교사는 연간 약 600시간을 가르치며, 이는 하루 45분 수업 4개에 해당한다. 반면 대부분의 다른 OECD 국가에서는 같은 수준의 교사가 연간 최대 1,000시간을 가르치며, 이는 교실에서 보내는 시간이 더 길다는 것을 의미한다.

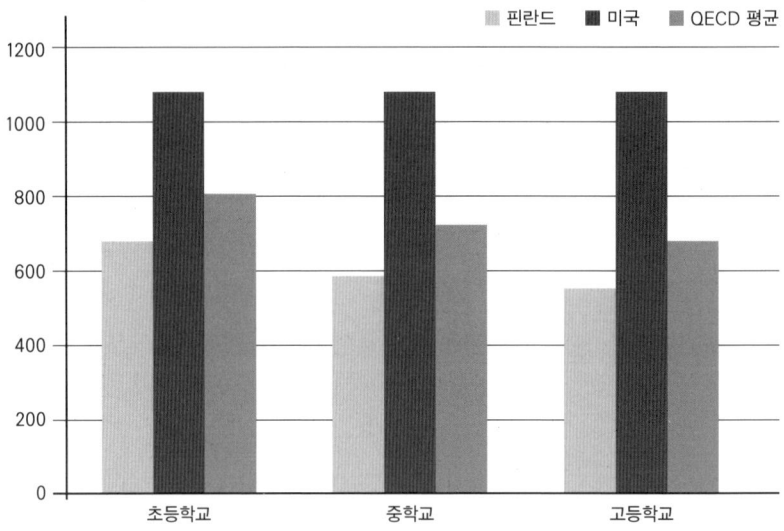

[그림 1.3] 핀란드, 미국 및 OECD 국가들의 학년당 평균 순 교육 시간

출처: OECD(2011)

[그림 1.3]은 OECD 통계OECD, 2011에 따른 핀란드, 미국 그리고 다른 OECD 국가들의 평균 순 수업 시간을 비교한 것이다.

그러나 이는 핀란드 교사가 다른 국가의 교사들보다 적게 일한다는 것을 의미하지는 않는다. 핀란드 교사의 업무에서 중요하고 여전히 자발적인 부분은 학교 개선과 지역공동체 업무에 전념하는 일이다. 또한, 핀란드 학교는 교육과정 설계와 지속적 개발에 대한 책임을 지고 있다는 점을 기억해야 한다. 다른 많은 국가와 달리, 핀란드 교사는 학생의 학업 성취도에 대한 주요 평가자로서 역할을 수행한다. 실제로, 핀란드는 학교를 모니터링하고 통제하기 위해 시험 기반 책무성test-based accountability을 사용하지 않는다. 대신 학생들은 적절한 평가를 설계하고 실시하는 임무를 맡은 교사로부터 성적을 받는다. 이러한 평가는 학생 발달을 기록하는 데 초점을 맞춘다. 핀란드 교사들은 교육과정 개발, 교수 방법 실험, 학생 피드백 전략을 교실 밖 업무의 주요 요소로 받아들였다. 실제로 많은 핀란드 학교는 교사와 학교 행정가 사이에서 전문적 학습공동체Professional Learning Community, PLC라 불리는 개념을 실현하는 데 점차 가까워지고 있다.

핀란드 교사교육의 미래

요약하면, 국제적 관점에서 핀란드 교사교육의 상대적 강점은 무엇인가? 첫째, 볼로냐 프로세스는 유럽 고등교육의 전반적인 구조와 정책을 제시하지만, 가입국이 교육과정을 설계하거나 교사교육을 어떻게 구성해야 하는지 구체적으로 규정하지 않는다. 따라서 유럽 교육 시스템 간에는 국가별 교사교육 정책과 실천에 상당한 차이가 있으며, 이는 앞으로도 지속될 것이다. 이러한 유럽 교사교육 시스템의 다양성 속에 핀란드는 다음 세 가지 주요 특징을 지닌다.

첫째, 핀란드는 초등학교 교사교육을 대학교로 이관하고, 교사 자격 취득 과정에 석사학위를 필수 요건으로 도입한 후, 유능하고 재능 있는 젊은이들을 교사로 유치할 수 있었다. 앞서 설명했듯이, 핀란드 젊은이들의 진로 계획에는 강력한 문화적 영향이 있지만, 그것만으로는 핀란드에서 교직이 지속적으로 인기를 누리는 이유를 설명하기 어렵다. 이를 뒷받침하는 두 가지 다른 요인을 제시할 수 있다. 한편으로, 교육학 석사학위는 초등학교 교사로의 취업뿐만 아니라 교육 행정, 민간 부문 등 다양한 직업에서 경쟁력 있는 전문적 기반을 제공한다. 졸업하는 모든 교사는 대학원 과정에 등록할 자격을 자동으로 부여받으며, 여전히 수업료가 무료다. 다른 한편으로, 많은 젊은 핀란드인이 교직을 주요 직업으로 선택하는 이유는 핀란드의 교직이 자율적이고 독립적이며, 의사, 변호사, 건축가 등과 비교될 만큼 높은 평가를 받는 직업으로 인식되기 때문이다. 그러나, 시험 기반의 책무성이나 중앙에서 강제하는 규제를 통해 교사의 업무에 대한 외부 통제가 늘어난다면, 더 많은 유능한 청년이 창의성과 주도성을 발휘할 자유가 있는 다른 전문 직업으로 옮겨갈 가능성이 높다.

둘째, 핀란드의 교사교육학과와 교과 전공 학부 간에는 매우 긴밀한 관계가 형성되어 있다. 교과 교사교육은 모든 졸업생이 가르칠 과목에 대한 탄탄한 이해와 최첨단 교수 역량을 갖추게 하는 협력적이고 조율된 방식으로 조직된다. 대학의 각 학부는 교사교육을 자신들의 중요한 역할 중 하나로 인식하며, 강사와 일부 교수들은 자신의 전공 분야에서 교육학적 연구를 전문적으로 수행하고 있다. 또한, 대학 내 교육학부와 다양한 교과 학부는 상호 긍정적으로 의존하며, 양측 모두 최선을 다해야만 지속 가능한 성공을 이룰 수 있다.

셋째, 핀란드의 교사교육은 체계적이고 연구 기반의 구조를 갖추었음을 인정받고 있다. 모든 졸업생 교사는 학위 요건에 따라 핀란드 대학의 다른 모든 학문 분야와 동일한 수준의 엄격한 학문적 요건을 갖춘 연구 기반 석사학위 논문을 완료했다. 교사교육에 대한 연구 지향은 모든 수준의 교사가 복잡하고 변화하는 사회적·교육적 환경에서 일할 수 있도록 준비시키는 데 목적이 있다. 또한, 연구 기반의 학문적 훈련은 보다 급진적인 국가 교육 정책을 구현할 수 있게 했다. 예를 들어, 향상된 전문적 역량은 교육과정 계획, 학생 성과 평가와 보고, 학교 개선 등과 관련하여 교사와 학교에 대한 신뢰를 높이는 데 기여했다. 핀란드는 교사교육 프로그램에 연구, 내용, 교수법에 대한 지식, 실습을 성공적으로 통합했다.

실제로, 연구는 교사교육에서 매우 중요한 역할을 한다. 연구 결과는 교사가 복잡한 지식 사회에서 효과적으로 가르치고 활동할 수 있는 전문적 기반을 확립하고 제공한다. 어떤 사회에서든 교사교육은 견고한 현대 과학 활동을 통해서만 과학적 학문으로서 발전할 수 있는 잠재력을 지닌다. 교직의 주요 설명어인 전문성은 교사들이 자기 분야에서 지속적으로 이루어지는 발전을 접근하고 따라갈 수 있어야 하며, 새로운 지식을 자신의 전문 업무에 자유롭게 적용할 수 있어야 함을 요구한다. 따라서 핀란드 교사교육의 추가적인 발전은 반드시 고품질의 국제적 연구와 개발에 기반하여 이루어져야 한다.

그러나, 현재 핀란드 교사교육에 대한 연구는 그 요구에 적절히 대응하기에는 초점이 부족하고 체계적으로 조율되지 못하고 있다.[Jakku-Sihvonen & Niemi, 2006; 교육부, 2007] 교사교육을 주제로 한 대부분의 박사 논문은 개별 교사들이나 교사교육학과의 활동에서 비롯되며, 예컨대 의학이나 경제학에서 흔히 볼 수 있는 외부 자금 지원 연구 프로젝트에서 유래한 것이 아니다. 교수나 교사교육에 초점을 맞춘 연구비 지원 제안서는 건강, 기술, 환경을 다루는 연구 제안서와의 경쟁에서 우위를 점하기 어렵다. 게다가, 핀란드 대학에서 교육학부 교수들은 다른 학문 단위의 교수들에 비해 학생들의 논문 및 학위 논문 지도에 훨씬 많은 시간을 할애한다.

〈표 1.4〉는 석사 논문 지도 총량에서 교육학부 교수들의 평균 업무

〈 표 1.4 〉 **2006년 핀란드의 다양한 학문 분야별 석사학위 vs. 교수**

학부	총 교수 인원	석사학위	박사학위	교수 1인당 학위 수	교수 1인당 석사학위 수
사회과학	248	1,784	107	7.63	7.19
교육학	130	1,630	77	13.13	12.54
정치학	205	1,261	95	6.61	6.15
자연과학	352	1,496	308	5.13	4.25
의학	260	415	228	2.47	1.60

*출처: 교육부(2007)에서 발췌

량이 다른 학문 단위의 동료들보다 두 배에 이른다는 점을 보여준다.

지속적으로 이루어져 온 국내외 비교에 따르면, 핀란드의 교사교육은 국제적 맥락에서 모범 사례로 평가되지만, 여전히 여러 측면에서 프로그램 개선이 필요하다. 핀란드 당국은 특히 많은 학생이 고등학교 졸업 후 너무 오랜 시간이 지나서야 교사교육에 등록하는 점을 우려하고 있다. 이는 입학 경쟁이 치열하여, 지원자가 학교 실습 경험을 어느 정도 갖추어야 하는 경우가 많기 때문이다. 또한, 핀란드 학생들은 학업에 지나치게 긴 시간을 할애함으로써 최종적으로 노동 시장에 진입할 때 다른 국가의 또래 학생들에 비해 훨씬 나이가 많은 경우가 많다는 점도 문제로 지적된다.

현재 핀란드 교사교육 개선의 주요 모델은 유럽 고등교육지역 European Higher Education Area[6]의 일환으로 보다 일관성 있는 교사교육을 구축하라는 권고 사항이다. 이는 강제적 지침이 아니라 권고 사항으로 작용한다. 핀란드 교육부[2007]에 따르면, 핀란드 교사교육과 관련해 다루어야 할 주요 정책적 이슈는 다음과 같다.

1. 변화하는 사회에 대응하기

학령인구 감소와 많은 교사의 퇴직으로 2020년까지 필요한 신규 교사 양성이 복잡한 도전 과제가 되고 있다. 동시에 핀란드 학교는 증가하는 이민자와 특수 교육이 필요한 학생을 수용해야 한다. 교사들이 변화하는 사회적·문화적 환경에서 효과적으로 일할 수 있도록, 교사교

---

6 유럽 고등교육지역(European Higher Education Area; EHEA)은 유럽 고등교육 체제를 통합하고 협력하기 위해 설립된 공동체로, 1999년 볼로냐 프로세스를 통해 시작되었다. 주요 목표는 학위의 상호 인정, 학업 및 연구 이동성 증대, 학점 체계 (ECTS) 표준화, 그리고 교육 품질 보장을 통해 유럽 내 고등교육의 조화와 발전을 촉진하는 것이다. 현재 49개국이 참여하며, 이를 통해 유럽 고등교육 시스템 간 상호 협력과 통합이 이루어지고 있다.

육은 철저한 요구 분석에 기반해야 한다. 핀란드에서 사회적 네트워크가 약화되면서 교사 업무에서 양육과 돌봄의 역할이 점점 더 중요해지고 있다. 그 결과, 많은 교사가 새로운 책임에 과중한 부담을 느끼며, 일부는 번아웃에 시달리고 있다. 따라서 신규 교사교육과 재교육 모두에서 이전보다 더 적극적으로 교사의 사회적·심리적 문제를 다룰 필요가 있다.

2. 모든 교사를 위한 체계적인 전문성 개발

핀란드 대학의 교사교육과 지속적인 교사 전문성 개발은 보다 일관성 있는 연속체로 구축되어야 한다. 모든 교사에게 신임교사 적응교육induction을 제공하고 이를 평생 전문성 개발의 일부로 포함해야 한다. 핀란드 지자체는 각 교사가 관련 전문성 개발에 접근할 수 있도록 보장함으로써, 전문성 개발 기회를 제공하는 데 그 책임을 강화해야 한다.

3. 각 대학의 교사교육 전략

교사교육 프로그램을 제공하는 각 대학은 최신의 종합적인 교사교육 전략을 세워야 한다. 이러한 계획은, 예를 들어, 프로그램의 목표, 역할, 양적 목표를 명확히 규정하고, 대학 내 다양한 구성단위 간 필요한 협력을 설명하며, 실습학교에서의 실습 교육 운영 원칙을 제시하고, 교사와 학생의 타 기관 간 이동성을 보장해야 한다. 또한, 이러한 전략은 교사를 위한 현직 연수와 전문성 개발을 제공하는 대학의 역할 강화에 초점을 맞추어야 한다.

4. 교사교육 연구 강화

교사교육은 학문적 고등교육의 일부이며, 이는 전체 대학의 책임이다. 교사교육 연구는 보다 효과적이고 높은 수준으로 조율된 국가 연구 프로그램을 통해 강화되어야 한다. 이를 위해 교사교육을 더 적은 수의 학과로 집중시키고, 교사교육 연구와 리더십을 개선하며, 다학문적 대학원 및 박사 후 과정을 확대할 필요가 있다. 또한, 교사교육 연구는 연구 프로젝트에 대한 연구비를 확보하고 지원받는 데 더 큰 경쟁력을 갖춰야 한다.

핀란드 교사교육의 가장 큰 잠재력은 매년 수백 명의 재능 있고 의욕적인 젊은이들이 교사교육 프로그램에 지원한다는 점에 있다. 이는 핀란드 교사교육의 지속적이고 미래 지향적인 성공을 위한 핵심 요소다. 젊은 핀란드인들은 교직이 독립적이고 존경받으며 보람 있는 직업일 뿐만 아니라, 자신의 열망을 실현할 수 있는 자유를 제공한다고 믿기 때문에 교사교육에 매료된다. 그러나 일반 고등학교 졸업생들은 직업을 결정할 때 교사교육 프로그램의 질 또한 중요한 고려 요소로 삼는다. 따라서 핀란드 교사교육이 지속적으로 발전하여 미래에도 유능한 젊은이들에게 매력적이고 경쟁력 있는 선택지로 남는 것이 매우 중요하다.

핀란드의 우수한 교육 성과를 단 하나의 특징으로 설명할 수는 없으며, 상호 연관된 여러 요인이 있다. 대부분의 분석가가 주장하듯이, 우수한 교사는 현재 핀란드 교육의 우수성에서 중요한 역할을 한다. 핀란드 사회에서 교사의 전문적 지위는 문화적 현상이지만, 교사가 교실에서 가르치고 전문적 공동체에서 협력하여 일하는 방식은 체계적으로 계획되고 실행된 학문적 교사교육의 결과다.

다른 국가들이 핀란드의 교육과정 시스템이나 학교 조직의 측면을 그대로 모방하는 것은 현명한 전략이 아닐 수 있다. 그러나 핀란드가 교사교육의 수준을 다른 학문 분야와 동등한 위치로 끌어올림으로써 얻은 긍정적인 교훈은 면밀히 살펴볼 가치가 있다. 가장 유능한 젊은이들을 매년 교사교육에 유치하기 위한 핵심 조건은 교사라는 직업이 외부에서 강요된 표준, 의미 없는 시험, 행정적 부담을 기계적으로 실행하는 것이 아니라, 독립적이고 존중받는 전문 직업이 되는 것이다.

2장

양질의 교사, 싱가포르 스타일

에이 린 굿윈A. Lin Goodwin

우리는 싱가포르의 교사로서 다음과 같이 다짐한다.

우리는 학생들이 최고의 잠재력을 발휘할 수 있도록 사명을 다할 것이다.

- 우리는 학생들의 전인적 발달에 힘쓰며, 학생들을 다양한 요구와 스타일을 지닌 개별적 존재로 존중한다.
- 우리는 학생들에게 새로운 관심사를 발견하고, 특별한 재능을 키우며, 잠재력을 실현하기 위한 기회를 제공할 것이다.

우리는 의무와 책임을 이행하는 과정에서 모범을 보일 것이다.

- 우리는 도덕적 용기와 성실성을 발휘하고 업무에 자부심을 가지며 교육 공동체의 전문성을 유지할 것이다.
- 목적의식을 가지고, 학생들을 돌보고 교육하려는 우리의 열정이 동기의 원천이 될 것이다.

우리는 학생들이 훌륭하고 유능한 싱가포르의 시민으로 성장하도록 지도할 것이다.

- 우리는 학생들이 싱가포르를 사랑하고 회복력과 책임감을 갖춘 시민으로 성장하도록 지도할 것이다.
- 우리는 학생들과 여정을 함께하며 그들을 자신감과 사고력을 갖춘 혁신적 개인으로 성장하도록 지도할 것이다. 학생들은 싱가포르를 위해 봉사하고 개선하며 보존하기 위해 노력하는 시민으로 성장할 것이다.

우리는 지속적으로 배우고, 배움의 즐거움을 학생들과 나눌 것이다.
- 우리는 전문적 성장에 힘쓰며 열린 마음으로 배움을 지속해 갈 것이다.
- 우리는 진정한 학습이란 동료 교사 그리고 학생들과 함께 나누는 즐거운 경험이라고 믿는다.

우리는 사명을 완수하기 위해 학부모와 지역사회의 신뢰, 지지, 그리고 협력을 구할 것이다.
- 우리는 학생들에게 풍부한 학습 경험을 제공하는 과정에서 학부모와 지역사회의 참여를 이끌 것이다.
- 우리는 학생들이 자신의 재능을 발견하고 개발하는 일을 돕기 위해 학부모 및 지역사회와의 효과적이고 의미 있는 관계를 구축하고 지속할 것이다.

싱가포르, 교육부, 교사 서약

http://www3.moe.edu.sg/purposeofteaching/teacherPledge.html

그렇다면 싱가포르는 세계의 어디에 있는가? (그리고 우리는 왜 관심을 가져야 하는가?)

얼마 전까지만 해도, 싱가포르에 계신 어머니를 방문한다고 하면 처음에 받는 질문은 "싱가포르가 어디에 있느냐?"라는 것이었다. 출발 전, 서양의 동료나 지인이 중국이나 홍콩으로 잘 다녀오라는 말을 건네는 경우도 흔했다. 여전히 일부 '서양인들'이 싱가포르를 '보편적 동양'Goodwin, Genishi, Asher, & Woo, 1997에 포함된 것으로 여기며, 이를 중국이나 '극동'의 다른 아시아 국가의 일부로 여기는 일이 불가능한 것은 아니다. 그러나 오늘날의 새롭게 세계화된 세상에서, 특히 우리가 '타자'에 대해 무엇을 알고, 어떻게 아는지에 대해 많은 것이 변했다.

미국 내에서 잘 알려진 사실은 국제 수준 평가에서 싱가포르 학생이 지속적으로 다른 나라 학생들에 비해 우수한 성적을 거두었다는 점이다.Luke et al., 2005; Ministry of Education(MOE), December 2008; National Center for Education Statistics, n.d. TIMSS(수학·과학 성취도 추이 변화 국제비교연구) 자료에 따르면, 미국을 포함한 전 세계 여러 국가들과 비교할 때 그들은 동료를 능가할 뿐 아니라 지속적으로 상위권에 준하는 성과를 내고 있다. 예를 들어, 2003년과 2007년에 싱가포르 4학년 학생들은 수학에서 각각 1위와 2위를 차지했으며, 과학에서는 두 해 모두 1위였다.National Center for Education Statistics, n.d. 이러한 국제 비교 평가에서의 높은 성과는 오늘날 싱가포르가 국제적으로 더욱 널리 인정받는 데 기여하고 있다. 오바마 대통령의 최근 아시아 순방에서 싱가포르를 포함시킨 것은, 글로벌 무대에서 싱가포르의 위상이 높아지고 있음을 보여주는 사례다.

높은 수준의 구매력 평가PPP와 더불어—세계은행의 국제 비교 보고서2008에 따르면 미국에 이어 7위를 기록—학생들이 우수한 성과를 내고 있으며, 싱가포르가 그야말로 한 세대 만에 21세기로 도약했다는 평가는 "싱가포르가 어디에 있는 나라인가?"라는 질문을 "어떻게 하면 싱가포르처럼 될 수 있는가?"라는 질문으로 바꾸어 놓았다. 또한, 개별 국가가 국제적 이웃에 쉽게 접근하고 공통 기준으로 수준을 측정할 수 있는, 경계가 좁아진 세계의 상황에서 우리 모두는 지식을 공유하고 서로에게서 배우기에 어느 때보다 나은 위치에 있다.

모든 국가가 경제, 사회, 정치, 문화, 교육 등의 국면에서 탁월함을 추구함에 따라, 교사의 질은 현대 세계의 중요한 관심사로 부각되었다. Buchberger, Campos, Kallos, & Stephenson, 2000; International Alliance of Leading Education Institutes, 2008; International Reading Association, 2008 양질의 교사에 대한 필요성과, 교사가 시민의 사회화와 국가의 발전에 중요한 역할을 한다는 데는 거의 이견이 없지만, 어떤 요소가 우수성의 자질을 구성하며, 어떤 방법으로 양질의 교사가 될 수 있는지에 대해서는 합치된 의견이 거의 없다. 싱가포르 학생들이 보여준 성과는 국제적인 관심을 불러일으켰으며, 특히 교사의 질 관리가 학생들의 성과의 핵심이 된다는 증거가 늘어나면서 자연스럽게 양질의 교사에 대한 논의로 이어지고 있다. Akiba, LeTendre, & Scribner, 2007 미국에서 교사의 질 관리 문제는 정책 입안자, 언론, 대다수 일반인뿐 아니라 교육자 스스로도 가장 시급하다고 표명하는 문제이며, 교육부 장관 아르네 던컨Arne Duncan October 22, 2009의 주요한 관심사다. 국가 차원의 교육적 담론 가운데 교사의 질을 어떻게 정의하는가에 대한 다양한 견해가 있으며, 이러한 견해는 다양할 뿐 아니라 때로는 상충되기도 한다.예: Darling-Hammond, 2001 vs. Walsh, 2001 우리는 교사가 무엇을 알아야 하고 할 수 있어야 하는지, 교사가 갖추어야 하는 자질과 준비는 무엇인지, 교사의 준비는 어디서 출발해야 하는지, (만약 존재한다면) 이러한 준비 과정에는 어떠한 것들이 포함되고 배제되어야 하는지에 대한 논쟁에 몰두하고 있다.Cochran-Smith &

Zeichner, 2005; Darling-Hammond & Bransford, 2005; Darling-Hammond & Youngs, 2002; Goodwin & Oyler, 2008

이 장에서는 지난 10여 년 간에 초점을 두고 싱가포르의 교사교육 사례 연구를 통해 양질의 교사 양성을 위한 교사 준비 문제를 살펴보고자 한다. 이러한 논의는 프로그램 핸드북, 학습 과정 개요, 학술 논문, 책, 보고서, 발표 자료 등 광범위한 출처에 기반한다. 또한, 싱가포르에서 수행된 관찰 결과, 교사교육 교수진 및 대학 관리자들과의 면담, 교장 및 교사, MOE 직원과의 대화 또는 면담을 근거로 한다. 이에 더해, 관련 인터넷 사이트의 자료도 활용했다. 이 장은 교사 준비의 기초가 되는 싱가포르의 맥락을 검토하는 것으로 시작한다. 이어서 교사 준비의 주요 구조와 프로그램, 절차에 주목하면서, 교사 채용, 교사 준비, 전문성 신장에 초점을 맞춘다. 끝으로 싱가포르 스타일에서 양질의 교사를 뒷받침하는 것으로 보이는 몇 가지 잠정적 요소들을 밝히기 위해 자료 전반을 폭넓게 검토하며 마무리하고자 한다.

교육과 교사 준비를 위한 싱가포르의 상황

싱가포르는 동남아시아의 매우 작은 나라다. 면적은 710평방킬로미터로, 북쪽으로는 말레이반도 남쪽 끝에서 약 50킬로미터, 남쪽으로는 가장 가까운 인도네시아 섬에서 약 20킬로미터 떨어져 있다.Statistics Singapore, September 28, 2009 싱가포르는 다인종, 다민족, 다종교 국가로 인구는 500만 명을 조금 밑돈다.Singapore Department of Statistics, 2009 인구 구성은 '중국인(77%), 말레이인(14%), 인도인(8%)'이며, 대다수 국민은 4개 공용어인 말레이어, 타밀어, 중국어(만다린어), 영어 가운데 적어도 두 언어를 사용한다. MOE의 2008년 자료에 따르면2009a, 9월, 50만 명을 약간 넘는 아이들이 356개 초등학교와 중학교에 다니며, 약 28,000명의 교사가 근무하고 있다. 대부분의 교사는 여성(73%)이며, 교장과 교감 역시 대부분 여성(64%)이다. 문해율은 96%를 넘어서며Statistics Singapore, September 28, 2009, "싱가포르의 모든 어린이는 최소 10년의 일반 교육을 받을 기회가 있다."MOE, September, 2009a, p.v

싱가포르의 물리적 환경은 확연히 수직적이다. 대다수 인구가 거주하는 수백 개의 상업용 고층 빌딩과 주택 개발 블록(정부 주택)이 밀집되어 있다. 지상과 지하 모두 잘 발달되어 있고, 효율적인 대중교통 시스템을 지원하는 복잡한 도로와 고속도로망으로 연결되어 있다. 현대적이고 기술적으로 발달한 도시 국가로서의 싱가포르는 도시의 많은 특징과 취약점을 드러낸다. 다시 말해, 많은 인구, 과밀 차량, 과잉 상업주의, 제한된 공간, 사람, 언어, 문화, 음식, 전통, 생활방식 측면에서 복잡한 다양성을 지닌다. 일반적인 도심들과 달리 싱가포르는 깨끗하게 정돈된 정원 도시이며, 계획적이고 효율적으로 조직되어 있다. 범죄와 빈곤율도 낮다. 많은 인구가 중산층이며, 우수한 의료 시설과 서비스, 시설이 구비된 안전한 학교, 원활하게 운영되는 정부, 편의시설이 풍부하고 세련된 공공 주택, 직업적·지적·개인적 성장을 위한 무한한 기회와 선택 등의 높은 생활 수준을 누리고 있다.

최근 싱가포르를 방문하는 사람은 불과 50여 년 만에 싱가포르가 "생존 문제에 시달리던 식민지 이후의 고단한 사회"에서 "세계 시장에서 경쟁력의 우위를 갖춘 활기찬 … 경제 공동체"Yip, Eng, & Yap, 1997, p.4로 발전함으로써 '선진국'과 '개발도상국'¹ 모두에게 모범적인 국가로 알려져 있다는 점을 믿기 어려울 것이다. 나도 이러한 변화를 목도했는데, 어렸을 때의 물리적·교육적·경제적·사회적 환경과 현재 부모님이 거주하시는 오늘날의 환경을 비교할 때 가끔은 스스로도 믿기 어려울 때가 있다. "요컨대, 1차산업과 천연자원이 거의 없는 작은 경제 체제로서 싱가포르는 교육 투자와 개발을 바탕으로 정보·서비스·디지털 경제를 지향하는 미래를 설계해왔다."[Luke et al., 2005, p.8] 내가 초등학교에서 다니기 시작하여 예비 대학[2]에 이르기까지, 싱가포르가 독립 초기의 중요한 시기를 지나던 동안 끊임없이 반복되었고 지금까지도 유지되는 메시지는 싱가포르 사람이 싱가포르의 "가장 중요한 자원"이며 "교육을 통해 모든 개인은 자신의 완전한 잠재력을 실현하고 지역사회와 국가에 이바지하기 위해 자신의 재능과 역량을 활용해야 하며, 완전하고 만족스러운 삶을 영위할 수 있다는 것이었다."[MOE, June 29, 2007: 또한 Goh & Gopinathan, 2008: Gopinathan, 2007; Luke et al, 2005; Yip, Eng, & Yap, 1997] 결과적으로 싱가포르는 "사회를 변화시키고, 그 과정에서 교육을 가치 있는 사회 제도로 구축하기 위해 교육 정책을 능숙하게 활용했다."[Gopinathan, 2007, p.68] 이를 통해, "경제, 국가, 정체성의 핵심 엔진"[Luke et al., 2005, p.8]으로서의 교육에 관한 국가적 신념을 확고히 했다.

싱가포르에서 교육은 영속적 기반 가치로 존재하지만, 교육 주도권과 개혁 방향은 국가적 수준의 목표에 따라 변화해 왔다. 1965년 말레이시아로부터 독립한 이후, 싱가포르의 교육은 "생존 중심 교육survival-driven education"에 중점을 두었으며[Goh & Gopinathan, 2008], 이는 "초등 교육의 보편화와… 늘어나는 학교 수에 맞추어 교사를 배치하기 위한 대규모 교사 채용"을 목표로 삼았다.[Goh & Lee, 2008, p.97] 교사의 질 관리는 충분한 수의 교사들을 채용하는 일보다 훨씬 덜 중요했다. 1978년부터 1997년까지 싱가포르는 다국적 자본을 유치하고 "경제에 필요한 숙련된 인재를 가장 효율적으로 양성"할 필요에 대응하여 "효율성 중심 교육"으로 방향을 전환했다.[Tan, 2005, p.2] 충분한 학교와 충분한 교사를 확보하는 것만으로는 더 이상 충분하지 않았으며, 학교를 개선하고, 학생들의 확인된 재능에 따라 능력별 교육을 제공하며, 학생들의 수준과 잠재 역량에 맞춘 교육과정을 설계하고, 고등 교육을 확대하는 등 질적 향상에 초점이 맞춰졌다. "교육적 낭비를 줄이는 일"은 "교사와 학생 모두 행정적으로 정해진 경직된 교육과정을 기계적으로 따르는 것"Goh & Lee, 2008, p.25을 의미했다.

이 모든 것이 1997년에 고촉통Goh Chok Tongs[3] 총리가 새로운 국가 비전인 사고하는 학교, 배우는 국가Thinking Schools, Learning Nation: TSLN를 발표하면서 바뀌었다. 이 비전은 "미래에 요구되는 창의적 사고력과 학습 능력"을 개발하고 학습을 국가문화로 만들기 위한 것이었다. 또한 "모든 아동의 재능과 능력을 최대한 발굴하고 개발하는 것을 목표로 하는 능력 중심 교육"Tan, 2005, p.5에 현재의 초점을 맞추도록 했다. 교수-학습은 다양한 앎과 사고방식, 다양한 학습 경로와 선택, 혁신적 교수법과 기술을 포함하기 위해 보다 포괄적이고 광범위하며 유연하게 정의되었다.Hogan & Gopinathan, 2008: Luke et al., 2005; MOE, December 2008 고촉통 총리는 그의 연설에 다음과 같이 덧붙였다.

> [사고하는 학교, 배우는 국가]는 교사의 역할을 재정의하게 할 것이다. … 모든 학교는 모범적인 학습 공동체가 되어야 한다. 교사와 교장은 새로운 아이디어와 실천을 끊임없이 모색하고, 자신들의 지식을 지속적으로 넓혀 가야 한다. 지식 기반의 다른 직업과 마찬가지로 교직 역시 그 자체로 배움을 필요로 하는 직업이 될 것이다.

TSLN이 촉발한 교육 개혁은 교사 채용과 준비, 교사에 대한 보상과 지위 확보, 교사의 전문성 신장에 의미 있는 변화를 가져왔다. 이러한 변화는 싱가포르에서 교사의 질 관리와 교직에 지대한 영향을 끼쳤다.

싱가포르에서 교사 준비

교사 채용

[질문] 교사 수요는 많은데 국립교육원National Institute of Education: NIE에 입학하기 어려운 이유는 무엇인가?

[답] 교육부MOE는 매년 많은 지원서를 받는다. 모든 지원자는 무엇보다도 NIE의 최소 선발 기준을 충족해야 하는데, 선발 기준은 엄격해야 한다. 지원자는 학업 및 비학업적 성취의 총합을 바탕으로 평가받는다. 지원자들은 다른 지원자와 경쟁 속에 평가받는다.MOE, 2009b

입학에 성공한 사람보다 교직을 희망하는 사람이 더 많은 이유는 "1996년 싱가포르 정부가 급여와 승진 측면에서 교육 서비스에 대대적인 변화를 시행했기 때문"이다.Goh & Lee, 2008, p.100 신규 교사의 급여는 급상승했으며 지금은 공학, 법학, 경영학 등 비슷한 수준의 준비와 학업이 요구되는 분야에 진입하는 졸업생의 급여와 상응하는 수준이 되었다. 이에 더해, 모든 예비 교사는 교사 준비 과정에 합격하는 순간부터 MOE 직원인 일반 교육 담당관General Education Officer[1]으로 임명되며, MOE 급여 규모와 기준에 따라 최대 2년까지 완전한 급여를 받는다. 또한, 복리후생비(퇴직[4]과 건강 관리 등), 연간 보너스(싱가포르의 경제 건전성에 따라 모든 싱가포르 직원에게 제공됨), 그리고 성과나 관련 경력에 따라 지급되는 추가 보너스 혜택도 누릴 수 있다. 모든 예비 교

---

[1] 싱가포르 교육부(MOE)에 정식 채용된 교사로, 교사 양성과정에 합격한 순간부터 정규 직원으로 임명된다. 예비 교사로서 양성과정을 받는 동안에도 정식 급여, 복리후생, 학비 지원, 그리고 교재 및 장비 구입비 등을 포함한 다양한 혜택을 받는다.

사의 수업료는 MOE에서 전액 지원되며, 책이나 노트북 구입 비용도 지원된다. 교사 준비 기간 동안 받은 지원에 대한 의무로 졸업생은 3년에서 5년(필요한 근무 연수는 프로그램 이수 기간에 따라 다름) 동안 근속해야 한다. 예외적인 사유(예: 심각한 건강 문제) 외에 다른 이유로 프로그램을 그만두거나 이수하지 못한 예비 교사는 정부에 보상금과 수업료를 비례 배분하여 반납해야 한다.

그렇지만, 급여가 "결원자보다 지원자가 더 많다"거나 "교직이 경쟁적인"[5] 유일한 이유는 아니다. 교직은 많은 홍보를 받으며, "총리가 교직에 개인적인 관심을 보인다"Yip, Eng & Yap, 1997, p.4는 점도 중요한 요소다. MOE는 다양한 매체를 활용해 교직을 홍보하고 채용하며, '직업으로서의 교직에 관한 로드쇼'를 개최하거나, '고급 호텔에서 차를 곁들인 채용 행사'를 열기도 한다. 교사와 교직은 공무원, 장관, 총리 등이 국가 건설에 대한 기여와 중요성을 강조하는 연설에서도 지속적으로 언급된다.연설문 아카이브는 http://www. moe.gov.sg/ 참조

물론, 고용 보장은 강력한 유인책이다. MOE는 모든 채용 노력을 조직할 뿐만 아니라 학교의 결원과 부족한 분야를 고려하여 채용을 진행한다. 따라서 합격한 지원자는 교사 준비 기간 동안 급여를 받을 뿐만 아니라 과정을 이수하자마자 고용이 보장된다. 동시에 학교는 잘 준비되고, 학교의 요구에 부합하도록 특별히 선발된 신규 교사를 확보할 수 있다. 그러나 이것이 부족을 메우기 위해 질이나 준비를 희생한다는 의미는 아니다. 예를 들어, 현재 지리 교사가 부족한 상황에서도 학교와 MOE는 자격이 부족한 교사를 채우기보다는 '잠시 공백을 유지할' 준비가 되어 있다. 그러므로 교직 경력과 관련된 MOE 웹사이트에 접속하는 예비 교사가 첫 번째로 마주하는 질문이 "모든 사람이 교사가 될 수 없음에도, 당신은 교사에 적합한가?"MOE, 2009b라는 것은 놀라운 일이 아니다. 이와 비슷하게, NIE 웹사이트에서도 지원자들에게 "입학을 희

망하는 지원자가 상당히 많아서 유감스럽게도 전화나 개인적인 문의를 받지 않는다" NIE Foundation Programmes는 점을 여러 곳에서 안내한다.

선발 과정은 엄격하며, 다양한 학년이나 과목의 교직 프로그램 및 경로에 지원하기 위해 학업 성적과 교육 배경을 포함한 기준으로 시작된다. 본 장 뒷부분에 더 자세히 기술됨 이러한 기준을 충족하는 지원자는 MOE에서 관리하는 온라인 지원서를 제출한다. '적합하다고 판단되는' 지원자는 NIE 교장과 교수진이 포함된 패널로부터 면접을 받는다. MOE 2009 웹사이트는 면접 과정에 대해 다음과 같이 언급한다.

> 면접 패널은 여러분의 의사소통 능력, 교육에 대한 관심, 목표와 열정, 학습 의욕을 평가할 것이다. 더 중요한 것은 여러분이 가르치고자 하는 열정과 차이를 만들어 낼 수 있다는 신념을 가져야 한다는 점이다.

또한, "교직 입문에 요구되는 기본 영어 능력"(최소 합격 점수가 'A' 또는 'O' 레벨)을 갖추지 못한 지원자나, 미술, 음악, 체육, 가정, 모국어(중국어, 말레이어, 타밀어) 등 특수 교과의 지원자는 입학 능력(언어) 시험 또는 미술, 음악, 체육 등의 실기 시험에 합격해야 한다.

지원서는 연중 수시로 접수되지만, NIE 입학은 연 2회 이루어진다. 모든 프로그램의 경우 '7월에 1차', 교육학 대학원 디플로마(중등) 프로그램에 한해서는 '1월에 2차' 접수가 진행된다. 따라서 NIE 학기가 시작되기 전에 교사 준비 과정에 선발된 지원자는 '경력 교사'의 도움과 지도를 받아 그 기간에 계약직 교사(전임이지만 임시직)로 학교에 배정된다. MOE 2009b에 따르면, 이것이 신입 교사에게 "교직이 자신에게 적합한지를 발견하게 해주며… [그리고] 이어서 NIE 과정을 더 잘 이해하도록 돕는다."

교사 준비 경로와 요건

예비 교사들은 예외 없이 NIE가 제공하는 대학 기반 프로그램을 이수해야 한다. 1991년 설립된 NIE는 싱가포르의 4개 대학 중 하나인 난양공과대학교NTU 산하에 있으며, 싱가포르의 유일한 교사 준비 기관이다. 예비 교사 자격증ITC을 취득하려는 연간 입학자 수는 1998년 이후 약 2,000명으로 비교적 일정하게 유지되어 왔다.Goh & Lee, 2008 그러나 싱가포르의 초등학교 학급 규모를 40명에서 30명으로 줄이려는 MOE의 목표에 따라 2009년 입학자 수는 약 3,000[6]명으로 증가했다.

NIE는 교직을 희망하는 학생들의 교육 배경, 이전 학업 성취도, 학교급(예: 초등 또는 중등), 전공과목의 경력 목표에 따라 여러 예비 교사 준비(ITP) 프로그램 경로를 제공한다. 〈표 2.1〉은 다양한 옵션을 간략히 제시하며, 자격 요건, 사전 선발 기준, 프로그램 기간, 교육 수준을 담고 있다.NIE Foundation Programmes에서 발췌 〈표 2.1〉에 나타나듯이 NIE는 "교육 배경이 다양한 예비 교사들을 위한 여러 가지 경로"를 제공한다.NIE Foundation Programmes 후보자는 기초적인 수준에서 상급 수준(A-레벨 또는 고등학교 디플로마, 폴리테크닉 디플로마, 학사 학위 또는 대학 학위Bachelor's or university degree)에 이르기까지 다양한 학업 및 기술적 준비를 갖추고 교사 준비 과정에 진입한다. 그러나 모두에게 엄격하고 구체적인 입학 기준이 적용되며, 최소 요건을 충족했다고 해서 입학이 보장되는 것은 아님을 명확히 한다.

〈 표 2.1 〉 NIE가 제공하는 예비 교사 프로그램(ITP)

프로그램	최소 자격 기준	사전 선발 기준	프로그램 기간	가르칠 학년 수준
교육학 대학원 디플로마 과정(PGDE) - 대학 졸업생들을 교사로 양성하기 위한 과정	학사 학위	사전 선발 시험(과목) 또는 필요에 따라 입학 능력 시험(언어) 통과; 체육, 미술, 음악에 대한 능력 시험/오디션; 초등 교육의 경우 영어, 수학, 과학(초등 교육)의 GCE 'O-레벨' 통과	1년의 학업기간(최대 2년), 33~44학점(AUs); PGDE 체육 전공은 2년(최대 3년 학업기간), 67학점	초등, 중등 전문대학
교육학 학사(BA/BSc) 과정 - 학문적 학위의 최고 장점을 교육 분야의 탄탄한 기초와 통합하기 위한 과정	A-레벨 또는 폴리테크닉 졸업자(고등 학교 졸업과 동등한 자격)	최소 기준: 4개 A-레벨 과목 + 제1언어로서의 영어를 포함한 최소 5개 O-레벨 과목 +A-레벨 또는 O-레벨의 모국어; 수학에서 A-또는 O-레벨; 선택한 독해 관련 과목에서 최소한의 점수(특정 과목을 전공함 = 전공과목)	4년의 학업기간(최소 3.5년에서 최대 7년), 122~131학점	초등, 중등
교육학 학사 과정(BEd), 시간제 - 비졸업 초등학교 교사를 위해 특별히 설계된 과정	NIE 디플로마, 교육 증명서 또는 NIE의 고급 디플로마	우수한 A-레벨 또는 폴리테크 자격; 교장 추천서 필요	4년의 학업기간(최소 3.5년에서 최대 6년), 138학점	초등
교육학 디플로마(Diploma in Education) 과정 - 의미 있는 교직 경력을 향한 최초 자격	A-레벨 또는 폴리테크 졸업자(고등학교 졸업과 동등한 자격)[2]	4개의 A-레벨 과목에서 최소 성적(시험을 한 번 또는 여러 번 응시한 경우 포함); 제1 언어로서의 영어 과목을 포함한 최소 5개의 O-레벨 과목에서의 학점 통과. 또한, 전공에 따라 O-레벨 수학에서 합격 점수; 중국어, 말레이어, 타밀어에서는 최소 A- 또는 O-레벨 성적; 음악의 경우 최소 성적 및 오디션 통과; 미술의 경우 최소 A- 또는 O-레벨 학점과 면접, 필요 시 입학 능력 시험	2년의 학업기간	일반 트랙: 초등학교 전공 트랙: 초등 및 중등 모국어, 체육 하위 중등 lower secondary: 미술, 음악, 가정

*참고: ITP 프로그램의 지원자는 일반적으로 졸업생 가운데 상위 1/3 범위에서 선발된다.
'최소' 등급은 단순히 최소 기준으로 해석되어서는 안 된다. 이 용어는 독자들에게 지원자가 고려 대상이 되기 위해 특정 수준의 과목 등급을 충족해야 함을 알리기 위한 용도로 사용된다. 이는 A-레벨뿐만 아니라 종종 O-레벨에도 해당된다.

교육과정

　지면 제한으로, NIE에서 제공되는 다양한 전문화 선택 및 각각의 ITP 경로에 대한 교육과정을 상세히 설명하기는 어렵다. 따라서 본 절에서는 (1) 싱가포르 교사 준비의 근간을 형성하는 전반적인 철학, (2) 모든 프로그램이나 경로에 공통되는 주요 교육과정 구성요소, (3) 일반적인 학생 교육 경험의 세 가지에 초점을 맞춘다. 한편, 교육학 디플로마 과정은 단계적으로 폐지되고 있어, 이 경로는 논의에 포함하지 않는다.

기본 철학

　현재 ITP 체계의 기본 틀인 VSK 모델은 가치(V)를 중심 기둥으로 하여, 기술(S)과 지식(K)이 이를 둘러싸는 구조로 시각적으로 표현된다.

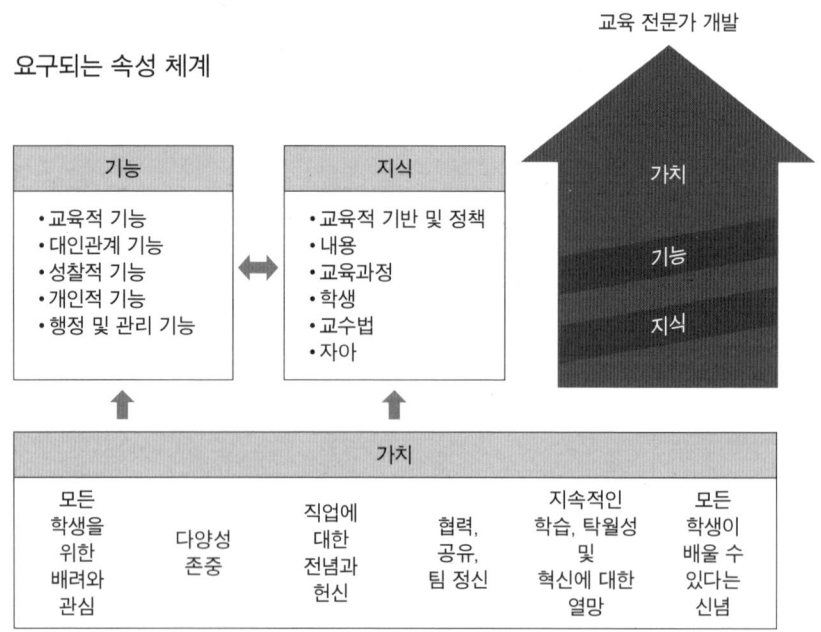

[그림 2.1] **NIE의 예비 교사 준비를 위한 VSK 체계**

기술과 지식은 상호작용하지만, 항상 가치에 기반해 이를 뒷받침하며 영향을 받는다.[그림 2.1] 참조[2]

따라서 예컨대 '자아' 또는 '학생'에 대한 지식은 '대인관계 기능' 또는 '성찰적 기능'에 의해 뒷받침되고 실행되며, '모든 학생에 대한 관심과 배려' 또는 '다양성 존중'이라는 기본 가치에 기반한다. VSK 모형은 2004년 당시 총리 리 시엔 룽Lee Hsien Loong이 "학습을 변화시키기 위한 노력으로 다음과 같이 제안한 '덜 가르치고 더 많이 배우기Teach Less, Learn More; TLLM'"에서 그 기원을 찾을 수 있다.

> 암기 학습, 반복적 시험, '획일적인' 교육 방식에 대한 의존도를 줄이고, 개혁적이고 효과적인 교수 방법과 전략을 통해 경험을 통한 발견, 참여 학습, 수준별 교육, 평생 기능 학습, 인성 함양을 더 강화하는 것을 의미한다.Singapore Education Milestones, 2004-2005

TLLM은 사고하는 학교, 배우는 국가라는 비전에서 확장된 여러 개념적 체계 중 하나로, 이러한 비전을 실현하는 데 기여해 왔다. TLLM은 2005년 ITP 프로그램 재설계를 시작하면서 VSK(가치, 기술, 지식) 모형으로 발전했다. 이 모형은 '혁신, 독립적 학습, 비판적 사고력, 헌신과 봉사'를 명확히 강조하는 틀을 제공한다. VSK 모형은 지식, 기술 그리고 성향dispositions의 개념이 교사 준비 표준에서 핵심적인 요소로 자리 잡고 있는 미국의 기준과 부합하기 때문에, 미국 청중에게 공감을 불러일으킬 것이다. 이러한 개념은 1987년 개발된 신규 교사를 위한 전국 신규 교사 평가 컨소시엄INTASC의 표준까지 거슬러 올라간다.

---

2 O-레벨 소지자가 제공하는 모국어(말레이어, 타밀어, 중국어) 특수훈련프로그램.

'연구에 기반한 증거 기반 교육과정'에 부합하는 NIE의 교사 준비 교육 과정은 국제 문헌과 연구에 대한 광범위한 검토뿐 아니라 글로벌 동료의 역사와 관행에 대한 면밀한 분석에서 많은 도움을 받았다. 예를 들어, 리 슐만Lee Shulman, 1986의 내용 교수 지식PCK에 관한 획기적 연구가 ITP 프로그램의 이론적 토대를 이루는 핵심 요소로 보인다. 실제로 NIE 연구팀은 정기적으로 전 세계의 동료 교육자와 기관을 방문하여 관찰하고, 교육 혁신을 따라가며, 상호 학습과 공유를 진행한다. 또한, 공통 이슈와 관심사에 대해 국가 간/문화 간 대화에도 참여하고 있다.

NIE가 지향하는 학습 태도는 외부를 향한 관점에 국한되지 않는다. 동시에 지역적 연구에도 깊이 뿌리를 둔다. 대규모 연구든 소규모 연구든, 양적이든 질적이든, NIE는 "싱가포르 학교에서 실천을 개선하는 것을 목표로… 교수와 학습의 새롭고 혁신적인 방법을 개발하는 데" 초점을 맞춘다.NIE Office of Education Research 그러므로 NIE의 교사 준비는 세계적이면서 지역적인 '글로컬'[7]한 성격을 띠는 것으로 알려져 있다.

ITP 프로그램: 공통 요소

교사가 되기 위한 두 가지 주요 경로가 있다. 대학원 과정 또는 PGDE 과정과 학위 과정 또는 BA/BSc/BEd 과정이다. '미졸업 초등 교사를 위한 학위 과정'인 교육학 학사BEd를 제외하고, 다른 경로는 모두 초등 및 중등 교사를 양성한다. 교육학 디플로마Diploma in Education 과정은 여전히 존재하지만 "언어, 미술, 음악 등 특정 전공 외에는 2012년(마지막 입학생)까지 영구적으로 폐쇄될 계획이다. 이는 교육부가 대학 졸업생 중심의 교직 인력을 충원하려는 움직임에 따른 것이다." ITP 프로그램의 학생들은 일반적으로 시간제 교육학 학사BEd 과정을 제외하고 전일제로 프로그램을 이수한다.[8] 그러나 BEd 학생들은 NIE 캠퍼스에서 한 학기 동안 거주해야 하며, 이를 위해 정규 교직에서 휴직이 허용된다. 모든 NIE 예비 교사는 지정 기간 내에 프로그램을 완수해야 하지만, 프로그램에 따라 1년에서 3년까지 연장할 수 있다. 학생들은 프로그램에서 좋은 학점을 유지해야 하며, 이는 누적 학점 평균CGPA 2.0 또는 C 학점에 도달하는 것을 의미한다. 여기서 주목해야 할 중요한 점은 학점 인플레이션이 거의 없으며, 최소 기준인 C학점조차 받기 쉽지 않다는 점이다. 누적 학점 평균이 2.0 미만인 학생은 첫 학기 후 학업 경고를 받으며, 두 학기 후에는 학업 근신 처분을 받는다. 이 상태가 세 번째 학기까지 계속되면 프로그램에서 제적된다.

이수 과정은 학점Academic Units; AUs으로 계산되며, 1학점은 주당 강의 또는 개별 지도 1시간과 3시간의 실험실 실습이나 현장 학습에 해당한다. 대부분 과정은 2학점 또는 3학점으로 제공된다. 각 프로그램은 필수 과목인 핵심 과정과 "특정 과목의 특정 전문 분야를 형성하는" 지정 선택 과목으로 구성된다. 이러한 선택 과목은 예비 교사가 습득해야 할 지식과 기술의 깊이와 폭을 확장하는 데 기여한다.NIE Foundation Programmes

학생 지도 또는 '교육 실습teaching practice'은 모든 예비 교사에게 필수이며, 10~12학점을 이수해야 한다. 학생들은 자신이 선택한 과목/과정을 공부할 수 있지만, 과목/과정의 최종 선택은 공간과 가용성에 따라 가끔 학장이나 프로그램 책임자가 결정할 수 있다.NIE Foundation Programmes

프로그램은 시험/실기 시험, 에세이 과제, 프로젝트 활동, 진도 평가 및 시험 등을 포함하는 다양한 평가 모형을 사용한다.NIE Education Programmes 마지막으로, 모든 예비 교사는 "강연, 세미나, 워크숍, 기타 그들을 위해 조직된 활동에 적극적으로 참여해야 한다. … 이러한 활동은 프로그램의 필수적인 부분을 형성한다."NIE Foundation Programmes

ITP 프로그램은 경로와 무관하게 다음의 공통 교육과정 구성요소

를 포함한다: 교육 연구, 학술 연구 또는 주제 지식, 교육과정 연구 및 교육 실습. 언어 능력 향상 및 학술적 대화 역량Language Enhancement and Academic Discourse Skills: LEADS도 모든 예비 교사에게 필수적이다. 〈표 2.2〉에서는 프로그램 핸드북NIE Foundation Programmes에서 요약된 각 구성요소를 간략히 설명하고 있다.

교육실습을 제외한 모든 과정은 NIE 캠퍼스에서 진행되며, 다양한 '학술 트랙'에 소속된 NIE의 '학술 직원'에 의해 제공된다. 이러한 학술 직원에는 "교수 트랙, 강의 트랙, 방문 직원, 시간제 교수 펠로우, 그리고 MOE 파견 직원"이 포함된다.

교수 트랙의 교수진은 박사학위 소지자이며, 연구, 교육, 봉사라는 세 가지 주요 책임 영역에서 미국 교수진과 동일한 역할을 수행한다. 강사는 박사학위가 필요하지 않으나, 강의 트랙에서 '주임 강사'로 승진하려면 박사학위가 필요하다. 방문 직원과 교수 펠로우는 주로 다른 국가 출신이며, 박사학위를 소지한 경우도 있고 그렇지 않은 경우도 있다. 마지막으로 MOE 파견 직원은 1년 또는 2년의 정해진 기간 동안 NIE에 배정된 교사, 교장 또는 교육 담당관으로 구성되며, 이들 중 일부는 박사학위를 소지하고 있을 수 있다.

〈표 2.2〉에 요약된 바와 같이 핵심 교육과정은, 학생에게 "효과적인 교육과 성찰적 실천에 필요한… 기초 개념과 원리"를 제공하기 위해 고안된 교육 연구 과정으로 구성된다. 이 과정은 4개 하위 과정으로 구성되며, 학생들은 인간 발달과 학습 이론, 다양한 학습자를 가르치는 방법과 긍정적인 학습 환경 조성, 그리고 수업 및 교육에서 정보통신기술ICT을 활용하는 방법에 대해 배우게 된다. 특히, ICT 활용은 교육적 도구와 기능, 사이버 웰빙을 포함하며, TLLMTeach Less, Learn More의 사례를 통해 21세기를 위한 전인 교육에 초점을 맞춘다. 또한, 학생들은 사회적 맥락 과정Sociological Contexts Course을 통해 싱가포르 교육 시

스템의 정책, 역사, 주요 개혁, 사회적·정치적 이슈와 그 영향, 그리고 교육 내에서 교사의 역할에 대해 학습한다.

모든 예비 교사는 적어도 한 과목에서 "초등학교 수준, 중등학교 수준 또는 전문대학 수준"NIE Foundation Programmes 가운데 하나를 가르치기 위한 교수 방법론을 전공하게 된다. 〈표 2.2〉는 프로그램별로 예비 교사가 교육과정 연구Curriculum Studies에서 선택해야 하는 교직 과목 수를 나타낸다.

PGDE 학생이 교육과정 연구를 위해 선택하는 교직 과목은 대학에서 그들이 이수한 학술 과목과 반드시 일치해야 한다. 따라서 학술 연구Academic Studies는 PGDE 프로그램의 명시적이거나 독립적인 구성요소로 포함되지 않는다. 그러나 학생들이 특정 학문 내용 영역에서 학위를 소지한 상태로 NIE에 입학하기 때문에 학술 연구는 여전히 PGDE 프로그램의 암묵적인 요소로 작용하며, 학생들이 교육과정 연구를 선택하는 데 영향을 미친다.

반면, 4년제 학위 프로그램BA/BSc의 학생들은 교육과정 연구와 더불어 명시적으로 학술 연구에 참여하며, 이는 PGDE와 약간의 차이를 보인다. 그러나 BA/BSc 학생들도 PGDE 학생들과 마찬가지로 학술 연구와 연계된 교육과정 연구를 수행한다. 예를 들어, BA 초등교육 트랙의 학생들은 하나의 예술 과목(예: 지리, 미술, 중국어)을 첫 번째 학술 과목으로 선택해야 하며, BSc 초등교육 트랙의 학생들은 과학 과목(예: 생물학, 수학) 중 하나를 선택해야 한다. 마찬가지로, 중등 교육을 준비하는 BA 학생들은 "학술 과목 1로 예술 과목을 선택해야 하지만, 학술 과목 2로는 예술 또는 과학 과목 중 하나를 선택할 수 있다."NIE Foundation Programmes BSc 중등 교육 트랙의 학생들은 첫 번째 과목으로 과학 과목을 선택해야 한다.

모든 프로그램에는 의사소통 기능LEADS을 향상시키기 위한 과정이 포함되어 있다. 이 과정은 "성대 건강 관리와 질… 발음… 의사소통 상황에서의 목적, 청중 및 맥락, 다양한 학교 환경에서의 구두 및 서면 발표" 같은 주제를 다룬다.NIE Foundation Programmes

마지막으로, BEd 학생을 제외한 모든 예비 교사는 단체 봉사활동을 통한 학습GESL 프로젝트를 수행해야 하며, 이는 프로젝트 설계, 계획, 발표를 포함하여 지역사회에서 20시간의 직접 봉사를 요구한다. 이 과

〈표 2.2〉 **모든 ITP 프로그램을 위한 공통 교육과정 구성요소에 대한 간략한 기술**

교육과정 구성요소	간략한 기술	특수 고려사항
교육 연구 (Education Studies)	학교에서 효과적인 교수 및 성찰적 실천에 필요한 교육의 주요한 개념과 원리	모든 학생에게 요구되는 4개 핵심 과정: 교육 심리학 1, 2, 교수·학습의 사회적 맥락, 유의미 학습을 위한 ICT
학술 연구 (Academic Studies)	학부 전공/학위에 의해 정의됨	중등 체육 교사는 부가적인(특정) 학술 학습에 참여해야 한다. BEd 학생은 학술연구 대신 교과목 지식을 수강한다.
교육과정 연구 (Curriculum Studies)	예비 교사에게 싱가포르 학교의 특정 과목을 가르치는 교수법적 기능을 제공하기 위해 설계됨	대학에서 이수한 과목에 따라 교직 과목과 연계됨 필수 이수 과목 수: – 3개: BA/BSc 초등 – 3-2개: PGDE 초등 – 2개: PGDE 또는 BA/BSc 중등 – 1-2개: PGDE 전문대학
교육 실습 (Practicum)	계획과 전달 기능을 개발하고, 이어서 교실 관리와 평가 기능을 배양… 교실에서 가르치는 것 외에도 교사 삶의 다른 측면을 탐구할 기회 제공	협력 교사, NIE 교수진, 시간제 교수진(은퇴 교사 및 교장)의 멘토링 제공
LEADS (언어 능력 향상 및 학술적 대화 역량)	교실에서 교사로서 그리고 동료, 학부모, 일반 대중과 전문적인 상호작용에서 효과적인 의사소통에 필요한 구두 및 서면 기능	또한 MOE는 초등 PGDE 과정과 중등 PGDE 과정 중 영어 전공자 모두에게 '3단계 영어 교과 능력 강화 과정 이수'를 필수로 요구함
GESL (단체 봉사 활동을 통한 학습)	필수적인 프로젝트 활동… 배정된 그룹에서 예비 교사는 학습 프로그램 내에서 지역사회 봉사 프로젝트를 협력하여 완수해야 함	BEd 학생에게는 요구되지 않음

정에서 예비 교사들은 동료들과 협력하여 프로젝트를 완수해야 한다.

교육 실습

앞서 언급한 바와 같이, 모든 예비 교사가 참여해야 하는 교육 실습은 일반적으로 프로그램의 두 번째 학기(PGDE 프로그램의 경우) 또는 매년 두 번째 학기(BA/BSc 프로그램의 경우)에 이루어진다. 교육 실습의 목적은 다음과 같다.

> 협력 교사 및 대학 강사의 지도와 감독 아래 다양한 교육 맥락과 수준에서 수업 역량, 교육 계획 및 전달 기술, 교실 관리 및 평가 기술을 개발한다. 또한, 교육실습을 통해 교실 수업 외에 교사로서의 삶의 다른 측면을 탐색할 기회를 제공한다. NIE Foundation Programmes

1년 과정 프로그램에서 PGDE 학생들은 10주간의 교육 실습을 한다. 실습 배치는 교육부에 의해 이루어지는데, "즉각적으로 실습 교사 자리에 배정될 수 있는 공석이 있는 학교에서 프로그램을 완료하는 것이 유리하기 때문이다." BA/BSc 학생들은 NIE 실습 사무실Practicum Office이 배치를 주관하는데, "프로그램 기간 동안 하나 이상의 실습을 진행한다는" 점에서 프로그램 후반부까지 공석이 있는 학교에 배치해야 하는 긴급성이 덜하기 때문이다. 협력 교사CT는 학교에서 선발하는데, "어떤 교사가 실습 임무를 수행할 만큼 충분한 경험이 있는지 가장 잘 알고 있기 때문"이다. 그러나 실습 사무실은 "협력 교사는 교육 실습생과 같은 과목을 가르쳐야 하며 최소 2~3년의 교육 경험이 있어야 한다."라고 권고한다. 각 학교는 교감 또는 경력 부장을 학교조정멘토School Coordinating mentor: SCM로 지정한다. 이들은 NIE, 특히 NIE

감독 조정자NIE Supervision Coordinator와 학교, 협력 교사, 교육실습생 간 핵심 연락 담당자다. 또한, 학교조정멘토는 교육실습생과 협력 교사의 업무를 감독하고 지원하며, 관찰이 원활히 이루어질 수 있도록 돕고, 학생 평가에서 주요한 역할을 한다.

교육 실습 경험은 PGDE 학생들에게 두 가지 다른 학년, 즉 초등학교 고학년/저학년 또는 중등학교 고학년/저학년에서 "10주간의 독립적인 수업 기회"를 제공하며, 교육실습생은 두세 과목을 가르치게 된다. BA/BSc 학생들은 마지막 10주간의 교육 실습에서 비슷한 경험을 하지만, 초등학교 과정 학생들은 세 과목을, 중등학교 과정 학생들은 두 과목을 가르친다. 그러나 학위 과정 학생들에게 10주간의 실습은 프로그램 최종 단계에서 현장 경험을 제공한다. 또한 학생들은 프로그램 초기부터 세 가지 사전 실습 경험을 한다. BA/BSc 학생들은 1학년에서 초등학교와 중등학교 맥락을 소개하는 비학점 필수 과정인 2주간의 "학교 경험"을 한다. 2학년 학생들은 "초등학교 또는 중등학교의 두 개 학년에서 5주간의 관찰과 성찰을 위한 교육 도우미Teaching Assistant" 역할을 한다. 3학년은 마지막 4학년에 실시되는 교육 실습 II에 앞서 "5주간의 안내된 수업guided teaching"을 경험하는 교육 실습 I을 한다.

교육실습생은 일반적으로 '수업 지도 기간'을 − 초등학교 근무를 준비하는 학생의 경우 20~24회 수업, 중등학교 근무를 준비하는 학생의 경우 16~20회 수업(NIE 실습/FAQ) − 시작하기 전에 교육 실습/교육 실습 II의 첫째 주에는 참관을 한다. 교육실습생은 '담당하는 교육실습생당 최소 2회의 수업 관찰'을 하는 NIE 감독 코디네이터의 참관을 받는다. 또한, NIE는 협력 교사에게 "TP II(교육 실습 II) 기간의 10주 동안 모든 교육과정 연구 과목에 대해 총 8회의 공식 관찰을 권장한다"(NIE 실습 사무실). 교육실습생 평가는 교육 실습 평가를 통해 이루어진다. 이 평가는 다섯 가지 성과 기준(수업 준비, 수업 전달 및 관리, 교실 관리, 피드백 및 평가, 전문적 자질)과 네 가지 성과 등급(우수, 인정credit, 합격, 낙제)으로 되어 있다. 평가자는 각각의 성과 기준이 '초기 교사 준비의 바람직한 결과가 작성된 VSK 모형의 일부 측면을 포함'하고 '지표는 학생 교사의 태도, 기술 및 지식에 대한 평가자를 위한 지침'이라는 점을 유념해야 한다.(NIE 실습/SCMs)

교육실습생의 수업 평가는 교장이 의장을 맡고, 학교조정멘토와 NIE 감독자가 참여하는 최종 회의에서 '모든 사례를 논의'하는 방식으로 이루어진다. 평가 등급은 CT가 작성한 총괄 보고서(교육실습생과 사전 논의), NIE 감독자가 작성한 총괄 보고서, 교장과 SCM의 의견을 바탕으로 부여된다. 최종 등급은 NIE와 학교의 협의를 통해 결정된다. 또한 "우수 및 낙제 등급일 경우에는 반드시 조정을 거쳐야 한다"(NIE Practicum/SCMs)는 점에서 학생에게 기대되는 성과 수준은 '인정'이나 '합격'임을 강조한다. 학생 지도에 어려움을 겪는 교육실습생은 학교에서 협의하여 '지원'하며, 이러한 협의에는 일반적으로 교장과 SCM이 참여하고 NIE 감독자가 조정한다. 실습 평가에서 낙제한 교육실습생은 기준을 충족하기 위해 교육 실습을 다시 이수할 수 있는 두 번째이자 마지막 기회를 부여받는다. 다만, 이 기간 동안 급여는 중단된다.

싱가포르 교사를 위한 전문성 개발

신규 교사를 위한 입문 및 멘토링

교직에 입문하는 신규 교사들은 임명식으로 시작하는데, 이 행사에는 교육부 장관이 참석하며 공공 매체를 통해 보도된다. 신규 교사들은 앞서 언급한 "교사 서약"을 낭송하며, 교사로서의 헌신과 책임을 되새긴다. 일반적으로 신규 교사들은 '체계적인 입문 프로그램'을 운영하는 학교에서 근무를 시작하며, 이 프로그램에는 "최초 2년 동안 수강해야 하는 4가지 핵심 직무 과정(교실 관리, 기본 상담, 학부모와의 협력, 반성적 실천)"이 포함된다. 또한, 신규 교사에게는 '친구buddy, 멘토mentor, 감독자supervisor'가 지정된다. 친구는 같은 과목을 가르치는 동료이고, 멘토는 비슷한 과목을 가르치는 경력 교사이며, 감독자는 일반적으로 부장Head of Department; HOD이다. 학교는 '레크리에이션 활동'과 관련한 지원을 담당하는 직원 복지 위원회Staff Welfare Committees를 조직한다. 교장, 경력 교사, 부서장은 다양한 형태의 오리엔테이션과 지원을 한다.

또한, 교육부는 교사 네트워크MOE Teachers Network를 통해 다양한 지원을 하여 신규(및 재직) 교사들이 스트레스 요인을 관리할 수 있게 한다. 예를 들어, '교사 갱신 여정Teacher Renewal Journey'이라는 프로그램이 있다. 1년에 걸쳐 4일간의 종일 활동과 4일간의 반나절 활동으로 구성되며, 교사들에게 "직업으로서의 교육 이면에 존재하는 의미를 찾으며 깊이 있는 성찰에 참여할" 기회를 제공한다. 교사를 위한 개별 상담 및 자문 리소스iCARE는 "직장 및 개인 문제 해결을 위해 직접적이고 쉽게 이용할 수 있는 보살핌과 지원"으로서 '정보, 조언 또는 지원'을 한다. 신규 교사는 동료 교사와 이야기하거나 온라인 자료를 활용하여 '직무 시작', '감정적 건강 유지', '교실 노하우' 같은 문제에 도움을 받을 수 있다. 다른 MOE 자료에는 우리에서 당신에게-카페 OYEA[3]가 있다. 여기서 '교육 장인brewmasters'은 교사나 학생으로부터 전해 들은 영감 있는 이야기나 명언을 비롯하여 실용적이면서도 개념적인 교육 팁(예: 성찰에 대한 최신 논의), 다운로드 가능한 자료 등 모든 종류의 지원을 한다. 또한 교사와 학생이 "교육 디지털 콘텐츠에 접근하여 상호

---

[3] From us to you-Cafe OYEA(Outstanding Youth Education Award.

작용할 수 있는" 인터넷 플랫폼인 Edumall2.0도 있다.

모든 교사를 위한 전문성 개발

"신규 교사들의 초기 퇴직을 방지하기 위해 '첫해 동안의 손 잡기'를 넘어, 교사들이 자신의 역량을 강화할 수 있는 다양한 경로를 제공하는 '포괄적인 체계'가 마련되어 있다."Goh & Lee, 2008, pp.102, 105 교사 전문성 개발PD은 국가적 의제agenda의 필수적인 측면으로, "2015년까지 교사 채용을 모두 대졸자로 전환"하고, "2020년까지 교직원의 30%가 석사학위를 취득하게 하는" 정부의 목표에서도 이를 확인할 수 있다. 이러한 목표는 교육학 학사 학위BEd 프로그램 개발을 촉진했는데, 이는 현재 학교에 근무 중인 미졸업 교사non-graduate teachers들이 학사 학위를 취득하고 역량을 강화하며, 전문적인 지식과 기술을 추가로 습득할 수 있게 설계되었다. 또한, 'O' 레벨 소지자 대상의 교육학 디플로마 프로그램의 단계적 폐지를 위한 메커니즘을 제공하기 위한 것이다. 모든 교사는 연간 100시간의 유급 전문성 개발 과정에 참여할 권리가 있다. 이는 '근무 시간'으로 간주되며, '대체 교사'를 위한 자원을 제공하여 학교 근무 시간 중에 참여할 수 있다. 28,000명의 싱가포르 교사의 전문성 개발 요구를 충족하기 위해 NIE는 2004년에 전문성 개발 지속 모델 Professional Development Continuum Model을 개발했다. 여기에는 고급 학위 과정(석사와 박사), 전문성 개발 과정, 고급 디플로마를 포함한 전문성 개발 옵션 메뉴가 포함된다.

싱가포르에서는 경력 사다리라는 개념이 잘 정립되어 있어, 교사들에게 승진과 리더십 함양을 위한 다양한 경로를 제공한다. 교육부는 "교사들이 자신의 잠재력을 최대한 발휘할 수 있도록" 교육 서비스 전문 개발 및 경력 계획Edu-Pac을 개발했다.MOE, 2009b 교사들은 다음 세 가지 트랙 중 하나를 선택할 수 있다.

교육 트랙을 통해 교사들은 수석 교사Master teacher로 진급할 수 있다. 리더십 트랙Leadership Track은 학교와 교육부에서 리더십 직책을 수행할 기회를 제공한다. 또한, 깊이 있는 지식과 기술이 필수적으로 요구되는 교육 발전의 전문화된 신규 영역에 관심이 있다면 고위 전문가 트랙Senior Specialist Track을 활용할 수 있다.

교육부는 장학금과 함께 국내외 유학 비용을 지원하여 교사들이 경력 사다리를 따라 성장하고 다양한 측면에서 학습을 이어갈 수 있게 돕는다. 예를 들어, 교사들은 해외 대학 진학을 위해 유학 휴가를 활용하거나 지역 미술관에서 인턴십을 통해 지역사회의 예술에 대해 더 깊이 배울 수도 있다. 이와 관련하여 NIE는 교사들이 교육부의 이러한 지원 방안을 활용할 수 있도록 필요한 직무 내 과정과 학위 프로그램을 설계하고 제공한다. 신규 교사 준비와 마찬가지로 NIE와 교육부는 교사의 교육적이고 전문적인 요구를 충족하고, 교사의 발전을 지원하며, 국가적 의제와 목표에 부합하기 위해 긴밀히 협력한다. 따라서 NIE는 학교 지도자, 경력 교사 및 콘텐츠 전문가를 위한 학위 및 디플로마 프로그램뿐 아니라 교육부가 주도하는 다양한 프로젝트를 지원하는 단기 과정도 제공한다. 또한 교육부는 교사들이 최대 4년 동안 NIE에 임시 파견되어 교수진으로 근무할 수 있게 했다(전에는 '파견'이 학교나 교육부에 한정되어 있었다). 이를 통해 교사들이 배우고 성장할 수 있는 또 다른 전문성 개발 경로를 개척했으며, NIE와 학교가 정보를 공유하고 협력할 수 있는 추가적인 메커니즘을 구축했다. 마지막으로, 교육부는 교사 네트워크를 통해 다채로운 콘퍼런스와 워크숍을 개최하고, 교사와 학교가 신청하는 보조금을 지원한다. 신규 및 재직 교사에게 제공되는 이러한 모든 지원을 고려할 때, 연간 교사 이탈률이 매우 낮다는 점은 놀라운 일이 아니다.

숙고해야 할 교훈: 무엇이 싱가포르의 양질의 교사 양성을 뒷받침하는가?

이 사례 연구는 싱가포르의 교사 양성에 대해 일반적인 수준의 개요만을 제공한다. 교사 양성이 대단히 방대하고 복잡하기 때문이다. 지면 제약으로 관련 논의를 모두 담기 어렵지만, 싱가포르의 교사 양성에 대한 전반적인 고찰을 통해 양질의 교사 양성에 대한 이해와 몇 가지 핵심적인 교훈과 요인을 도출할 수 있다. 이는 전 세계의 교사 양성 구조와 내용에 참고가 될 수 있다. 이러한 실천 방식이나 전략은 대체로 (1) 교사 양성 교육과정, (2) 교사 정체성 및 개발, (3) 기관 간 협력과 소통의 세 가지 범주로 나눌 수 있다.

첫째, 예비 교사를 위한 교육과정 측면에서 두드러지는 점은 다음과 같다.

- **내용 지식(학문적 과목)과 교육 지식(교육과정 학습)의 의도적인 연계**: ITP 학생들은 자신이 가르칠 과목에 대한 심도 있는 연구와 더불어, 그 과목을 가르치는 방법에 대한 심도 있는 연구에도 참여한다.
- **프로그램 시작부터 완료까지 '전문적professional' 및 '일반적general' 학습에 몰입**: 학문적 과목Academic Subjects과 교육과정 학습 Curriculum Studies 강좌는 단순히 연계되어 있을 뿐 아니라, 동시에 수강하며 서로에게 정보를 제공하는 구조로 이루어져 있다.
- **내용 지식을 가르치거나 내용과 교수법을 통합하여 가르치는 강좌의 다양성과 깊이**: 각 과목 영역은 23~25개의 선택 강좌를 제공하며(예:

지리학 관련 25개 강좌, 또는 '경제 식물학Economic Botany', '교사 발화Teacher Talk'와 같은 강좌), 이를 통해 학생들은 자신이 가르칠 과목과 교육에 대해 풍부하고 심층적인 (필수적) 학습 기회를 갖게 된다.

- **질적 수준이나 필수 요건을 유지하며 제공되는 다양한 교육 진입 경로:** ITP 프로그램은 학생들이 학업 여정의 다양한 시점에서 교직에 진입할 수 있게 하며, 여러 전문 분야를 선택할 기회를 제공한다. 그러나 경로나 전문 분야에 상관없이 모든 학생은 동일한 기준을 충족해야 하고 동일한 요구 사항을 따라야 한다.

- **공유되고 의무적인 교육과정 요소 외에도 수준별 교사에게 요구되는 고유한 준비에 대한 세심한 주의:** 예를 들어, 초등학교 저학년을 가르칠 준비를 하는 교사들은 아동을 위한 통합 교육과정에 대한 이해를 높이도록 특별히 설계된 두 강좌를 필수로 이수해야 한다.

- **필수 강좌와 권장 선택 강좌가 체계적이고 순차적으로 정리된 교육과정:** 이를 통해 ITP 학생은 이전 학습을 지속해서 발전시킬 수 있다.

둘째, 교사 정체성과 개발은 다음을 통해 의도적으로 이루어진다.

- **수업, 교사 및 교육의 육성과 축하에 대한 국가적 관심:** 미디어, 풍부한 자원 지원, 공개 행사, 국가 대회 및 장학금 프로그램, 교사 임명식 같은 전통과 의식rituals, 교사의 업무, 업적, 이야기 등을 강조하기 위한 인터넷 활용 등을 통해 이를 실현한다. 최근 사례로 교사 비전 선언문Teachers' Vision Statement을 들 수 있다. 국가의 미래는 우리 손을 통해 이어지기에, 싱가포르 교사는 이끌고, 보살피며, 영감을 준다. 이 선언문은 "전국 학교가 참여한 비전 구상 활동을 통해 교사가 교사를 위해 작성한 것"(교육부 교사 네트워크)으로, 교육부가 주도하고 28,000명의 교사가 참여한 수백 개의 학

교 구역school zone과 학교 내 대화의 최종 결과물이다. 이 선언문은 2009년 연례 '교사 대중 강연Teachers' Mass Lecture'에서 교육부 차관급 국장Director General of Education[4]인 호 펭Ho Peng 여사가 발표했다.Peng, August 2009 그녀는 연설에서 '교사 동아리'와 '실무자 커뮤니티'를 칭찬하면서도, '떠오르는 교사 리더십'과 '싱가포르 교사들이 직업의 미래 설계를 시작하기'를 강조했다. 교사 리더십을 지원하기 위해 호 국장은 "모든 싱가포르 교사의 본부 역할을 할 교사 개발 센터 설립"을 제안했다.

- **신규 교사를 위한 의도적이고 구체적인 지원**: 멘토링, 현직 연수 과정in-service courses, 친구 시스템buddy system을 통해 이루어진다. 이는 신규 교사가 아무리 잘 준비되었더라도 입문 과정과 현장 지원on-the-job support이 필요하다는 인식에 기반하여 운영된다.
- **교실 안팎에서 교사에게 리더십 기회를 제공하는 명확히 정의된 경력 과정**: 교사가 다양한 방식으로 경력을 발전시키고 리더십 역할을 할 수 있는 경로를 제공한다.
- **교사 준비와 추가 전문성 개발을 위한 폭넓은 재정 지원**: 이를 통해 교사들은 재정적 부담 없이 전문성 개발PD에 참여할 수 있으며, 학습과 성장에 온전히 집중할 수 있다.

마지막으로, 기관 간 소통과 협업 측면이다.

- **NIE, MOE 및 학교는 모두 교사 양성 과정에 파트너로 참여한다**: 21세기 교육, 학생과 교사에 대한 국가적 비전을 정립하는 데 참여하고 있다.
- **상호작용, 공동 의사 결정 및 책임감을 함양하도록 설계된 구체적인**

---

4 싱가포르 교육부 내에서 정책 실행과 학교 운영을 총괄하는 최고 책임자이며, 장관(Minister)과는 구분되는 고위 공무원 직위다.

구조가 마련되어 있다: 예를 들어, 교육실습생의 수업 지도 성적에 대한 학교-대학 간 협의가 강조되거나 교사가 NIE에서 근무할 기회(그리고 교수진이 '학교 밀착' 기회를 통해 학교에서 근무할 기회)가 제공된다.

- 폭넓은 정보와 함께 제공되는 모든 프로그램 주제에 대한 세심한 주의와 설명은 모든 사람이 개념과 과제를 공유할 수 있도록 설계되어 있다: 나는 외부인이었지만, 모든 핸드북, 파워포인트, 비디오, 자료 등을 인쇄본과 온라인으로 접근할 수 있는 것만으로도 다양한 요구 사항, 역할, 비전 등을 명확하게 이해할 수 있었다.

결론

싱가포르 교육 변천사를 보면, 1950년대 식민지 시대부터 오늘날에 이르기까지 여러 차례의 개혁과 수많은 캠페인이 있었다. 이러한 역사는 싱가포르가 교육의 중요성을 인식하고, 우수한 교육 기반 시설을 구축하며 문해력을 갖추고 미래 지향적인 인재를 육성하기 위해 에너지, 인력, 시간, 자원을 얼마나 투입했는지를 보여준다. 또한, 이 역사는 싱가포르에서 교육이 주요 관심사일 뿐 아니라 항상 진화하고 변화하는 분야임을 보여준다. 이러한 변화는 국가적 정체성과 세계적 구성원이라는 비전, 이를 실현하기 위해 필요한 시민, 그리고 이러한 시민을 양성하는 데 필요한 교사들에 의해 의도적으로 추진되고 있다.

이 글을 쓰는 시점에서 교사 양성은 또 다른 변화를 겪고 있으며, 이에 대한 자세한 논의는 별도의 장에서 다루어야 한다. NIE는 2009년 12월 1일, 'NIE의 강화되고 업데이트된 교사교육 모델'을 설명하는 21세기 교사교육 모델TE21 보고서를 발표했다. 이 보고서는 '학습자 중심, 교사 정체성, 교사의 직업 및 지역사회에 대한 봉사'라는 세 가지 가치 패러다임에 초점을 맞춘 'V3SK 모델'을 포함한 '6가지 광범위한 권장 사항'을 제시했다.[NIE, 2009, p.11; p.23] 이 보고서는 '2008년 11월 시작된 성찰의 결과물'로, NIE의 많은 학술 직원과 학교 교육 담당자가 참여했으며, 지역 및 국제 교육 동향, 정책, 연구 자료를 반영했다. TE21은 NIE와 싱가포르에서 교사 양성의 새로운 시대를 열며, 싱가포르 교육자들이 질 높은 자격을 갖춘 교사에 대한 정의를 정립하고 이를 신속하게 달성하기 위해 이루어낸 인상적인 성과를 더욱 정교화하고, 개선하고, 확장하며 풍부하게 할 것이다.

감사의 말

싱가포르의 많은 동료에게 깊이 감사드린다. 그들은 아낌없이 도움을 주었으며, 싱가포르의 교사 양성에 대해 기꺼이 이야기해 주었다. 특히, 이 장을 의미 있게 검토해 준 NIE의 로우 이 링Low Ee Ling 부학장과 크리스틴 리Christine Lee 교육 및 학습 교육과정 책임자에게 감사드린다.

주석

1. 나는 여기서 '선진국'과 '개발도상국'이라는 개념이 식민지 개척자들에게 특권을 부여하고, 그들이 권력의 지위를 유지할 수 있게 하는 이분법적 구도를 구성한다는 사실을 인정한다.
2. '예비 대학교'는 미국의 11학년과 12학년에 해당한다.
3. 본 장에서 중국 인명은 중국의 문화 규범에 따라 쓴다. 가족 이름(성)이 이름 앞에 온다. 그러므로 고촉통 총리의 성은 '고'이며 이름인 '촉통' 앞에 온다.
4. 모든 일하는 싱가포르 시민권자와 영주권자는 미국의 사회 보장 제도와 최소한으로 유사한 CPF(중앙 주민 기금)에 가입할 자격이 있으며 기여해야 한다. 그러나 두 가지 주요한 차이가 있다. (1) 고용주는 직원 기부금(교사의 경우 월급의 13%에 해당)의 일부를 부담해야 한다(매칭); (2) 싱가포르 사람들은 일반적으로 은퇴할 때까지 CPF로부터 돈을 찾을 수 없지만, 사실상 이자가 누적되며 정기적인 명세서를 제공하는 실물 계좌를 소유한다.
5. 출처를 밝히지 않은 인용문은 인터뷰나 대화에서 발췌한 것이다. 싱가포르 교육자/대학 교수진 또는 NIE 교수진이 진행한 여러 파워포인트 발표 자료에서 발췌했다.
6. 2009년에 허가된 3,000명의 예비 교사 중 "일부는 학교에 계약 교사로 먼저 배치되었는데, 이는 NIE의 입학에 시차를 [둠으로써] 거품처럼 많은 입학자 수 문제를 완화하는 데 기여했다."
7. '글로컬'이란 글로벌과 로컬의 필요하고 자연스러운 공생을 표현하기 위해 싱가포르에서 만들어진 용어다.
8. 교육학 학사는 교육학 디플로마를 소지한 현직교사의 요구를 수용하기 위해 시간제 프로그램으로 도입되었다. 지금은 전문 교육을 계속 이어가며 자신의 자격을 높일 수 있다.

3장

네덜란드의 예비 교사교육
-공유된 비전과 공통적인 특색

카렌 해머니스Karen Hammerness
얀 반 타르트베이크Jan van Tartwijk
마르코 스눅Marco Snoek

서론

네덜란드의 교사 양성 제도는 여러 측면에서 흥미롭다. 첫째, 네덜란드 학생들은 유럽과 미국 학생들에 비해 학업적으로 상당히 우수한 성적을 거두고 있다. 둘째, 네덜란드는 특히 교사의 질과 교사 채용 문제에서 다른 나라와 비슷한 일련의 과제에 직면해 있다. 마지막으로, 네덜란드의 교사 양성은 다소 독특하다. 매우 유명하고 수준 높은 대학의 교수진이 예비 교사 양성에 대해 공통된 비전과 접근 방식을 공유하기 때문이다. 네덜란드는 작은 나라로, 2006년 기준 약 135,000명의 초등교사와 약 75,000명의 중등교사가 있다. 하지만, 이러한 특징을 모두 고려하여 네덜란드 교사 양성의 본질을 더 잘 이해하는 것이 중요하다. 이러한 논의를 시작하기 위해 먼저 교육 환경에 대해 개괄하고자 한다.

교육적 맥락

네덜란드 교육 시스템

네덜란드 교육 체제에서 초등학교는 4~12세 아동에게 초등 교육을 제공한다. 5세에 의무 교육이 실시되지만, 98%의 아동은 4세부터 시작한다.Snoek & Wielenga, 2003 초등학교의 첫 2년은 '놀이 중심'이며, 읽기, 쓰기, 수학에 대한 체계적인 교육은 6세부터 시작된다. 초등 교육을 마칠 때 학생들은 CITO 시험[1]과 같은 최종 시험을 치르며, 이는 중등학교 입학에 필요하다.

중등 교육 체제는 직업 중등 교육 준비 과정voorbereidend middelbaar beroepsonderwijs; VMBO, 고등 일반 중등 과정hoger algemeen voortgezet onderwijs; HAVO, 과학 중등 교육 준비 과정voorbereidend wetenschappelijk onderwijs; VWO의 세 계열로 구분된다. 학업적 난이도와 기간은 다르지만, 모두 약 3년에 걸쳐 '기본' 중등 교육에 포함된 동일한 주제 중 일부를 다루어야 한다. VMBO는 학생들에게 중등 직업 교육secondary vocational education을 제공하는 4년제 교육 프로그램이다. VMBO 졸업생은 HAVO의 마지막 2개 학년 동안 중등 교육을 계속할 수 있다. HAVO는 학생들에게 고등 직업 교육higher professional education을 제공하는 5년제 교육 프로그램이다. HAVO 졸업생 역시 대학 입학을 준비하는 6년제 프로그램인 VWO의 마지막 2학년으로 진학할 수 있다. 초등학교와 중등학교 교육의 중요한 특징 중 하나는 거의 100년 동안 공립학교와 사립학교가 정부로부터 동등하게 자금을 지원받았고, 모든 학교가 학생들에게 무상이라는 점이다. 실제로 공립학교보다 사립학교가 더 많다. 로마 가톨릭과 개신교 계열 학교는 전체 초등학교의 약 3분의

---

1 네덜란드에서 초등 졸업 학년 학생들이 보는 시험.

2(각각 약 30%)를 차지한다. 이 외에도 이슬람, 유대교, 힌두교 학교가 있으며, 슈타이너 학교와 같이 특정 철학을 따르는 학교도 있다. 초등학교의 3분의 1은 '공립' 학교이며 시 의회가 책임지고 운영한다. 중등 학교 급에서는 사립학교가 거의 절반을 차지한다.Ministry of Education, Culture, and Science, 2008, p.22 한편, 사립학교가 종교적 가치나 신념을 채택하는 정도는 최소한에서 강한 정도까지 상당히 다양하다. 일부 사립학교는 특정 종교에 기반한 뚜렷한 정체성과 커리큘럼을 갖출 수 있지만, 모든 학교가 그런 것은 아니다. 공립 및 사립을 포함한 모든 초등학교와 중등학교 교육의 질은 교육 감독원Inspectorate of Education에서 모니터링한다.

다른 국가와 비교한 네덜란드

최근 국제 시험에서 점수가 하락했다는 우려가 있지만, 네덜란드 학생들의 점수는 다른 국가들에 비해 여전히 높다. 네덜란드 학생들은 독해 시험에서, 특히 초등 수준에서 국제 평균보다 훨씬 높은 점수를 받았다.Mullis et al., 2007; OECD, 2007, 2010; PISA, 2006 2009년 PISA 보고서에 따르면, 네덜란드는 유럽에서 2위, 전 세계에서 10위를 차지했다.OECD, 2010 네덜란드 학생들은 수학 TIMSS 시험에서 높은 순위를 차지했으며, 고학년 학생들은 PISA에서 가장 높은 점수를 획득했는데, 유럽에서는 핀란드 다음이다.Mullis et al., 2007; OECD, 2010 흥미롭게도 유니세프가 실시한 최근 연구에 따르면, 모든 웰빙 척도에서 네덜란드 어린이들이 가장 높은 순위를 차지했으며, 일부 신문에서는 네덜란드 어린이들이 세계에서 가장 행복하다는 사실을 보도하기도 했다.UNICEF, 2007; Zeller, 2007; Comiteau, 2007 끝으로, 네덜란드 국민의 교육 수준은 높아졌다. 중등 교육을 마치지 않고 학교를 그만두는 학생들의 비율은 2000년 16%에서 2007년 12%로 감소했는데, 이는 유럽 평균보다 훨씬 낮다.Centraal Bureau voor de Statistiek, 2009

교육 개혁

지난 20년 동안 네덜란드는 중등 교육을 위해 세 가지 주요 개혁을 이루었는데, 이는 국민들과 정치계가 국가 교육과 교육 개혁을 인식하고 경험하는 방식에 큰 영향을 주었다.[1] 그중 첫 번째는 1993년에 14개 과목에 대한 표준화된 목표와 시험을 도입한 것이다. 이는 모든 중등 교육의 처음 3년 동안 다루어야 하는 '기본 커리큘럼'에 해당한다. 이 개혁의 전반적인 목표는 교육의 전반적인 질을 개선하는 것이었으나, 커리큘럼 내용에서 기술 개발에 더 많은 비중을 두고 학업이나 직업을 선택하는 시기를 12세에서 15세로 연장하는 것도 목표로 삼았다.

1998년과 1999년에 이루어진 두 번째 개혁은 '두 번째 단계'를 도입하는 것이었다. 이는 HAVO의 마지막 2년과 VWO의 마지막 3년 동안의 커리큘럼을 개혁한 것으로, 학생들이 고등교육에 더 잘 대비할 수 있게 하는 것이 목적이었다. 이 개혁은 두 가지 혁신으로 이루어졌다. 첫 번째는 학생들이 HAVO와 VWO의 마지막 몇 년 동안 공부할 과목을 선택할 수 있는 네 가지 '프로필' 과목 클러스터를 도입한 것이다. 문화와 사회, 경제와 사회, 과학과 기술, 과학과 건강 과목의 프로필이 개발되었다. 학생들이 선택한 프로필에 따라 각 과목은 학생들의 관심과 목표에 부합하게 조정되었다. 두 번째 혁신은 '학습실'의 도입이다. 이 혁신은 학생들이 고등교육과 노동 시장에 더 잘 대비할 수 있게 하는 적극적이고 자기 주도적인 학습으로의 전환을 의미했다.Simons, 2000 이 개혁의 근간에는 구성주의에서 파생된 이론적 개념이 있었는데, 이를 새로운 학습이라고 불렀다.Simons, van der Linden, & Duffy, 2000 이 새로운 학습은 교실에서의 사실적 학습factual learning에서 벗어나 독립적인 탐구로의 전환을 의미했다. 이는 교사의 역할을 지식의 원천이 아니라 감독자, 코치, 촉진자로 전환하는 것을 의미했다.

1999~2002년에 이루어진 세 번째 개혁은 중등 교육의 하위 단계를

개편하는 것을 포함했다. 이 개혁에서는 초기 일반 중등교육MAVO과 초기 직업 교육을 하나의 흐름으로 통합한 VMBO를 도입하여, 학생들에게 더 다양한 진로 선택의 기회를 제공하는 것을 목표로 했다.

긍정적인 의도에도 불구하고 이러한 개혁의 실행에는 한계가 있었다. 교사들은 이러한 개혁이 자신들에게 일방적으로 부여되었으며 자신들의 전문적 관점이 반영되지 않았다고 인식했다. 특히 기초 교육과정 basisvorming은 많은 저항에 직면했고, 결국 2006년에 폐지되었다. 개혁이 제안되었을 당시 많은 교사는 학습실study house을 긍정적으로 평가했으나, 실제로는 실행이 어렵다는 점이 드러났다.참조 van Veen, Sleegers, & van de Ven, 2005 결과적으로, 이 개혁은 네덜란드에서 격렬한 논쟁의 대상이 되었다.NRC, 2006, 2007 정치인들은 개혁의 실행과 결과를 조사하고, 미래 교육 정책에 대한 지침을 수립하기 위해 의회 위원회 설립을 요구했다.Commissie Parlementair Onderzoek Onderwijsvernieuwing, 2008 이 위원회의 결론에 따르면 문헌, 자체 연구, 청문회 등을 바탕으로 볼 때, 혁신에 대한 상당한 정치적 지지가 있었지만, 교사, 학부모, 학생들의 지지가 부족했거나 개혁 실행이 지나치게 위에서 아래로 이루어졌으며, 그 결과 많은 교사가 혁신이 강요되었다고 인식했다는 것이다.[2] 의회 위원회는 이러한 방향의 개혁이 현장의 지원 없이는 다시 실행되어서는 안 된다고 권고했다.

과제

공공 영역과 교육 분야 모두에서 개혁에 대한 논쟁이 지속되는 한편Simons, 2006; van der Werf, 2006 네덜란드 정부는 교사 부족 문제를 교사의 질 관리 및 유지와 함께 교육 체제가 직면한 추가 과제로 인식했다.Commissie Leraren, 2007; Meesters, 2003; Ministry of Education, Culture and Science, 2008 교육 위원회Commissie Leraren는 2014년까지 현재 중등 교사의 약

75%가 은퇴와 이직으로 교직을 그만둘 거라고 언급했다. 또한 신규 교사의 유입만으로 이탈 규모를 보완할 수 없기에 심각한 교사 부족을 예상했다. 더욱이, 상황을 복잡하게 만드는 요인은 인구의 다양성 증가인데, 2007년 기준으로 인구의 약 20%가 소수 민족으로 구성되어 있었다.Central Bureau for Statistics, 2011 또한 소수 민족에게 양질의 교육을 제공하려는 노력도 있었는데, 이는 네덜란드가 다른 유럽 국가들과 공유하는 과제다. 최근 보고서에 따르면, 비서구 소수 민족의 학교 중퇴율은 네덜란드 토박이 학생native Dutch students의 중퇴율보다 두 배나 높았다.Ministry of Education, Culture and Science, 2008 그러나 정책 수준에서 확인된 이러한 우려는 현재까지 국가의 교사교육에 직접적인 영향을 거의 미치지 못했다.[3]

끝으로, 국제 비교 시험에서 네덜란드 학생들이 거둔 비교적 좋은 성적에도 불구하고, 국민들은 네덜란드의 국제 순위와 성취도를 우려하고 있다.Ministry of Education, Culture, and Science, 2008 지난 10년 동안 여러 국제 순위에서 네덜란드의 상대적 순위는 하락했다. 이러한 문제는 네덜란드 아동의 성취도를 높이는 방법에 대한 상당한 논의와 우려를 촉발했다. 논의의 초점은 주로 교사의 역량과 질에 대한 것이다. 예를 들어, 최근 연구에서는 '전통적인' 수학 교육 방법과 실제 문제 해결을 활용하는 방법KNAW, 2009을 비교하여 아동의 수학 능력을 조사했다. 연구자는 아동의 낮은 수학 능력이 교수법의 질적 차이 때문이 아니라, 오히려 교사의 계산 능력 부족 때문이라고 결론지었다. 이러한 연구는 교사의 특성과 능력에 대한 논쟁과 의문을 불러일으켰으며, 전 세계 여러 나라와 마찬가지로 네덜란드에서도 교사의 질은 교육 개혁과 밀접한 주요 정책 문제가 되고 있다. 또한 교사교육 측면에서 졸업생의 질이 국가의 정치적 의제에 점차 포함되고 있다.

네덜란드의 교직

교직 발전을 위한 정책적 노력

역사적으로 네덜란드의 교사는 다른 존경받는 직군과 마찬가지로 국가적으로 높은 평가를 받았으나, 지난 10년 동안 교직의 위상이 하락한 것으로 보인다. 최근 보고서에 따르면, 교사들은 자기 일에 높은 가치를 부여하면서도, 자신이 높이 평가받거나 가치 있게 여겨지지 않는다고 인식한다. 교사에 대한 대중의 인식도 역시 낮아지는 것으로 보이는데, 과반수 대중이 교사의 질을 우려하는 것으로 분석된다. 보고서에 따르면, 교사를 높게 평가하는 응답자의 비율이 2006년의 68%에서 2007년의 55%로 감소했다. 한편, 부모들은 자녀의 학교교육을 신뢰하며, 자녀가 다니는 학교를 상당히 높게 평가한다. 이에 따라 교육부는 "일반 대중의 인상은 부모가 경험하는 실제 상황과 일치하지 않는다."라고 보고했다. 더욱이, 교육부 조사에 따르면, 교사 양성 프로그램에 지원히는 청소년 수기 감소했다.^{Ministry of Education, Culture, and Science, 2008}

이에 따라, 많은 국가에서 그렇듯이 네덜란드의 교육과학문화부에서는 자격을 갖춘 잘 준비된 인재를 교사로 유치하는 데 힘을 쏟고 있다. 그 결과, 일련의 위원회가 설립되었으며, 교직을 전문직으로 발전시키는 데 초점을 맞춘 여러 조치가 시행되었다. 교사의 지위 하락과 교사 부족 우려가 대두되기 시작한 1993년 초, 정부는 교직의 미래에 관한 위원회를 설립했다. 이 위원회는 수업을 고립된 활동으로 간주하는 인식을 벗어나, 교사들이 협력하고 서로 배우며 학습 조직으로 기능하는 학교 구성원이 될 기회를 가져야 한다고 권고했다.^{Maandag et al., 2007; Verloop and Wubbels, 2000} 또한 위원회는 교사의 경력 경로^{career path}가 더 잘 드러나도록 급여와 연계된 경력 체제를 도입할 것을 제안했다. 마지막으로, 위원회는 교사가 학교에서의 도전적 과업과 힘든 역할에 더 잘 대비할 수 있도록 지원하는 일련의 권장 사항도 마련했다. 신규 교사가 교직에 진입했을 때 겪는 현실 충격reality shock이 결국 교직 이탈로 이어질 수 있다는 연구Veenman, 1984; Britzman, 1986에 따라, 위원회는 교사 양성 프로그램에서 예비 교사가 정규 교사로 임용되기 전에 더욱 집중적으로 실무 기반 경험을 제공해야 한다고 강조했다.Commissie Toekomst Leraarschap, 1993; Vermeulen & Koopman, 2000[4] 특히 이러한 제안은 교사교육 프로그램에서 진행 중이던 개혁과 맥을 같이하며 네덜란드 교사 교육자들에 의해 채택되었다. 실제로, 실습에서 배우는 기회를 확대하여 신규 교사의 현실 충격practice shock을 완화하려는 노력은 네덜란드 교사교육자들에게 중요한 과제로 자리 잡았다.Korthagen & Kessels, 1999; Korthagen et al., 2001; Stokking et al., 2003; Brouwer & Korthagen, 2005; Koetsier & Wubbels, 1995; Veenman, 1984 참조

두 번째로, 교육 전문화를 위한 최근의 시도는 교사 역량을 명확히 하려는 시도와 관련된다. 네덜란드 의회는 2004년 모든 학교급(초등학교와 중학교)의 교사가 "자격뿐만 아니라 역량이 있어야 한다."라는 내용의 법안을 통과시켰고, 이후 모든 교사가 충족해야 할 6가지 핵심 역량을 제시했다.[2006] 여기에는 (1) 즐겁고 안전하며 효과적인 교실 환경 조성, (2) 학생들이 독립적이고 책임감 있게 성장하게 돕는 아동의 개인적 발달 지원(네덜란드어로 'pedagog'라고 함), (3) 과목에 대한 풍부한 지식과 적절한 교육 방법 숙지, (4) 학생의 학습을 지원하는 교과 과정을 신중하게 구성하는 능력. (5) 동료와 협력하고 학교 조직에 기여하는 능력, (6) 학생 복지와 발달에 책임 있는 학교 외부자들(예: 학부모 또는 보호자, 교육 및 청소년 복지 기관의 동료)과 협력, (7) 장기적으로 전문가로서 자신의 강점과 약점을 성찰하고 발전시키는 능력이 포함된다. 이러한 역량은 교사 양성 프로그램의 인증과도 연동되는데, 교수진은 교육 프로그램을 통해 학생들이 이러한 역량을 개발할 방안을 제

시해야 한다. 그 결과, 많은 교사 양성 프로그램이 이러한 요구에 따라 기준을 재구성했으며, 프로그램마다 특정한 해석과 강조점을 개발한 경우도 있다.

2007년, 정부는 '교사' 위원회를 설치하여 교사 부족의 긴급한 문제를 해결하고 교육의 질 개선 방안을 세우는 임무를 부여했다. 교사 위원회는 2008년 보고서에서 교사 급여 인상을 제안하며, 학교가 조직 및 교육 문제에 관한 의사결정 과정에 교사를 보다 포괄적으로 참여시켜야 한다고 권고했다. 이후, 위원회는 교직의 전문성 강화를 위해 교사 전문성 개발을 위한 더 많은 기회와 인센티브를 제공할 것을 제안했다. 또한, 네덜란드 교사교육 접근 방식을 국제적 발전 및 기준과 비교하여 교사교육의 질 개선 방안을 마련할 것을 촉구했다.

교사 양성에 대한 네덜란드의 접근법

교육 및 교육 개혁과 관련된 논의를 활성화하고, 전문직으로서의 교직에 더 많은 지원을 하며, 자격을 갖춘 사람들을 교직으로 유인하기 위한 정책적 노력이 강화되는 맥락에서, 네덜란드의 교사교육과 교사 양성 과정의 특징에 대해 다루고자 한다.

교사 자격 취득 경로

네덜란드의 고등교육 제도는 응용과학 중심 대학에서 제공하는 고등 직업 전문 교육과, 연구 중심 대학에서 제공하는 학문적 교육으로 구분된다. 응용과학[5]중심 대학에서 제공하는 교사교육 프로그램은 초등학교, 직업교육, 그리고 중등교육(HAVO 및 VWO의 상위 학년은 제외)에서 가르칠 수 있도록 재학생들을 교육한다. 이들 4년제 교육과정은 고등학교를 갓 졸업한 학생과 같이 해당 분야에 대한 배경 지식이 없는 학생을 대상으로 한다. 졸업생은 2급 교사 자격증을 취득하게 된다.

연구 중심 대학은 학생들에게 HAVO 및 VWO의 상위 학년에서 가르칠 수 있도록 학생들을 준비시키는 1년제 교사교육 프로그램을 제공한다. 이 프로그램은 교과 관련 전공에서 석사학위를 받은 학생을 대상으로 하며, 이들은 교과 내용보다는 해당 교과를 가르치는 방법과 일반 교육학에 집중하여 배운다. 이 프로그램의 졸업생은 중등 교육 및 직업 교육의 모든 학년에서 가르칠 수 있는 1급 교사 자격증을 취득한다.

교사 모집

네덜란드는 고등교육을 받는 학생들을 위한 국가 장학금 시스템을 갖추고 있다. 교사교육 프로그램에 입학한 학생은 학비 충당을 위한 대출을 받을 수 있으며, 이 대출금은 기한 내에 시험을 마치면 상환할 필요가 없다. 그러나 프로그램 이수에 예상보다 오랜 시간이 걸리거나, 시험에 통과하지 못할 경우 대출금은 상환해야 한다. 일반적으로 이러한 정책은 고등교육에 진입하도록 유도하는 강력한 인센티브로 작용할 수 있다. 하지만 교직이 이들의 직업으로 선택될지는 해당 교과 영역에서의 다른 직업 선택 가능성과 특정 교과 영역에서의 교사 수요에 달려 있다.[6]

교사 부족에 대한 우려가 높아짐에 따라, 최근에는 학문적으로 우수한 인재를 교직으로 유치하기 위해 특별 진로를 설계하거나, 직업 진로를 변경하거나 중도 경력 전환을 통해 교직에 관심을 갖는 중년 입직자older entrants를 모집하려는 노력도 이루어지고 있다.교육과학문화부 1999a, 1999b; Tigchelaar & Korthagen, 2004 교사 모집을 위한 소수 집단 지원 프로그램은 많지 않지만, 인종적·민족적으로 다양한 그룹의 학생들을 일반 고등교육으로 유인하려는 일부 기관이 있으며, 교직을 희망하는 학생들에 초점을 맞추는 기관도 있다.^{예: ECHO, 2009} 또한 일부 연구 중심 대학에서는 학부생들이 학업 초기 단계에서부터 중등학교 교사에 관심을 갖도록 유도하기 위해 6개월간의 특별 교사교육 프로그램을 제공하기도 한다. 네덜란드에서는 학사 과정을 성공적으로 마치고 학사 시험에 합격한 학생들이 중등학교 저학년에서 자신의 전공 과목을 가르칠 수 있는 특별 교사 자격증을 취득할 수 있다.

연구 중심 대학에서 제공하는 석사 후 교원 양성 과정의 주요 특징 중 하나는 최근 많은 학생이 정규 교사의 급여를 받으면서 프로그램의 마지막 임상 영역clinical part을 이수한다는 점이다. 일부 학생들은 실습생apprentices으로 프로그램을 마무리하기도 한다. 급여를 받는 학생들 중 소수는 이미 정규 교사로서 교사 자격증이 있지만, 다른 과목을 가르칠 수 있는 교사 자격증을 추가로 취득하거나 중등학교 고학년을 가르치기 위해 이러한 과정을 이수한다.

선발

응용과학 중심 대학에서 제공하는 초등학교 또는 중등학교 교사 양성을 위한 교사교육 프로그램은 학사 수준의 4년제 과정이다. 연구 중심 대학에서 석사학위를 취득한 후 교사교육을 시작하는 예비 교사와 달리, 고등 직업 전문 교육에 입학하는 교사교육 프로그램의 학생들은 고등학교를 졸업한 후 별도의 선수 교과 학습 없이 바로 입학한다. 초등교사 교육 프로그램은 직업전문 교육을 마친 학생들에게도 개방되어 있다. 실제로, 다양한 수준의 학업 경험이 있는 다양한 학생들이 초등교사 양성과정에 진입한다.

교사교육에 입학할 때 별도의 추가 선발 절차는 없다. 그러나 교사의 질에 대한 사회적 우려로 인해, 학생들의 네덜란드어 능력과 산술 능력을 강조해 왔다. 이에 따라 2008년에는 초등교사 교육을 받는 학생들을 대상으로 (기본) 네덜란드어와 산술 능력을 평가하는 국가 시험이 도입되었다. 초등교사 교육과정을 계속하려는 예비 교사들은 1학년 말까지 이 시험을 통과해야 한다.

교사 교육자들

대부분의 네덜란드 교사 교육자는 교사 경력이 있거나, 교육 분야에서 연구자로 종사하고 있거나, 두 가지 모두에 해당한다. 일부 교사 교육자는 교사교육 분야에서 가르치며 연구를 병행하기도 하지만, 대부분은 교육 분야의 연구를 하지 않고 미래의 교사를 가르치는 데 주로 집중한다. 교사 교육자들은 네덜란드 교사 교육자 협회Dutch Association for Teacher Educators를 조직했다. 이 협회는 플랑드르 교사 교육자 협회Flemish Association for Teacher Educators와 협력하여 교사 교육자를 대상으로 매년 학술대회를 열고, 분기별로 학술지를 발행할 뿐만 아니라 교사 교육자를 위한 전문가 등록부professional register도 관리한다. 교사 교육자는 전문성 신장 과정을 이수하고, 동료 평가를 통해 전문가 등록부에 등재를 신청할 수 있다.Koster & Dengerink, 2008 참조

교사 양성 프로그램들

보편적인 "교사교육에 대한 네덜란드식 접근 방식"은 없지만, 네덜란드 교사 교육자들은 교수·학습에 대한 공통된 틀과 공유된 비전을 바탕으로 자신의 임무를 수행한다. 이 장에서는 네덜란드의 많은 교사 교육 프로그램이 공유하는 비전을 제시하고자 한다. 이어서 네덜란드의 교사교육이 어떻게 이루어지는지 개괄적으로 예시하고자 한다. 먼저, 연구 중심 대학의 중등학교 교사 양성 프로그램 사례로 라이덴 대

학Leiden University의 석사 후 1년 동안 진행되는 교사교육 프로그램을 소개한다. 그다음으로 호겐스콜 암스테르담 응용과학 중심 대학 Hogeschool van Amsterdam of Applied Sciences의 암스테르담 사범대학에서 개설한 중등학교 교사 및 초등학교 교사 양성 4년제 학사과정을 다룬다.

교사 양성의 비전

미국의 모범적인 교사교육 프로그램에 대한 연구는 명확한 비전 정립이 교육 프로그램에서 핵심적 요소임을 보여준다.Darling-Hammond, 2000, 2006; Hammerness & Darling-Hammond, 2002; Hammerness, 2006 이러한 프로그램들은 학생, 학교, 사회에 기여하는 교사의 역할에 대한 명확한 비전을 바탕으로 교육과정을 구축하고, 임상 수업을 구성하며, 예비 교사들의 학습 활동에 더 큰 목적을 부여한다.Darling-Hammond, 2006; Hammerness et at., 2005 실제로 이러한 연구는 공유되고 잘 개발된 비전이 프로그램의 일관성을 확보하는 핵심 요소가 될 수 있음을 시사한다. 이는 교육과정, 임상 수업, 그리고 예비 교사가 학습할 기회를 유기적으로 연결하여, 교수·학습에 대한 공유된 아이디어를 촉진하고 발전시키는 데 기여한다. 그러나 프로그램의 비전은 프로그램 유형과 경로에 따라 다를 수 있다. 예를 들어, 미국의 문헌 자료는 미국에서는 교사 양성에서 최소한 세 가지 다른 유형의 비전을 다루며, 이는 각기 매우 다른 교사 양성 경험을 제공한다. (1) 교육을 사회에 '환원'하거나 사회에 기여할 수 있는 많은 기회 중 하나로 간주하는 봉사의 비전, (2) 교육을 사회적 불평등을 해결하는 직접적인 수단으로 간주하는 사회 정의의 비전, (3) 교육을 학생들의 학습을 개선하고 발전시키기 위한 수단으로 간주하는 실천의 비전Hammerness, 출판 준비 중이 그것이다.

또한 이 연구는 이러한 프로그램들이 크든 작든 이 세 가지 비전 중

하나 이상을 강조하며, 이러한 강조의 정도와 성격이 프로그램에 참여하는 후보자들이 교직을 어떻게 인식하는지와 그들의 직업 선택에 영향을 미친다는 점을 발견했다. 그러나 케네디[Kennedy, 2006]가 지적했듯이, 적어도 미국 대부분의 교육 프로그램들은 이런 비전을 중심으로 결집하기 어렵다고 할 수 있다.[7]

그러나 네덜란드 교사교육을 살펴보면, 일련의 네덜란드 교육 프로그램들이 미국에 비해 다소간은 공통된 비전에 의해 구성된다고 할 수 있다. 물론 네덜란드 교사교육 프로그램들은 교육과정에서 각기 다양성을 지니고, 일부 영역에서는 (다른 영역보다 더 실질적으로) 차이가 있다. 하지만, 이러한 프로그램들이 어느 정도 '전문적인 실천으로서의 교육에 대한 비전'을 중심으로 구축되어 있다는 점은 특기할 만하다.

프로그램의 비전

암스테르담과 라이덴 대학의 사례처럼, 대부분의 교사교육 프로그램은 교수·학습 관련 연구를 기반으로 한 지식 기반 전문직으로서의 교육과 시간을 두고 학습 가능한 실천으로서의 교육이라는 비전을 공유한다. 교사교육 프로그램의 궁극적인 목표는, 예비 교사들이 교실에서 긍정적이고 안전한 학습 환경을 조성하며, 학생들이 적극적으로 학습 활동에 참여할 수 있도록 지원하는 능력을 갖추는 것이다. 또한, 예비교사가 교직 생활 전반에 걸쳐 자신의 학습과 전문성 개발에 책임을 지는 전문가로 성장할 수 있도록 돕는 데 초점을 맞추고 있다.

현 시대의 교육 연구[Bransford, Brown, & Cocking, 2000 참조]에 따르면, 교사교육 프로그램에서 가장 효과적인 교육은 학생들의 학습과 발달을 촉진하기 위한 봉사라는 점에 기초하여 이루어진다. 따라서 이러한 연구는 초등 및 중등교육의 맥락에서, 학생의 학습 과정을 이해하도록 예비 교사를 돕는 출발점이 된다. 또한, 교육실습, 실제적 학습 경험, 지속적 평가 등을 통해 최선의 학습 성과를 이룰 수 있음을 강조한다. 나아가, 적극적인 학습자로서의 학생에 초점을 맞추는 이러한 관점은 교사교육에도 반영되어야 한다고 강조된다. 교사교육에서 예비 교사는 적극적인 학습자여야 하며, 자신의 경험과 학습 과정을 성찰해야 하며, 지속적으로 발전할 수 있는 기회를 가져야 한다.

이론과 실천을 연결하기 위한 노력

현실 충격을 반영한 프로그램

네덜란드 교사교육 프로그램에서는 이론과 실천의 괴리를 줄이는 일이 교사교육의 비전을 실현하는 데 기여하는 주요 과업으로 간주된다. 이 분야에서 많은 선구적 작업은 위트레흐트 대학Utrecht University에서 이루어졌다. 이 대학에서는 교사 교육자들이 예비 교사가 실습을 통해 배우게 돕는 동시에 교수·학습 이론에 기초한 지식 기반 구축을 목표로 삼는 오랜 전통이 있다.Koetsier & Wubbels, 1995; Korthagen et al., 2001; Tieghelaar & Korthagen, 2004 참조

위트레흐트 대학의 교사 교육자들은 코르타겐Korthagen과 그의 동료들이 교사교육에 대한 현실적 접근법realistic approach to teacher education이라고 부른 방법을 개발했다.Korthagen et al., 2001 이 접근법의 핵심 아이디어는 신규 교사가 수업 실습을 시작할 때 가지는 특정 관심사에 적합한 관련 이론을 제시하는 것이다. 이를 통해, 현실 충격reality shock의 다양한 양상을 교사교육 프로그램에 반영할 수 있다.Koetsier & Wubbels, 1995; Stokking et al., 2003

이러한 방식은 예비 교사가 실습 충격에 대처할 수 있도록 교사 교육자와 학교의 지도 교사가 적절히 감독하는 가운데 이루어진다. 실습 충격이 실제로 프로그램에서 발생할 수 있도록, 프로그램의 일부는 초임

교사의 근무 상황과 유사하게 구성되어야 한다. 교사교육 프로그램의 실천적 구성 요소는 "불안정성, 복잡성, 독립적이고 책임감 있는 행동의 필요성, 상당한 업무 부담" 등으로 특징지을 수 있다.Koetsier & Wubbels, 1995, p.335

이러한 프로그램에서 교사 교육자와 지도 교사의 역할은 예비 교사가 자신의 학습 필요를 인식하고, 유용한 학습 경험을 찾으며, 자신의 경험을 성찰할 수 있는 안전한 학습 환경을 조성해 주는 것이다.

라이덴 대학의 '경험 법칙'

이러한 현실적인 접근법은 라이덴 대학의 석사 후 1년 과정의 교사 양성 프로그램에 깊이 반영되어 있다. 학생들은 적어도 일주일에 한 번씩 회의와 온라인 일지를 통해 동료 학생 및 지도 교사와 자신의 관심사를 공유해야 한다. 지도 교사는 학생이 자신의 경험을 더 잘 이해하고 분석해야 할 필요를 느낄 때, 적절한 순간에 관련 이론을 제공할 수 있다. 라이덴 대학에서는 신규 교사들이 실습에서 배운 것을 명확하게 표현하도록 하기 위한 추가적인 접근법을 개발했다. 학생들은 자신이 (교실에서) 성공적으로 수행한 경험을 통해 학습한 바를 경험 법칙rules of thumb으로 표현하여 명시화해야 한다. 그런 다음, 그들은 새로운 경험 법칙을 대학에서 배우는 교수 및 교수·학습에 관한 이론과 비교, 검토해야 한다. 이를 통해, 그들은 경험 법칙의 레퍼토리repertoire와 교수·학습에 대한 인식을 구축하고 검증하며 확장하도록 도움을 받는다. 이 과정에서 라이덴 대학의 교사 교육자들은 학생들이 교수·학습에서 자신이 중요하다고 여기는 것이 무엇이며, 이것이 교사로서 자신의 역할에 대한 인식에 어떤 영향을 미치는지 발견하도록 해야 한다고 주장한다.Janssen, de Hullu, & Tigelaar, 2008

암스테르담 교육대학에서의 '실제적인 학습'

암스테르담 교육대학Amsterdam School of Education의 4년제 학사 과정을 보면, 교사 교육자들이 이론과 실천의 괴리를 해결하는 데 유용한 실제적인 학습authentic learning을 잘 활용하고 있음을 알 수 있다. 교수진들이 정의한 실제적인 학습의 개념은 진정한 일상적 교수 맥락과 그로부터 도출된 경험을 의미한다. 이를 달성하기 위해, 교수진들은 학생들이 이수해야 하는 교육과정과 수행해야 할 학습활동이 예비 교사의 현재 및 미래 교실 수업과 직접 관련되게 하는 것을 목표로 한다. 교사 교육자는 (가능한 한 빨리) 학생들이 전문적 실천을 반영하는 환경 조성에 주력하고 있다.Terwindr & Wielenga, 2000 실제적인 학습이란 개념은 두 유형의 활동으로 나눌 수 있다. 첫째, 교사가 학교에서 수행해야 하는 과업과 밀접하게 설계된 '기관-기반 프로젝트' 유형이다. 둘째, 예비 교사가 점진적으로 더 많은 교육적 책임을 맡는 동시에 학교의 교육 목표에 부합하는 비교적 복잡한 과업을 수행하도록 하는 '학교-기반 전문적 실천' 유형이다. 예를 들면, 학교-기반 전문적 실천은 초등 교사 양성 과정 학생들이 첫 교육실습 동안 새로운 그림책에 대한 연극 공연을 준비하고 (학생들과 함께 공연)하는 경우 발생한다. 이 경우 예비 교사들은 대학에서 수강한 드라마 모듈의 주요 내용을 활용해야 한다. 이러한 방식으로 예비 교사들은 첫 해부터 수업 보조 교사로 역할을 시작한다. 또 다른 예로, 두 번째 실습 기간에는 기관 기반 프로젝트를 수행할 수 있다. 예비 교사들은 "이웃에 대한 책Book of the Neighborhood"이라는 프로젝트를 통해 실습 학교의 지역적 환경과 그것이 학습 환경으로서 제공할 가능성을 탐구해 볼 수 있다. 이 과정에서 예비 교사들은 학생들을 위한 활동을 설계하고, 교사들을 위한 지침서를 자성하며, 이러한 활동을 학교의 공식 교육과정과 연계하도록 요구된다.

이러한 과업의 성공적 수행을 위해 예비 교사들은 교육 및 교과 이론에 중점을 둔 과정 모듈을 통해 현장에 필요한 지식 기반과 수업 기법들을 배운다. 암스테르담 교육대학의 4년제 학사과정 동안, 학생들은 자신의 포트폴리오를 만들면서 활동과 과제(예: 인턴 과정과 '이웃에 대한 책' 만들기 등)를 통해 성찰한다. 또한 임상 실습의 복잡성을 증대시키고 책임감을 강조함으로써 자신의 학습 과정에 책임을 지게 한다. 예비 교사의 학습 과정은 학생들이 자신의 경험에 의미를 부여하고 이를 개인 정체성과 연결하는 적극적이고 사회적인 과정으로 간주된다. 이 과정을 지원하기 위해, 학생들의 자기 인식과 직업적 정체성 개발에 초점을 둔 메타인지적 성찰 기술의 개발에 많은 관심이 집중되고 있다. 이 과정에서, 자격을 갖춘 교사의 역량은 학생들에게 참고 자료로 활용되며, 이는 다시 학생들의 학습을 견인하는 역할을 한다.

교육과정

네덜란드의 교사교육은 임상 실습과 교사 양성 교육과정의 통합을 중시한다. 연구 중심 대학의 1년 석사 후 과정과 응용과학 중심 대학의 4년 학사 프로그램은 상당히 다르므로, 별도로 논의할 필요가 있다. 그러나 교육 현장에서의 현실 충격 문제를 해결하기 위해 예비 교사의 실습과 대학의 교과 수업을 연계하려는 의도와 더불어 교사교육과 양성 과정의 공통된 비전은 모든 교육 프로그램에 명확히 드러나 있다.

연구 중심 대학에서의 교사교육 프로그램

연구 중심 대학의 교사교육 프로그램은 1년 과정(8월/9월이나 1월 시작)으로 전일제로 운영되며, 일부는 다른 석사학위와 연계된 2년 과정의 일부로 진행되기도 한다. 맞춤형 프로그램은 훈련이나 직장 경험을 통해 교직에서 요구하는 능력을 어느 정도 갖춘 학생들을 위해 제공된다. 졸업 시, 학생들은 과학/예술 석사학위Master of Science/Art를 취득하며, 이를 통해 중등 교육의 모든 단계에서 자신의 과목을 가르칠 자격을 얻게 된다.

프로그램 구조

라이덴 대학의 1년제 교사 양성 프로그램을 예로 들면, 첫 주에 여러 기초 기술을 가르쳐 첫 수업 경험을 준비하는 것으로 시작한다. 첫 주의 안내 기간이 끝나면, 학생들은 한 주의 절반은 초·중등학교에서 가르치기 시작하며, 이런 방식은 대학의 1년 프로그램이 끝날 때까지 유지된다. 나머지 절반의 시간은 대학에서 수업 준비와 강의를 듣는 데 할애된다. 이 과정에서 학생들은 소규모 그룹으로 나뉘어(예를 들어, 배치된 학교 지역, 교육 경험 수준, 혹은 교과목 주제에 따라) 한두 명의 교사 교육자가 진행하는 독립적 강좌 모듈course module을 수강한다. 두 대학 모두에서 이러한 모듈 세션과 기타 관련 회의는 모두 일주일 중 하루에 집중적으로 진행되는데, 이를 통해 학생들이 가능한 한 주 대부분을 학교에서 교사의 '진정한' 일상을 경험할 수 있게 하고, (현지 학교 학사 일정과 충돌을 방지)할 수도 있다.

이러한 그룹 세션에서 제공되는 모듈은, 개론 과정이나 방법론 과정[8] 같은 전통적인 교사 양성 과정으로 구성되지 않는다. 대신, 이 그룹 세션에서 제공되는 모듈은 신규 교사가 교사의 지식과 성장의 핵심 영역으로 간주되는 여러 역할에 대한 기술, 역량, 그리고 이해를 개발하도록 돕기 위해 설계되었다. 이러한 6가지 역할은 교사의 역량을 명시한 2006년 보고서와 일관되도록 설계된 것이다. 라이덴 대학에서 정의한 교사의 6가지 역할은 교과목 담당 교사, 교실 관리자, 청소년 심리 전문가[9], 학교 조직 구성원, 동료 및 전문가의 역할을 포함한다. 교사교육 교수진은 교사가 전문성을 갖추기 위해서는 이 여섯 가지 영역 모두에서 발전해야 한다고 주장한다. 또한, 프로그램을 통해, 그리고 프로그램

이후에도 교사는 각 역할에서 자신의 전문성 개발을 책임질 수 있어야 한다고 주장한다. 프로그램 초기부터 학생들은 역할별 역량 수준(미진한 것부터 우수한 것까지)을 명시한 루브릭rubric을 제공받는다. 이를 통해, 학생들은 각 영역에서 자신의 진척 상황을 추적하고 평가할 수 있다._{교실 관리자 역할에 대한 루브릭은 부록 참조} 이러한 역할의 명료화와 학생의 자기 개발 책임에 대한 강조는 적극적인 학습자이면서도 전문가로서의 교사에 대한 네덜란드 교사교육 프로그램의 비전을 반영한다.

라이덴 대학에서 학생들은 이러한 교사 역할에 대한 이해를 돕기 위해 구안된 과정 모듈을 수강한다. 이러한 역할 모듈은 부분적으로 중첩되기도 하지만, 순차적으로 학습된다. 모듈은 주제에 따라 교사 교육자나 대학 교수진이 가르친다(예를 들어, 교과 교사에 대한 모듈은 해당 전공학과 교수가 담당한다). 역할 모듈의 순서는 신규 교사의 관심사에 관한 연구 결과를 바탕으로 설계되었다. 예를 들어, 여러 연구에 따르면 초임 교사는 학생 훈육을 가장 어려워한다.Evertson & Weinstein, 2006; LePage et al., 2005 이러한 점에서 이 프로그램의 교수진은 예비 교사가 가장 먼저 학습해야 할 내용 중 하나로 긍정적이고 질서 있는 학습 분위기를 조성하고 유지하는 방법을 배워야 한다고 본다.

교실 관리자 모듈

교실 관리자 역할 모듈은 가장 먼저 가르치는 모듈 중 하나다. 프로그램의 모든 모듈과 마찬가지로, 강의는 해당 분야 전문가가 관련 이론을 소개하는 것으로 시작한다. 실용적인 이유로, 이 강의는 모든 그룹의 학생이 함께 수강한다. 교수진은 이론을 학생들이 하나의 기준 틀로 활용하거나 자신의 교실에서 경험한 것을 생각하고 표현하는 '언어'로 기능하도록 제시해야 한다고 주장한다. 예를 들어, 교실 관리자 역할 모듈에서 교사 교육자는 교사와 학생은 더 큰 사회적 시스템의 일부라는 개념을 도입한다. 이는 곧 교사와 학생의 행동이 서로 영향을 주고받는 다는 것을 의미한다.van Tartwijk et al., 2009 학생들은 강의에서 교사의 교실 수업 비디오를 시청하고, 교수진이 소개한 다양한 차원의 관점에서 관찰 내용을 메모한 뒤, 다양한 대인관계 메시지(언어적 및 비언어적 모두)를 계획하는 활동을 한다.

라이덴 대학의 교사 교육자들은 이제 막 가르치기 시작한 예비 교사들이 다른 교사들의 수업 전략을 보고 토론하기를 열망한다고 인식하기 때문에, 비디오 활용 강의가 중요하다고 믿는다. 그들은 예비 교사들이 교사의 훈육 기술을 '있어도 되고 없어도 되는' 능력이 아니라, 교사의 행동적 레퍼토리에서 비롯된 것으로 이해하게 하기를 원한다. 이러한 행동적 레퍼토리는 (대부분의 교사가 그러하듯) 경험과 의도적인 연습을 통해 배울 수 있는 것이다.Ericsson, 2006 마지막으로 최근 연구 결과들은 교사와 학생의 유대관계, 교실의 학습 분위기, 학생들의 인지적 성과 동기부여, 교사의 경험 간 연결성에 주목한다. 강의에서 제시된 이론은 요약되어 있으며, 추가로 읽을 관련 문헌 목록이 제공되면 학생들에게 더 도움이 될 것이다. 교실 관리자 모듈 강좌의 후속 활동으로, 예비 교사들은 교실에서 발생할 수 있는 특정 활동과 사건에 대해 일련의 역할극 연습role-playing exercises을 한다. 이 역할극은 예비 교사들이 교실에서 일어나는 어려운 관리 상황에 직면하기 전에 할 수 있는 대응을 연습하고 평가할 기회를 제공한다. 이러한 역할극 활동과 같은 기회는 그로스먼Grossman과 그녀의 동료들[2009a]이 '실천의 근사치 approximations of practice'라고 명명한 것과 동일하며, 이들은 이러한 활동이 교사 양성 프로그램에서 더 강력한 학습 활동의 핵심 집합으로 간주되어야 하다고 주장한다.Grossman et al., 2009b

그룹 모듈에서 이러한 역할을 고려하는 것 외에도, 예비 교사들은 특정 과제들을 통해 각 역할을 개발할 기회를 갖는다. 또한 이 과정의 모든 자료는 교사로서의 발전을 보여주는 포트폴리오 형태로 최종 제출된다. 예를 들어, 예비 교사들이 교실 관리자로서의 능력을 개발할 수 있게 하기 위해 배정받은 학교에서 자신의 수업을 비디오 클립으로 녹화하고, 교사로서의 대인관계 접근 방식에 대해 동료들의 피드백을 받는 설문 조사를 하도록 요청받는다.[10] 예비 교사들은 자신의 학생들이 그러한 설문에 어떻게 답할지 예상하기 위해 설문지를 작성해 보기도 한다.

수집된 데이터는 네덜란드의 평균적 교사 및 최우수 교사의 데이터와 비교되며, 예비 교사 자신의 인식과도 비교된다. 예비 교사들은 학생들의 인식, 자기 인식, 평균적 및 이상적인 인식 간의 유의미한 차이를 분석하고, 비디오 녹화 자료를 주의 깊게 검토하여 결과를 설명하려고 노력한다. 이러한 분석 결과는 동료 예비 교사 및 교사 교육자들과 함께 논의되며, 보고서, 설문 결과, 관련 비디오 클립은 학생들의 포트폴리오에 포함된다.

예비 교사와 교사 교육자가 해당 역할의 개발에 추가적인 도움이 필요하다면, 예비 교사들은 유사한 도움이 필요한 다른 학생들과 함께 소그룹 집중 훈련을 통해 행동 레퍼토리를 익히고 발전시킬 수 있다. 이러한 과제는 예비 교사가 자신의 실습을 분석하고, 실습을 통해 배우며, 자신의 전문성 개발에 책임을 지는 적극적인 학습자라는 교사 양성 프로그램의 비전을 반영한다.

또 다른 예로, 교과 교사로서 교과목 교수 능력을 개발할 수 있도록, 예비 교사들은 소그룹에서 접한 이론을 활용하여 여러 번 수업 계획을 세우도록 요청받는다. 그런 다음, 이러한 계획을 배정받은 학교에서 실행해야 한다. 예비 교사들은 포트폴리오의 해당 섹션에서 자신이 세운 계획을 분석하고(여기에는 계획이 어떻게 수행되었는지를 보여주는 피드백 및 산출물의 예시가 포함된다), 자신의 실행 과정에 대해 성찰하도록 요청받는다.

교사 역할 관련 포트폴리오

실제로, (6가지 교사 역할을 기반으로 한) 포트폴리오는 프로그램 전반에 걸쳐 비공식적인 평가 도구로 사용되며, 최종적으로는 종합적인 평가 도구로 활용된다. 예비 교사는 프로그램 기간 동안 자신의 포트폴리오와 계획을 세 차례에 걸쳐 지도 교사와 논의한다. 예비 교사는 매번 6가지 교사 역할을 성찰 기준으로 삼아, 지금까지 수집한 포트폴리오의 모든 정보를 성찰하고, 향후 발전을 위한 개인 발전 계획(회의 시점에 따라 프로그램의 남은 기간 또는 졸업 후를 대상)을 세워야 한다. 교수진은 포트폴리오가 교사 양성 프로그램의 비전을 강화한다고 주장한다. 즉, 예비 교사가 자신의 성장과 발전에 책임지는 것이며, 포트폴리오는 프로그램에 참여하는 동안 예비 교사가 스스로의 발전을 시작할 수 있는 수단이라는 것이다.

고등전문교육: 응용 과학 대학의 교육과정

고등전문교육에서의 교사교육 프로그램은 가르쳐야 할 교과목에 대한 지식과 기술 및 일반적이거나 교직에 특화된 지식 또는 기술을 습득하는 데 중점을 둔다. 교수진은 이러한 주제를 교과 과정 전반에 걸쳐 병렬적으로 배치하며, 일정한 간격으로 과업과 과제에 통합한다. 결과적으로, 교육과정은 다음 네 요소로 구성된다. 교과 과목(40%), 교직 과목(25%), 인턴십을 통한 교육 실습(25%), 교수진이 메타워크Metawork라고 명명한 지원 및 감독(10%)이 그것이다. 연구 중심 대학에서의 교사 양성 체계와 마찬가지로, 이 주제들은 모듈 형태로 제공된다.

암스테르담 교육대학의 교사교육 프로그램에서 교육과정의 약 40%는 교과 내용 학습과 이를 수업에 적용하는 방법(예를 들어, 특정한 복잡한 교과 개념을 학습하거나 수학 교육에 대한 대안적 접근 방식 등에 중점을 두는 내용 교수 지식)을 가르치는 데 중점을 둔다. 교과 과목 내용은 각 학교의 교과목에 대해 국가적으로 정의한 지식 기반에 근거하여 구성된다. 초등 교사의 경우, 교과 과목 내용은 초등학교 교육과정에 있는 모든 과목에 중점을 두고, 중등 교사의 경우, 지식 기반은 특정 학교 교과목에 초점을 맞춘다.

전문 학습

교육과정의 4분의 1은 전문 학습Professional Study이라는 분야에 할당된다. 이 과정에는 교실 관리, 평가 방법, 다문화 교실에서의 교수법, 교육에서의 ICT 활용 등과 같은 주제 학습이 포함된다. 전문 학습의 일부는 전술한 바와 같이 대학에서 강조하는 이론적 원리와 학생들이 학교에서 경험하는 실제를 연결하도록 설계된 기관 기반 프로젝트를 예비 교사들이 수행하는 것이다.

예를 들어, 교실에서의 문화와 의사소통 이해를 목표로 한 프로젝트에서는 학생들이 사회의 다양성이 주는 도전과 학습에서 언어의 역할을 더 잘 이해할 수 있게 돕는다. 프로젝트 과정에서 교수진은 다양한 문화와 교실에서의 언어 역할, 그리고 문화 간 소통에 대한 배경 지식을 제공하기 위해 강의를 진행한다. 이러한 강의는 학생들이 언어 사용과 포용적 교수법에 초점을 맞춘 수업을 설계하고, 다문화 학교에서의 딜레마를 주제로 소규모 사례 연구를 작성하는 기반이 된다. 프로젝트는 암스테르담 학교들의 다문화적 환경을 발표하고, 사례 연구 결과를 공유하는 발표 행사로 마무리된다. 교사 교육자들은 학생들에게 피드백을 제공하고, 수업에서 포용적 접근 방식을 시연함으로써 학생들을 지원한다.

기관 기반 교육의 또 다른 예로 초등교육 예비 교사들이 특수 교육의 필요성과 포용적 교육에 대한 이해를 도모하도록 하는 3학년 과제가 있다. 이 과정에서 교수진은 네덜란드 교육 체제에서 특수 교육 아동과 관련된 구체적인 구조와 정책, 다중 지능 이론, 적응적 교수법의 개념과 모델을 다루는 강의를 제공한다. 이 배경 정보를 바탕으로, 학생들은 다중 지능 이론을 사용하여 일련의 수업을 설계해야 한다. 또한, 특수 교육 요구를 가진 한 아동에 대한 사례 연구를 작성하고, 그 아동을 둘러싼 복잡하고 전문적이고 관료적인 지원 구조를 분석해야 한다. 프로젝트의 최종 결과물로는 학생이 개발한 수업의 비디오와 아동의 사례 연구를 요약하고 성찰한 보고서를 제출하게 된다.

학교 현장에서의 배움

연구 중심 대학의 교사교육 프로그램과 마찬가지로, 실습 학교 현장에서의 학습은 암스테르담 교육대학에서 중요한 요소다. 이러한 이유로 교육과정의 약 25%가 인턴십과 최종 독립적 교육 실습에 할애된다. 처음 2년 동안 모든 예비 교사는 일주일에 하루 동안 실습 학교에서 근무하며 과제를 수행하고, 수업을 관찰하며, 직접 수업을 진행한다. 3학년에서는 초등 교사를 목표로 하는 학생은 매주 하루 반 동안, 중등 교사를 목표로 하는 학생은 매주 이틀 동안 학교에서 근무한다.

마지막 학년인 4학년에서는 모든 예비 교사가 반년 동안 실습 학교에서 풀타임으로 근무하거나, 1년 내내 일주일에 주 3일을 학교에서 근무한다. 이 마지막 해에는 학생들이 특별한 실습 교사 계약Teacher-in-Training contract을 맺고, 모든 책임을 지는 독립적인 교사(멘토는 원격으로 지원)로서 근무해야 한다. 인턴십 기간에 예비 교사는 학교의 정식 교직원으로 간주되며, 학교로부터 급여를 받는 경우도 있다.

인턴 교사의 임상 업무는 다음 세 가지 원칙에 의해 동기부여를 받는다. 첫째, 실제적 학습authentic learning 개념과 연계하여, 예비 교사들은 첫 해부터 바로 인턴십을 시작한다. 이를 통해 학생들은 교사로서의 정체성을 개발할 기회를 얻을 뿐 아니라 교육과정 내용을 학교 교육 현실과 연계할 수 있다. 둘째, 이 설계는 예비 교사들이 수행하는 과업의 복잡성과 책임을 점차 증가시켜, 시간이 지남에 따라 점점 더 많은 수업과 활동을 수행할 수 있도록 한다. 셋째, 마지막 해에는 예비 교사들이 실습 교사 계약Teacher-in-Training contract에 따라 전임으로 근무하며, 대학 교수진의 지원을 받으며 대학과 긴밀한 관계를 유지한다. 이 과정은 교사교육과 교직 시작 간의 격차로 발생할 수 있는 실습 충격practice shock의 어려움을 극복하는 데 효과적이라고 교수진은 평가한다.

프로그램의 교직 준비는 교직 관련 법률에 따라 국가적으로 정의되며, 네덜란드 교사 표준Dutch standards for teachers에 포함된 7가지 역량을 중심으로 이루어진다. 이 7가지 역량은 대인관계 역량, 교육학적 역량, 교과지식 및 방법론적 역량, 조직 역량, 동료와의 협업 역량, 근무환경과의 협력 역량, 성찰 및 개발 역량을 가리킨다. 역량 요건 및 지표로 번역될 수 있는 이 7가지 역량은 교육과정 내 다양한 활동(예: 인턴십 과업)을 설계하는 데 교수진이 참고하며, 예비 교사들이 자신의 교직 개발을 성찰하는 기준으로 활용된다.

성찰적 사고를 발달시키기 위한 메타워크 과정

학생들의 이러한 성찰 과정은 교수진이 메타워크Metawork라고 부르는 교육과정 구조를 통해 프로그램 내에서 다루어진다. 메타워크는 암스테르담 교육대학의 지도 교수들과의 빈번한 만남으로 구성되며, 4년 내내 진행된다. 메타워크는 특히 예비 교사의 교직 정체성professional identity과 수업 및 교육에 대한 사고 개발에 중점을 둔다.

메타워크 과정에서 학생들은 포트폴리오를 준비할 수 있도록 지도받는다. 이 포트폴리오는 1학년(형성적 평가), 3학년(종합적 평가) 및 4학년(종합적 평가)에 이루어지는 평가에서 중요한 역할을 한다. 또한, 메타워크의 일부는 메타인지 성찰metacognitive reflection 능력 개발에 초점을 맞추고 있다. 이러한 메타인지 능력은 여러 방법으로 개발된다. 예를 들어, 학생들은 실습 학교에서 특정 경험을 선택하여, 그런 상황에서 교사로서의 역할과 행동에 대해 논의하고 성찰하도록 초대된다. 더 구체적인 예로, 실습 교사는 왕따가 발생한 교실에 초점을 맞춘다고 가정하여, 그 구체적인 상황과 문제를 해결하기 위해 취했던 조치들을 기술하고, 학생들과의 상호작용 방식을 설명할 수 있다(상황을 담은 비디오를 제공할 수도 있다). 이러한 경험은 실습 교사가 프로그램에서 정의한 교육학적 역량의 핵심인 안전한 학습 환경safe learning environment을 조성하기 위해 교사가 해야 할 일을 성찰하는 기회를 준다. 또한, 실습 교사는 자신이 시도한 조치를 상세히 설명하고, 가능하다면 멘토의 피드백과 해당 수업에 참여한 학생들의 성찰을 포함하도록 요구받는다. 실습 교사는 이러한 경험을 사회적 행동 이론, 상호작용 이론, 그리고 괴롭힘에 관한 이론과 연결하며, 그러한 상황에서 교사로서 자신의 역할을 어떻게 수행했는지 성찰해야 한다.

메타워크 과정에서 실습 교사는 자신의 수업을 비디오로 촬영하도록 요청받는다. 이를 통해 멘토 및 동료 학생들과 자신의 수업을 논의하고, 자신의 수업이 국가에서 제시한 교사 역량national competences for teachers 및 교육과정에서 다뤄지는 이론과 어떻게 연관되는지 성찰한다. 이러한 성찰은 개인 포트폴리오에 문서화되며, 교실 수업을 드러내는 증거(예: 교육과정에 맞춘 수업 계획서 및 학생 평가 자료)로 뒷받침된다.

임상 현장

네덜란드 교사교육 프로그램은 여러 프로그램을 통해 신습 교사들에게 학교 현장에서 가르치는 실질적인 경험을 제공하도록 설계되어 있다. 대부분의 프로그램은 대학 교과 과정과 학교 현장에서의 수업 참여를 번갈아 가며 매주 진행된다. 학교에서 실습 교사들은 신규 교사가 일반적으로 담당하는 모든 업무를 수행하며, 학교 공동체의 일원으로 활동한다. 이들은 수업을 준비하고 가르치며, 학생들의 과제를 채점하거나 평가하고, 동료들과 회의를 하며, 학교에서 열리는 사교 행사에도 참여한다.

라이덴과 암스테르담의 교사 양성 프로그램에서는 실습 교사들을 단순히 공석이 있는 학교에 배치하는 것이 아니라, 실습 교사 지도에 추가 자원이 제공되는 특정 학교에 배치하여 실습 교사들이 적절한 학습 기회를 얻을 수 있게 한다. 이들 실습학교opleidingsscholen에는 대학에서 배치되어 온 실습 교사를 지도하는 학교-기반 교사 교육자 school-based teacher educator가 있다. 학교-기반 교사 교육자는 실습 교사의 발달 상황을 대학-기반 지도자와 협의하며, 실습 교사 평가 과정에도 참여한다. 일반적으로 학교-기반 교사 교육자는 실습 교사가 가르치는 과목과 같은 과목을 담당하며, 실습 교사를 지도coach하는 많은 동료 교사와 협력한다. 예를 들어, 라이덴 대학은 약 40개 실습학교와 협력하며, 암스테르담 교육대학은 초등 교육을 위해 약 100개, 중등 교육을 위해 약 40개의 실습학교와 협력한다. 이들 실습학교는 교육문화과학부에 교사교육 활동에 대한 보조금을 신청할 수 있다. 또한, 대학-기반 교사교육 기관에서 실습 학교 교사들에게 제공하는 교사 전문성 개발의 혜택을 받을 수 있다. 최근에는 학교-기반 교사 교육자들이 네덜란드 교사 교육자 협회Dutch Association for Teacher Educators를 조직하여 활동하고 있다. 이 협회의 초기 주요 과제 중 하나는 교사 교육자를 위한 전문 등록제의 일환으로 학교-기반 교사 교육자를 위한 등록 절차를 확립하는 것이었다. 또한, 이들은 신규 교사를 양성하는 데 자신들이 수행하는 중요한 역할에 비추어 교사 교육자를 위한 역량 표준competence standards 개발을 요구하고 있다.Snoek & van der Sanden, 2005

결론

네덜란드의 교사 교육자들은 다른 유럽 국가 및 미국의 교사 교육자과 유사한 도전에 직면해 있다. 특히, 그들은 더 효율적인 방법으로 많은 교사를 양성해 달라는 사회적 요구에 부응해야 한다는 압력을 받고 있다. 본문에서 설명한 프로그램에 참여한 네덜란드 교사 교육자들은, 교사가 학생들의 사고와 학습 역량을 개발하는 데 집중하고, 학생들이 자신의 잠재력을 최대한 발휘할 수 있게 돕는 전문가로서의 교사에 대한 비전을 실현하기 위한 교사 양성 체제를 설계함으로써, 이러한 중요한 관심사에 부응하고자 노력해 왔다.

이러한 프로그램의 주요 특징으로는 공유된 비전, '현실 충격reality shock'을 겪는 교사들을 지원하고 인정하려는 노력, 교사들의 초기 관심사를 반영한 학습 기회의 설계, 대학 교과목과 교육 실습의 밀접한 연계를 목표로 한 접근 등이 있다. 이러한 요소들은 독특한 특징일 뿐만 아니라, 이들 중 일부가 신임 교사의 학습에 영향을 미칠 수 있다는 초기 연구 결과가 있다는 점에서 더욱 주목할 만하다. 교사 양성 프로그램의 특징이 미치는 영향에 대한 연구는 미국과 마찬가지로 비교적 최근에 시작되었으나Boyd et al., 2006, 2008, 초기 종단 연구에 따르면 이러한 네덜란드 프로그램 설계의 일부 요소가 교실에서 신임 교사의 개념적 발달과 역량 향상에 특히 효과적인 것으로 나타났다.Brouwer & Korthagen, 2005 브루워Brouwer와 코트하겐Korthagen 2005은 그들이 연구한 '현실적인' 프로그램의 다음 세 가지 특징이 특히 효과적이라는 것을 발견했다. (1) 교육 실습과 대학 교과목의 연계, (2) 실습 교사가 수행하는 지도 작업의 '복잡성'이 점진적으로 증가하는 설계(예: 참관하기, 수업 일부 가르치기, 1~2차시 수업 가르치기, 연속 수업 가르치기), (3) 예비 교사 그룹, 지도 교사, 협력 교사 간의 긴밀한 협력은 실습 교사의 교실 내 역량 향상과 유의미하게 관련된 것으로 나타났다.

또한, 네덜란드의 교사 양성 체계 설계는 신임 교사의 학습과 발달에 가장 큰 영향을 미칠 수 있는, 보다 구체적인 구조적 또는 교육과정상의 특징에 관한 질문으로 이어진다. 특히, 네덜란드에서 공유된 비전을 기반으로 일관성 있는 교육과정을 개발하려는 시도는 이러한 특징이 교사 양성에 중요한 영향을 미칠 수 있음을 보여준다. 이는 비교 연구를 통해 다른 경로와 프로그램을 조사할 가치가 있음을 시사한다. 많은 국가에서 교사 교육자들은 이론과 실제를 더욱 밀접하게 연계하려는 도전을 중요한 과제로 인식하며, 네덜란드는 이 과정에서 몇 가지 유망한 방향을 확인했다.

감사

이 장에 대한 신중한 검토와 피드백을 해 준 엘스 라로에스Els Laroes(위트레흐트 대학의 IVLOS 교육대학), 이에트헤 펠트만Ietje Veldman, 니코 페를로프Nico Verloop, 그리고 빌렘 판 데르 볼크Willem van der Wolk(라이덴 대학 교육대학원의 ICLON)에게 감사드린다. 그러나 최종 원고에 대한 책임은 저자에게 있다.

〈 표 3.1 〉 교실 관리자의 역할을 위한 라이덴 대학의 루브릭 샘플

	불충분함	충분함	만족함	우수함
안내와 제공	교사는 충분한 안내와 구조를 제공하지 못하는 경우가 매우 많다.	교사는 충분한 안내와 구조를 제공할 수 있다. 그러나 때로 그렇게 하지 못한다.	교사는 충분한 안내와 구조를 제공할 수 있지만 때로는 약간의 노력이 필요하다.	안내와 구조를 제공하는 것은 교사에게 쉽고 자연스럽다.
규칙 제공 및 시행	교실에서 허용되는 것과 허용되지 않는 것에 대한 규칙이 강조되지만, 학생들을 교정할 필요가 있을 때 교사는 종종 망설인다. 때로 교정은 불시에, 과도하게 이루어진다.	교사는 교실에서 허용되는 것과 허용되지 않는 것에 대해 명확하게 말한다. 필요할 때 학생들을 교정해 주지만, 때로는 주저하는 태도로 학생들을 교정해 준다.	교사는 교실에서 무엇이 허용되고, 되지 않는지 명확하게 제시한다. 필요할 때 학생들을 무리하지 않고 교정한다.	교실에서 허용되는 것과 허용되지 않는 것을 모두에게 분명히 한다. 교사는 필요할 때 학생들을 교정한다. 교정은 잘 되어 있고 균형잡혀 있다. 이러한 교정은 다른 학생들이 거의 알아채지 못한다.
학생들을 돕고 이해하기	교사는 학생들을 대할 때 종종 긴장한다.	교사는 학생과 친근하게 소통하며 그들을 돕고 이해하려고 노력한다.	교사는 학생들에게 관심과 돌봄을 보이고 적절한 행동을 취한다.	교사는 학생들에게 관심과 돌봄을 보여준다. 귀에 거슬리는게에서 문제를 일아차리고 적절한 행동을 취한다.
자유 부여 / 제공	학생들은 그들이 무엇을 할지 스스로 결정할 수 있다.	교사는 제안에 열려 있다.	교사는 학생들의 희망과 요구를 고려한다.	교사는 학생들의 희망과 요구를 고려하고 학생들이 제안하는 대로 학습을 할 수 있는 책임을 부여한다.
활동 분위기	이 교사의 교실은 학습 환경이 긍정적이지 않는다. 종종 분위기가 사나울 수 있다. 일반적으로 수업이 엉망으로 진행된다.	이 교사의 교실은 학습 환경이 안전하다. 학생들이 수업에 집중하기까지 종종 시간이 걸린다. 수업은 때로 약간 엉망이다.	이 교사의 교실은 학습 환경이 안전하다. 일반적으로 수업은 잘 구성된 방식으로 진행된다.	이 교사의 교실은 학습 환경이 안전하다. 일반적으로 수업은 잘 구성된 방식으로 진행되고 학생들은 그들의 학습에 집중하는데, 이는 다른 어떤 것도 들어갈 공간이 없다는 것을 의미하지는 않는다.

주석

1. 이 세 가지 개혁은 네덜란드 중등교육에 대한 대규모 체계적 변화를 대표하는
것이었다. 이 개혁의 총비용은 약 22억 유로에 달했다.(Commissie Parlementair
Onderzoek Onderwijsvernieuwing, 2008)
2. 이러한 개혁 노력이 직면한 도전은 학교 개혁의 실행에 관한 연구와 일치한다.
이 연구들에 따르면, 대규모 개혁은 관련된 모든 교육자(특히 이 경우에는 교실
교사)의 역량을 강화하지 않으면 성공하기 어렵다. 이들은 개혁을 실현하기 위해
충분한 지원과 전문성 개발을 제공받아야 한다.(Hatch, 2009)
3. 미국에서는 이러한 문제를 다루는 연구가 점점 늘고 있는 반면(Ladson-
Billings, 1995, 2001; Villegas, 2008), 네덜란드의 교사 양성 프로그램에서는
여전히 충분히 다루어지지 않은 주제다.
4. 이 위원회는 교직 진입을 위한 대안 경로의 수립도 권고했고, 2000년에 Intern
Teacher Act를 제정하여 타 직업군에 있던 사람들이 동시에 교사 훈련을 받으
며 교직에 종사할 수 있게 했다. 이러한 대안 경로는 빠르게 확산했지만, 이 경
로를 통해 양성된 교사들의 유지율(retention rate)은 높지 않은 것으로 보인
다. Brouwer(2007)에 따르면 2000년에서 2005년 사이에 약 3,550명의 초등 및
중등학교 교사들이 이 경로를 통해 양성되었으나, 그들 중 상당수가 5년 이내
에 교직을 떠난 것으로 보인다. 실제로 교육과학문화부(Ministry of Education,
Science and Culture)의 교사 양성과 관련된 최근 보고서(2008)에서는 이 경
로에 대해 언급하거나 관련 수치를 제공하지 않았다. Brouwer는 멘토링 부족과
배치 학교와 양성과정 간의 느슨한 연계가 이탈률에 기여했을 수 있다고 주장하
며, 대안 양성 프로그램의 특성과 효과에 대해 더 많은 연구가 필요하다고 지적
한다.
5. 응용과학대학은 네덜란드어로 'Hogescholen'이라 불린다.
6. 라이덴대학교(Leiden University) 같은 연구중심대학에서 언어학 혹은 역사학
석사 학위를 취득한 학생들에게는 교직 진출이 명확하고 자연스러운 선택이 된
다. 예를 들어, 고전 언어(라틴어와 고대 그리스어)를 전공한 학생들은 해당 분야
에서 교사 부족이 심각하고, 교직 외의 진로 선택이 제한적이기 때문에 교직을
선택할 수 있다. 생물학 전공자의 경우 다른 자연과학 분야에 비해 교육 외의 진
로 기회가 상대적으로 적기 때문에 많은 졸업생이 교직을 택하게 된다. 수학 전
공자는 교사 수요가 많아 교직 진출이 매우 수월하다. 사회과학과 경제학 석사
학위자도 중등교육에서 해당 과목을 가르칠 수는 있으나, 해당 과목의 교사 수
요는 제한적이며, 관련 석사 학위자가 많기 때문에 이들에게는 교직이 명백한 진
로 선택은 아니다. 초등교육을 위한 교사 양성을 받은 학생들의 경우, 특히 주요

도시에서는 교사 부족 현상으로 취업 전망이 매우 좋다.

7. 실제로 뉴욕시의 26개 교사 양성 프로그램에 대한 최근 연구에서는 제도적 압력과 강화된 규제 환경으로 인해 독특한 특징을 갖는 프로그램이 거의 없다고 보고되었다.(Boyd et al., 2008)

8. 이런 방식으로 교육과정을 조직한 것은 2004년 라이덴대학교 프로그램 개혁에서 이루어진 여러 변화 중 하나다. 2003년까지는 교직과 학습에 관한 핵심 개념을 각각의 수업에서 가르치는 분리된 수업 구조였고, 각 과목이 끝날 때마다 별도로 평가되었다. 그러나 2004년에 실시된 학생 인식 평가에서는 학생들이 실제 수업 준비가 부족하다고 느낀다는 결과가 나왔고, 이에 따라 교육과정을 역할 중심으로 재구성하는 것을 포함하여 여러 핵심적인 개편이 이루어졌다.

9. 아동·청소년 문화 및 발달(도덕 및 윤리 발달 포함)에 대한 지식을 포함하는 이 특정 역할을 지칭하는 네덜란드어 단어는 'pedagog'이다.

10. 이 프로그램에서 사용되는 설문지는 'The Questionnaire on Teacher Interaction'이라는 제목이 있다. 이 설문지와 그 이론적 배경은 Wubbels 및 그의 동료들(2006)에 의해 더 자세히 설명되어 있다.

4장

영국의 교사 훈련, 교육, 혹은 경험 기반 학습

존 맥베스John MacBeath

때로 분열된 국가

영국은 통일된 국가라는 개념이 명확하지 않기 때문에 영국의 교사 교육을 설명하는 데는 독특한 어려움이 있다. 영국을 구성하는 4개국은 모두 자체 의회, 자체 법, 그리고 각기 다른 교육 체제를 지닌다. 또한, 한 국가에서 인정되는 교사 자격이 다른 국가에서는 허용되지 않기 때문에 국경을 넘는 일이 교사들에게 늘 쉬운 것은 아니다. 교육과정과 평가도 통일되어 있지 않으며, 연령과 관련된 과업과 영국에서 '핵심 단계'(7, 11, 14, 16, 18)로 불리는 구분에 대한 다양한 관점이 존재한다. 구조적 차이는 교사교육과 전문성 개발에 중요한 역할을 한다. 선택적으로 운영되는 문법학교Grammar Schools와 엘리트 사립학교(역설적으로 '공립학교Public Schools'로 불린다)는 점차 늘어나는 종합 중등학교 Comprehensive Secondary Schools, 전문학교Specialist Schools, 아카데미 Academies, 그리고 교회 학교의 오랜 전통과 나란히 영국 교육 체계에 통합되어 있다.

웨일스와 스코틀랜드는 북미 모델에 가까운 단일 종합학교 체제를 채택했지만, 북아일랜드는 선택적 문법학교를 유지한다는 점에서 잉글랜드와 더 많은 공통점을 지닌다. 아직 문법학교가 존재하는 잉글랜드 지역과 마찬가지로 북아일랜드의 어린이들도 11+ 진학 시험을 치른다. 그 결과에 따라 진학할 학교가 결정되고 그들의 교육 및 직업의 미래도 결정될 가능성이 높다.

하지만 종교계 학교와 관련해서 북아일랜드는 스코틀랜드와 유사하다. '가톨릭 전통'은 두 나라 모두에서 강하게 유지되며, 특히 북아일랜드와 지리적으로 가까운 서부 스코틀랜드에서 두드러진다. 서부 스코틀랜드는 한때 북아일랜드와 하나였다가 지금은 좁은 강으로 구분된다. 로마 가톨릭 가정의 스코틀랜드 아이들은 그들의 이웃과 마찬가지로, 종교 교육이 일반적인 학교의 기풍이자 교육과정에서 필수인 초등학교와 중등학교에 다닌다. 종교와 국가가 분리되어 있지 않기에, '비종교계' 학교에서도 종교 교육은 의무다.

언어 또한 차이를 보이는 요소다. 예를 들어, 웨일스에서는 웨일스어를 사용하는 학교에 대한 수요가 높으며, 영어를 사용하는 학교는 학생 모집에 어려움을 겪는다. 웨일스보다는 덜하지만, 다른 두 게일어 국가(북아일랜드와 스코틀랜드)에서는 아일랜드어와 게일어가 르네상스를 누리고 있다.

교육 및 교사교육에 대한 논의를 진행하는 과정에서 다른 문화적 구조의 차이와 역사적 유산은 중요한 배경을 제공하며, 영국에 대한 모든 일반화에는 주의가 요구된다.

누가 교사가 되기를 원하는가?

역사적으로 교직은 존경받는 직업이었으며, 부모들이 희망하는 자녀의 직업이었다. 하지만 더 이상 이러한 문화적 존중을 누리지 못하게 되면서, 그간 교사들이 자발적으로 수행해 오던 시간 외 근무는 교사 채용의 방해 요인이 되었다.Galton & MacBeath, 2008 영국 노동조합총회Trades Union Congress in Britain에서 2005년 실시한 조사에서 직업별 무급 근무 시간을 순위표 형태로 도출했다. 이 자료에서 교사는 주당 11시간 반 이상을 무급으로 근무하여 큰 차이로 1위를 차지했다. 이는 공동 2위를 차지한 기업의 관리자나 고위 공무원보다 2시간 많은 결과다.

긴 무급 근무 시간을 당연하게 여겼던 교사들은 저녁과 주말 시간이 채점, 수업 준비, 정부의 최근 요구에 대한 대응에 잠식당했음을 인식하면서 불만을 표하기 시작했다. 그러나 '업무' 시간 문제는 점차 커지는 불만의 일부일 뿐이었다. 2002~2006년 케임브리지 대학교에서 실시한 세 연구Galton & MacBeath, 2002; MacBeath & Galton, 2004, 2008에 따르면 교사들이 뽑은 상위 5개 불만족 사항은 학생들의 태도 악화, 토론 및 성찰 시간 부족, 대규모 학급 규모, 정부의 과다한 정책 추진 및 다루기 어려울 정도의 과중한 교육과정인 것으로 나타났다.

> 우리가 전문가로 존경받던 시절을 살면서 가르쳐 왔다. 요청이 있으면 무엇이든 우리는 했다. 이제는 무거운 책임감이 이를 대체했다. 우리 반 학생들의 시험 성적이 우수하고, 학생들은 내 수업을 좋아하며, 졸업 후에도 자신이 무엇을 할 수 있게 되었는지를 담아 감사 편지를 보내지만, 나는 지금 이 일에 염증을 느끼고 내 직업을 곤충학 분야로 바꾸려 한다.
>
> _21년 경력의 과학 교사

'고마워하지 않는 직무a thankless task'라는 주제는 개인 및 가정생활에 부정적인 영향을 미친다는 점에서 교사들 사이에 끊임없이 언급되었다. 추가적으로 요구된 업무는 교사들에게

'건널 수 없는 다리a bridge too far'와 같았다. 나는 내 삶을 되찾기 위해 사랑하는 직업을 떠난다.   _7년 경력의 교사

정부 대변인은 8년 동안 이어진 교사 채용 감소가 '추세에 역행'하여 이제 끝났다고 발표했지만, 국립교육연구재단National Foundation for Educational Research, NFER, 2009이 2009년 11월 실시한 조사에 따르면 영국의 지방 교육 기관 4곳 중 3곳이 교사 부족 문제를 겪고 있으며, 설문 참여자의 18%가 문제가 위기 수준에 이르렀다고 답했다. 자격을 갖춘 교원을 찾는 데 어려움을 겪고 있다고 한 영국 지방 기관의 73% 중 절반은 교사 부족 현상이 보통 또는 심각 수준이라고 답했다. 정부는 이 문제가 주로 런던과 영국 남동부에 국한되어 있다고 했지만, 영국의 다른 지역과 웨일스, 스코틀랜드에서도 문제가 보고되었다(북아일랜드는 그러한 문제가 보고되지 않았다). 노조 운영진들은 이러한 조사 결과가 교사 부족이 심각해졌다는 주장을 뒷받침한다고 보았다. 수학과 현대 언어 교사를 찾기가 가장 어려워 정부는 '골든 헬로Golden Hello'라는 인센티브를 도입했다. 이는 교사 임용 후 둘째 해의 시작과 초임 기간의 성공적인 완료 후 지급되며, 대부분 과목은 2,500파운드, 수학과 과학은 최대 5,000파운드가 지급되는 등 다양하다. 더욱 논란이 된 것은 성과급제performance-related pay 도입으로, 교장이 평가한 '우수 교사'에게 2,000파운드의 급여 인상을 즉시 제공하는 정책이었다.

교직 진입 경로 및 교원양성기관

'제공 기관providers'은 영국 정부에서 교사 양성을 위한 자격이 승인된 기관을 나타내며, 훈련training이라는 표현 자체는 이념적 논쟁의 대

상이다. 잉글랜드에서는 예비교사훈련Initial Teacher Training; ITT이라는 용어를, 스코틀랜드와 북아일랜드에서는 예비교사교육Initial Teacher Education; ITE이라는 용어를 사용한다. 게일어를 사용하는 세 국가(스코틀랜드, 웨일스, 북아일랜드)에서는 교사교육 제공 기관이 소수의 대학으로 제한되는 반면, 잉글랜드는 훨씬 더 시장 중심적인 경로를 추구해 왔다. 예비 교사들은 당황스러울 정도로 다양한 기관과 교육 경로 중에서 선택할 수 있다. 훈련 및 개발청Training and Development Agency 웹사이트http://www.tda.gov.uk/는 '어느 예비교사훈련 과정도 서로 같지 않다'라고 알려 준다. 이는 ITT 제공 기관이 각기 다르기 때문이다. 대학, 단과 대학, 학교는 특성, 강점 및 입학 요건이 다양하며, 과정의 내용과 구조도 다양하다. 지원자들은 이후 교육기준청Office for Standards in Education; Ofsted의 장학사들inspectors이 평가한 제공 기관을 비교할 수 있는 사이트로 안내받는다.

잉글랜드에서 '순위표league tables'는 일종의 중독처럼 작용했으며, 학교, 대학 및 교사교육 제공 기관은 평가되고 순위가 매겨졌다. 스코틀랜드, 웨일스 및 북아일랜드에서 '(정치적으로 올바른 표현으로 사용된) 성과표performance tables'를 공시하는 일은 2007년에 중단되었다. 영국 4개국 중에서 잉글랜드는 교육을 더 개방된 시장으로 만들면서 접근을 더 쉽게 했다. 또한 대학 예비 과정의 전통적인 요구 사항을 피하면서 제공 기관을 더 넓은 기업 시장에 개방하는 데 가장 멀리 나아갔다. 학교 기반 훈련 제도는 지원자가 고경력 교사의 지원을 받으면서 즉시 가르치기를 시작할 수 있게 하며, 교육과정, 평가 및 교실 관리 등을 다루는 세미나와 강의로 이를 보완한다.

학교 중심 초임 교사 훈련 프로그램School Centred Initial Teacher Training; SCITT은 1년간 전일제로 운영되며, 잉글랜드 전역과 웨일스 국경 지역까지 걸쳐 있는 학교와 전문대학들의 컨소시움에 의해 운영된다. 이 컨소시움은 초등학교, 중학교, 고등학교를 포함한 다양한 교육 단계를 포괄한다. 웨일스에서는 SCITT가 공식적으로 운영되지 않지만, 일부 웨일스 학교는 프로그램의 일부로 활용하기도 한다. 모든 SCITT 과정은 교사 자격증Qualified Teacher Status; QTS을 취득할 수 있도록 설계되어 있다. 모두는 아니지만, 많은 과정은 고등교육기관의 인증을 받은 교육학 석사 수료증Postgraduate Certificate in Education; PGCE을 추가로 수여한다.

이 프로그램에 지원하려면 영국 학위 또는 동등한 자격이 필요하다. 중등 교사 교육 프로그램에 지원하려면 학위가 자신이 가르칠 과목과 관련되어야 한다. 초등 교사 교육 프로그램의 경우, 국가 교육과정의 핵심 과목에 대한 전문성이 요구된다. 다만, 초등 교사를 위한 사전 교육 과정이 제공되어 필요한 수준으로 지식을 끌어올릴 수 있다.

대학원 교사 프로그램Graduate Teacher Programme; GTP은 웨일스와 잉글랜드 전역에서 제공되며, 졸업생들이 직장 내 훈련Direct on-the-job training을 통해 교사 자격을 취득할 수 있도록 지원한다. GTP 졸업생은 학교에 고용되어 약 15,000파운드의 연봉을 받는다. GTP 지원자는 영국 학사 학위 또는 이에 상응하는 학력을 갖춰야 하며, 일반중등교육졸업장GCSE에서 수학과 영어 과목 C등급 이상 성적을 받아야 한다(보수당 교육부 장관은 보수당이 집권하면 다소 낮은 이 기준을 강화하겠다고 약속한 바 있다.).

대학에서 전일제로 진행되는 전통적인 교사 양성 과정은 최근 등장한 '새로운 방식들arrivistes'과 나란히 여전히 운영되고 있다. PGCE 과정은 보통 1년간 진행되며, 시간제 및 원격 학습 PGCE 과정은 일반적으로 2년 동안 진행된다. 전일제 및 시간제 프로그램은 학위 수준의 충분한 과목 지식을 갖춘 사람들을 대상으로 하기 때문에, 이 과정의 주안점은 교과 내용이 아닌 교수법(교육학)에 맞춰져 있다. 관련 과목 지식을 보완해야 하는 경우에는 2년제 PGCE 전환 과정Conversion Course이 제공된다. 그러나 이러한 과정은 주로 교사가 부족한 중등 과목에서만 가능하다.

초등 교사 실습생은 최소 18주, 중등 교사 실습생은 최소 24주 동안 학교에서 실습을 한다. 실습생은 수업 참관, 공동 수업, 멘토링을 포함하여 '낮은 단계'의 경험에서 시작하며, 점차 교사가 함께 있는 상황에서 수업을 맡고 교사가 이를 관찰한 후 형성적인 피드백을 하는 방식으로 이루어진다. 그러나 실습이 항상 이상적인 방식으로 진행되는 것은 아니다. 실습생 교사들은 종종 난관에 직면하여, 단독으로 학급을 맡거나 결근한 교사 대신 수업해야 할 수 있다. 이러한 상황은 실습 규정에 위배되지만, 실습생 교사들은 자신만의 수업을 진행해 볼 기회를 환영하며, 모든 도전과 함께 '진짜 교사'가 되는 경험을 즐긴다. 학교 실습은 일반적으로 고등교육 기관과 지역 학교 간 협력 형태로 이루어지며, 대학 직원들이 실습생 교사의 실습을 지원하고 평가하기 위해 학교를 방문한다. 이상적으로는 실습생, 교사(또는 멘토), 대학 교사가 협력적 평가와 향후 계획을 함께 세우는 방식으로 진행된다.

PGCE는 스코틀랜드의 표준 대학원 과정으로 남아 있으며, 대학원 졸업장Post Graduate Diploma; PGDE으로 이름이 바뀌어 석사학위 과정을 제공한다. 잉글랜드와 마찬가지로, 대학원 과정에는 스코틀랜드 3개 대학과 영국 전역의 열린 대학Open University에서 제공되는 2년제 시간제 및 원격 학습 과정이 포함된다. 웨일스에도 비슷한 제도가 있지만, 한 대학에서만 PGDE를 제공하며 다른 대학에서는 모두 PGCE 과정을 운영한다. 웨일스어에 능통한 예비 교사는 웨일스어로 교사 훈련을 받고 웨일스어 학교에서 실습 경험을 쌓을 수 있다. 웨일스어 인센티브 제도를 통해 웨일스어로 중등 과목을 가르칠 수 있도록 추가적인 자신감과 역량 훈련이 필요한 학생들에게 재정적·언어적 지원을 한다. 스코틀랜드와 마찬가지로 북아일랜드에서는 예비 교사 교육ITE이 잉글랜드의 예비교사훈련ITT보다 선호되며, 대학원 PGCE 과정은 5개 대학 중한 곳에서 이루어지고 열린 대학에서 시간제 및 원격 학습 과정을 제공한다.

대학들은 계속해서 4년제 학부 프로그램을 제공하며, 학위는 BEd, BA, MA 또는 PGCE 중 하나일 수 있다. 이 프로그램은 학교를 마치고 일반중등교육졸업장GCSE에서 만족스러운 성적을 얻은 젊은이를 대상으로 한다. PGCE 자격 과정은 보통 4년 프로그램 시간의 절반을 학교에서 보내고, 나머지 시간은 학교 교육과정 과목, 심리학, 교육학 연구및 교수법으로 나누어 대학에서 이수한다.

학습을 지속하기

실천가 전문성 개발Practitioner Professional Development; PPD은 교사교육을 지속적인 과정으로 표현하기 위해 쓰이는 용어로, 일반적으로 지속적인 전문성 개발Continuing Professional Development; CPD로 알려져 있다. 한때 교사들이 훈련받은 뒤 퇴직할 때까지 완전히 자격을 갖춘 것으로 간주되었지만, 현재는 예비 교사 교육이 전문 학습의 초기 단계로만 인식된다. 20년이 지난 지금도 널리 알려진 '베이커의 날Baker Days'은 교사에게 연간 5일간의 전문성 개발 기회를 제공하는 제도로, 이를 도입한 인물은 보수당 장관 케네스 베이커Kenneth Baker였다. 이러한 기회는 학교 기반일 수도 있고, 점차 성장하는 기업 시장을 활용하려는 대학이나 기타 민간 기관에서 제공할 수도 있다.

새롭게 발전 중인 지속적인 전문성 개발Continuing Professional Development 시장은 대학 제공자들에게 좋은 반응을 얻지 못하고 있다. 많은 대학이 정부 정책의 시행에 맞추어 프로그램을 조정하는 데 소극적이다. 그들은 교사들이 자신의 실천을 이론화하고, 주어진 관습에 더 비판적인 입장을 취할 기회를 잃었다고 한탄한다. 퍼롱Purlong은 2003년에 다음과 같이 적었다.

> 거의 10년간 개혁의 물결 속에 끊임없는 혁신이 지속적으로 이어지면서 교사교육의 형태와 목적의 거의 모든 측면이 변화했다. 그러나 이 과정에서, 전통적으로 이러한 논의를 주도하리라 생각했던 고등교육 기관의 사람들은 소외되거나 침묵을 강요당했다.[2003, p.23]

그럼에도 대학들은 여전히 현직 교사들을 위한 전문성 개발을 제공한다. 고등교육기관마다 방식, 내용, 학점에서 상당히 차이가 나지만, 일반적으로 전문성 교육 수료증Certificate of Professional Studies; CfPS에서 시작하여 교육학 연구 대학원 졸업장Post-graduate Diploma of Educational Studies을 거쳐 교육학 석사학위Master of Education; MEd로 이어지는 자격 체계의 형태를 취하는 경향이 있다.[1]

---

[1] 여기서 언급된 세 자격은 일반적으로 영국과 일부 영연방 국가에서 현직 교사들의 전문성 개발을 위해 운영되는 단계적 교육 체계를 반영한다. CfPS는 주로 현직 교사나 전문직 종사자가 직무 관련 역량을 개발하기 위해 이수하는 비학위 과정 수료증으로, 보통 석사과정 이전 단계로 간주된다. 교육학 연구 대학원 졸업장은 일정 학점을 이수한 경우 부여되는 준석사급 졸업장이며, 영국에서는 MEd 과정의 1년차 이수 후 수여되는 경우도 있다. MEd는 실천 중심의 전문성 심화를 위한 석사 학위로, 일반적으로 현직 교사들이 교육 현장에서의 전문 역량을 강화하기 위해 이수한다.

사다리의 새로운 단계: 선도교사

'선도교사Chartered Teacher'라는 경로는 웨일스와 스코틀랜드의 공통적 특징인 지속적인 전문성 개발CPD을 위한 자격 체계에서 추가된 새로운 단계다. 이는 뛰어난 교사를 교실에 머물도록 유도하고 보상하기 위해 도입된 제도로, 교사들이 행정 직책으로 승진하는 대신 교실에서 리더십을 발휘하도록 장려한다. 정부가 약속한 '상당한 재정적 인센티브'는 학교 전체를 관리하는 대신 교실 수준에서 리더십을 선택한 교사들에게 제공되는 보너스 형태였다.

스코틀랜드의 선도교사 기준Standards for Chartered Teacher 지침에서는 이 역할을 다음과 같이 설명한다.

> 선도교사는 업무의 모든 영역에서 자신의 실천을 검토하고 개선점을 모색하며, 새로운 통찰력을 얻기 위해 독서와 연구에 몰두하고 이를 교실과 학교 환경에 적용한다. 그는 자신의 업무를 보다 정교하게 비판적으로 분석하며, 자기 평가 능력을 강화하고, 혁신적이며 상황에 맞게 행동하려는 뚜렷한 성향을 보여준다.Scottish Executive, 2002, p.5

선도교사 프로그램은 12개 모듈로 구성되는데, 각 모듈은 약 150시간의 학습 시간을 포함한다. 각 모듈은 공식 시험이 아닌 대학에서의 지속적 평가를 통해 제공된다. 선도교사 프로그램을 이수하면 석사학위가 수여된다. 영국에서는 졸업 후 추가 (대학원) 과정을 통해 자격 수준을 높이는 경향이 점차 늘고 있다. 2008년 노동당 정부는 모든 교사가 정부 지원으로 석사학위를 취득하는 방안을 제시했다. 이에 보수당은 교사 훈련 진입을 위한 최소 기준을 더욱 엄격하게 설정해야 한다고 주장했다.

핀란드와 보조 맞추기

교사 부족 상황에서 기준을 높이는 이러한 변화는 흥미로운데, 교직 입학이 매우 까다로운 싱가포르, 한국, 홍콩, 핀란드의 우수하고 성공적인 학교 제도를 연구함으로써 일부 설명될 수 있다. 2008년의 정부 백서 21세기 학교들DCSF, 2008에서는 모든 신규 교사가 교수 및 학습 분야 석사학위Master's in Teaching and Learning 취득을 요구하는 법안과 함께 5년마다 갱신 가능한 새로운 교사 면허 제도를 제안했다. 많은 평론가들은 이를 정부의 정책과 판단에서 분수령으로 간주했다. 2009년 7월 BBC 보고서는 '교사에 대한 불신으로 인해 주도된 30년 간의 정책 이후, 이는 교육 정책의 새로운 시대를 알리는 신호일 수 있다.'라고 평가했다.

이러한 분수령은 교사의 직업적 지위에 대한 재검토와 10년 이상 침식되어 간 신뢰의 재건을 의미한다. 이는 대처Thatcher 정부가 도입한 점검 체제와 관련하여 특히 중요했다. 이 체제는 '생산자 이익producer interest'을 종식시키기 위한 것으로, 고등교육에 있는 사람들이 자신들의 이익을 위해 교사교육 체제를 운영해 왔다고 주장되었다. 보수당 장관들은 '학계의 편견에 얽매이지 않겠다'Baker, 1993, p.198고 결심했다. 중앙에서 결정된 교육과정의 도입과 함께, 예비 교사 훈련 교육과정을 설정하고 교사의 복무 조건을 규정하기 위해 새로운 기관들이 설립되었다. 또한, 학교 예산을 결정하는 방식은 이제 지방 당국이 아닌 중앙 정부 소관이 되었다.

1980년대 초부터 교실에서 일어나는 일을 정부가 미시적으로 관리하는 방식이 꾸준히 늘어났다. 이는 국가 교육과정의 내용적 측면뿐 아니라 '전달' 방식까지도 의무화하는 방식으로 이루어졌다. 캠벨Campbell, 1993은 이를 "착상할 때는 꿈이었으나 분만할 때는 악몽이 된" 것으로 비유했다.

교육, 교육, 교육?

교육 기관에 대한 보수당Tory 정부의 공격을 뒤집기 위해 1997년 선출된 노동당 정부는 세 가지 우선순위를 교육, 교육, 교육으로 설정하겠다고 약속했다. 신노동당New Labour 정권을 맞이한 교사들의 행복감은 선거 다음 날 아침에 한 교사 교육자가 학교를 방문한 일화에 담겨 있다.

> 교무실로 돌아가니 파티가 벌어지고 있었다. 교장은 샴페인 한 상자를 가져왔고, 학교의 모든 사람이 그곳에 모여 있었다. 그 학교에서 어느 누구도 보수당에 투표했을 거라는 생각은 전혀 들지 않았다. 그런 생각조차 없었다. 누군가 내 손에 샴페인 한 잔을 쥐여주었고, 훈제 연어와 크림치즈를 곁들인 맛있는 베이글을 건네주었다! 그리고 쉬는 시간이 30분 연장되었다. 아이들 역시 각각 콜라 캔 하나와 킷캣KIT-KAT 초콜릿 같은 것을 받은 듯하다.Mary Bousted, in Bangs et al., 2010

그러나 이러한 환희는 오래가지 않았다. 6주도 채 지나지 않아 교육부 장관이 성과가 저조한 학교들을 '지목하고 비난하기naming and shaming'라는 보수당의 정책을 계속 유지하고 심지어 이를 강화하면서 분위기가 급변했다. 메리 부스티드Mary Bousted는 한 국무장관이 "도심 학교 아이들이 실패하는 이유는 교사들이 그들에게 아무런 기대를 하지 않기 때문이다"라고 발언한 것에 충격받은 일을 회상했다. 그녀는 이렇게 말했다. "노동당 장관이 그런 말을 했다는 것은 수치스러운 일이다." 그녀의 말은 많은 교육 종사자들의 공감을 얻었다.

교사와의 전쟁

'교사와의 전쟁'[1]은 대처Thatcher 정부에서 블레어Blair 정부에 이르기까지 이어져 온 상황을 보여준다. "장학사Instpector, 무책임한 교사를 공격하다."Daily Telegraph, 1995년 1월 27일와 같은 헤드라인, "실패한 교사를 당장 해고하라"Evening Standard, 1996년 2월 5일는 정부의 요구는 노동당 정권에서도 주요 이슈로 남게 되었다. 반反교사적 수사anti-teacher rhetoric는 신노동당 정권에서도 줄어들지 않았는데, 첫 조치 중 하나로 학교의 수석 장학사인 크리스 우드헤드Chris Woodhead와 교육기준청Ofsted을 그대로 유지했다. 우드헤드는 자신이 맡은 임무를 '실패를 폭로할 책임'이라고 보았고, 10년 후에도 '실패의 트라우마'에 사과하지 않았다. 그는 충격과 변화를 주는 것이 실패한 학교와 실패한 교사들의 뿌리 깊은 문제를 해결하는 데 필요한 촉매였다고 주장했다. 그는 이렇게 덧붙였다. "까칠하고, 대립적이며, 오만하고, 그 누구와도 함께 일할 수 없는 사람." 그렇다, 그게 바로 나다. 하지만 Ofsted가 독립성을 유지하려면, 수석 장학사는 그래야 한다.2002, p.108

블레어 정부의 교육부 장관 에스텔 모리스Estelle Morris는 신노동당의 일부 정책과 거리를 두면서도, 구 노동당Old Labour이 사라졌음을 대중에게 확신시킬 정치적 해법의 필요성을 다음과 같이 강조했다.

학교를 지목하고 수치심을 주는 정책이 두 가지 분명한 메시지를 전달했다고 생각한다. 첫째, 대중의 눈에는 정치적으로 서비스 생산자가 아닌 서비스 사용자 편에 서 있다는 것이다. 둘째, 그것은 우리가 과거 집권했던 노동당과는 다르며, 초점이 달라졌음을 교직 사회에 알리는 메시지였다.^{2009년 8월 인터뷰,} in Bangs et al., 2010

에스텔 모리스가 학교를 지목하고 수치심을 주는 전략에 대한 정치적 근거를 옹호했지만, 자신이 전직 교사였던 만큼 차기 노동당 정부가 교사에 겪는 압박감을 이해하지 못했다고 인정했다. 2009년 말 인터뷰에서 그녀는 "당신이 해 보지 않는 이상, 그 누구도 교사가 느끼는 교실 내 압박감의 본질을 이해할 수 없을 것이다."라고 말했다.

교사교육 재설계하기

노동당 정부는 보수당의 교사교육(또는 보수당이 선호하는 용어로는 '훈련') 재설계를 지속했으며, 더 이상 '생산자 이익producer interest'이 아니라 '준자치적인 정부 조직Quangos'에 의해 결정되도록 했다. 교사 훈련기관Teacher Training Agency; TTA과 자격 및 교육과정 관리 기관 Qualifications and Curriculum Authority; QCA이 교직 분야로의 진입, 자격, 교육과정 및 전문성 기준을 감독하기 위해 설립되었다. 교육기준청 Ofsted은 이러한 모니터링 및 검증 기관에 추가되면서, '교육 환경을 배회하는 대형 고양이'와 같은 존재로 간주되었고, 그 감시망을 벗어날 수 있는 사람이 거의 없도록 했다.^{Learnnonth, 2000}

국가 교육과정과 그와 관련된 국가 시험은 한 정부에서 다음 정부로 원활하게 이행되었고, 중앙 정부의 처방은 1998년 최고조에 이르렀다. 이 시점에서 '국가 전략National Strategies'이 도입되어, 교사들에게 수리력과 문해력 수업의 '전달'에 대해 거의 분 단위로 세부적인 지침을 제공했다. 학생들의 성취를 높일 수 있는 주요 교수 전략으로 대화형 전체 수업Interactive Whole Class Teaching을 채택하라는 압력이 교사들에게 점점 강화되었다. 그러나 코딩리와 동료들의 최근 연구Cordingley et al., 2003, p.15에서는 이것이 '확장된 대화를 제공하기보다는 빠르고 격렬한 닫힌 질문과 피상적인 답변으로 특징지어지는 수업의 급속화'를 초래했을 뿐이라고 주장했다.

'전달'이라는 용어는 정부의 정책적 처방과 아동의 학습 사이에서 교사가 수행하는 매개 역할을 정부가 어떻게 이해하고 있는지를 나타내는 중요한 지표다. 이는 교사 교육자들 사이에서 교사의 자율성을 위협하고, 전문성에 대한 확장된 개념이 아니라 제한된 개념으로 교사를 정의함으로써, 교직을 탈전문화하려는 시도로 간주되었다.Galton, 2007

교사교육에 미친 영향은 광범위했다. 교사교육의 중심은 정부 정책에 초점을 두어야 했으며, 이론은 줄이고 실천을 더 많이 다루어야 했으며, 독서와 성찰보다는 실행이, 도전보다 순응이 더 강조되었다.

잉글랜드의 새로운 프로그램이 보여주는 특성을 통해 알 수 있듯이, 그 결과 중 하나는 예비 교사들이 준비 프로그램 동안 학교에서 보내는 시간이 과거보다 훨씬 늘었다는 것이다. (예비 중등 교사의 경우, 프로그램 중 약 2/3 이상의 시간을 학교에서 보낸다.) 동시에, 고등교육기관은 학교의 기여에 대한 보상으로 총수입의 최대 1/4을 학교에 지급해야 했으며, 그 결과 많은 교원양성 대학의 인력 구조가 불안정해졌다.

빠른 페달에서 발을 떼다

국제학업성취도평가PISA의 영향과 함께, 교사 사기 및 채용 문제에 대한 악영향이 뒤늦게 인식되면서 미시적 관리의 강도가 낮아지는 징후가 나타났다. 국가 교육과정에 대한 지속적 검토를 통해 처방의 정도가 점차 줄어들었으며, 수리력 및 문해력 전략에 대한 접근 방식에 더 많은 유연성이 허용되었다. 14세 학생들을 대상으로 한 국가 시험은 2009년에 중단되었고, 장관들은 초등학교 마지막 학년을 왜곡시켜 온 11세 학생 대상 시험의 미래에 대한 의문조차 수용했다. 성취도가 가장 높은 학교와 가장 낮은 학교 간 격차가 벌어짐에 따라, 실적 순위표와 학부모의 선택을 통한 소비자 시장 창출도 재검토되었다.

2009년 7월, BBC 교육 담당 특파원 마이크 베이커Mike Baker는 지난 30년을 '높은 자율성과 낮은 책무성에서 낮은 자율성과 높은 책무성으로 정반대로 바뀌었으며, 높은 자율성과 높은 책무성이 등장하기 시작한 시기'라고 묘사했다. 그는 다음과 같이 결론지었다.

> 따라서 학교와 교사들은 더 신뢰받아야 한다: 자신만의 교육과정, 수업 방식, 평가 형태를 고안할 수 있도록 더욱 신뢰받아야 한다. 그러나 이러한 자유의 대가는 강력한 책무성이다. 이때의 책무성은 지금까지 우리가 사용해 온 조악한 조치들보다 훨씬 지적이어야 하며, 이는 학교의 행동을 왜곡하지 않을 것이다.

지난 5년 동안, 학교 장학은 교육기준청Ofsted의 징벌적 접근에서 벗어나, 가벼운 개입과 비례적 검토(학교의 성공에 비례한 개입)로 점진적으로 변화했으며, 학교 자체 개선 방식의 질에 초점을 맞춘 학교 자체 평가가 중심이 되었다.

학교와의 새로운 관계

잉글랜드 정부가 학교와의 새로운 관계A New Relationship with Schools[DfES, 2005]를 통해 약속한 내용은 기존 관계가 학교 개선에 오히려 악영향을 끼쳤음을 명시적으로 인정한 것이다. 지난 10년 동안 수집된 상당한 양의 증거는 이러한 관계가 개선에 해로운 영향을 미쳤음을 보여주었다. 1998년 컬링포드와 다니엘스Cullingford Daniels의 연구에서 '표본 학교의 시험 성적에 부정적인 영향을 미쳤다.'라고 보고했다. 이듬해 로젠탈[Rosenthal, 2001, p.16]의 연구에서는 '교육기준청의 방문이 해당 연도의 학교 시험 성적에 상당히 부정적인 영향'을 미쳤으며, 학교 자원, 교사 에너지 및 학생의 노력을 교수·학습에서 성취도를 높이기 위한 전술적 조치로 바꾸었다고 밝혔다.

장학 컨설턴트를 고용하고 다가올 학교 방문 행사를 대비한 리허설을 진행하는 일은 점점 더 학교생활의 일상적인 특징이 되었다. 브루넬대학University of Brunel의 보고서[Jones et al., 1999]는 '예상 공포'라는 용어를 언급했는데, 이는 정상적인 학교 발전 업무와 교육의 효과를 손상시키며, 학교에 1년 이상 지속적인 영향을 미칠 수 있다고 주장했다. 이러한 반응은 장학이 교사들에게 중대한 영향을 미치는 체제 내에서 충분히 예상할 수 있는 것이다. 숭고한 것부터 우스꽝스러운 것까지 모든 스펙트럼을 포괄하는 교수와 학습의 시대에 이것이 필요하다고 주장하는 사람들도 있었지만, 마침내 정부가 사기가 저하된 교육 인력의 피폐함 문제를 바로잡아야 한다고 확신하게 된 이유는 교직에 대한 무차별적인 공격 때문이었다.

그럼에도 정부선정위원회Government Select Committee가 장학 체제의 장단점에 대해 '소모적인 논쟁을 줄이고', '열기를 줄이고 빛을 더하며', '성숙한 토론'을 요구하면서 장학을 '교육 체제의 중요한 부분'으로 지지하는 것이 중요하게 인식되었다. 위원회는 교사의 사기를 진작하고 교직에 대한 자신감을 다시 불러일으키기 위해 '장학사와 교사 사이의 전문적인 대화 개발'을 촉구했으며, 교육기준청 장학사로 훈련받는 현직 교사 수를 늘리고, 이를 일반 장학사Lay Inspectors로 보완해야 한다고 주장했다.

지속적으로 업무를 수행하는 수석 장학사Successive Chief Inspectors들은 교사 및 교사 노조와 적극적으로 협력하려는 의지를 보여주면서 그 역할에 대한 새로운 관점을 제시했다. 2006년 모리스 스미스Maurice Smith는 짧은 장학 방문을 통해 교사와 장학사 팀 간의 대화의 장과 가치를 재차 강조했다.

> 몇 주 동안 불안하게 장학을 준비하고 꾸미기를 하던 일은 이제 과거 일이 되었다. 우리는 교사와 학생들이 장학에 대한 준비가 아니라 가르치고 배우는 데 집중하기를 원하며, 학교가 보여주고 싶어 하는 모습이 아니라, 일 년 내내 매주 평상시의 학교의 모습을 보기를 원한다. 이는 소규모 팀에 의해 이루어지는 짧고 예리한 장학이다. 수십 명 장학사가 일주일 동안 학교에서 머물던 시절은 이제 지났다.Ofsted, 2006

NFER의 2007년 보고서Mccrone, Rudd, & Blenkinsop, 2007에 따르면, 조사 대상 학교의 4분의 3이 새로운 형태의 장학이 이미 학교 개선에 기여했다고 응답했으며, 85%는 새로운 장학 체제가 향후 학교 개선에 기여할 가능성이 높다는 데 동의했다. 또한, 약 66%는 교육기준청의 개선을 위한 권고 사항에 전적으로 동의했으며, 응답자의 92%는 해당 권고가 유용하다고 평가했다.

런던 도심의 한 학교 교장인 윌리엄 앳킨슨William Atkinson은 2009년 인터뷰에서, 교사들이 새로운 제도를 환영한다고 밝히며 다음과 같이 말했다. "교사들은 정신 차릴 시간도 없이 매주 비참함을 느끼고, 주말은 망가졌으며, 긴장이 점점 고조되고 있었다."인터뷰, 2009년 10월 22일, Bangs 외, 2010

단축된 장학은 문제 해결의 일부일 뿐이다. 자격 및 교육과정관리부QCA의 전 국장인 믹 워터스Mick Waters는 교사의 자신감을 회복시키는 데 도움을 준 것은 덜 적대적인 교육기준청 체제라고 평가하며 다음과 같이 말했다. "전반적으로 최근 몇 년간 교직에 들어온 후배들의 사기가 몇 년 전보다 나아졌다고 생각한다."Bangs 외, 2010에서 인용 이는 자격 및 교육과정 관리부에서 함께 일했던 여왕 폐하의 장학사들이 보다 개방적인 태도를 보인 덕분이라고 설명했다.

기존 체제에 도전하는 교육

닐 포스트먼Neil Postman과 찰스 와인가트너Charles Weingartner가 위 제목의 책을 썼을 때, 그것은 반란을 위한 헌장이 아니라 교육을 지적 전복으로 간주하는 것에 대한 논의였다. 그것은 대화의 장과 의미 탐구의 중요성을 주장한 책이다. 훌륭한 교사들은 항상 전복을 실천해 왔으며, 잘못된 정책이 이러한 창의적 불만을 억압하려 할 때 교사들은 마이클 바버Michael Barber, 2007가 '충분한 이해 없이 내려진 처방uninformed prescription'이라고 부르는 것을 피할 방법을 찾아냈다.

지루Giroux의 용어를 빌리자면, 개별적으로는 드물지만 일반적으로 집단적 회복력과 나아갈 방향에 대한 자신감이 있는 상황에서는 '거창한 담론'을 뛰어넘어 실천으로 전환한다.

> 우리 모두를 대변할 수 있는 거대한 담론은 없다. 교사는
> 자신이 조직하고, 생산하고, 중재하고, 실천으로 옮기는 지식
> 에 대해 책임져야 한다. 그렇지 않으면 단순히 지식을 학생들
> 에게 전달하는 기술적인 매개체로만 여겨져, 전통적인 관습을
> 무비판적으로 재생산하는 데 그칠 위험이 있다.Giroux, 1992, p.45

자신의 교실과 학교를 넘어, 자신이 맡은 과목의 경계를 넘어 교사들이 협업하고 있다는 고무적인 증거가 있다. 중등학교에서 이러한 전략 중 하나는 교사들이 자신이 의존하는 참고 틀에서 벗어나 다른 교과의 동료 교사들에게 자신의 실천을 공개하고 그들로부터 배우는 짝 활동이다. 예를 들어 영어는 수학과, 음악은 체육과, 과학은 역사와 짝을 이룰 수 있다. 이는 강한 교과와 약한 교과가 짝을 이루는 관계일 수도 있고, 한 교과가 다른 교과로부터 배울 것이 가장 많은 비대칭 관계의 형태일 수도 있고, 학습 교류가 더 호혜적인 기반에서 이루어지는 수평적 관계로 해석될 수도 있다. 비판적인 동료의 외부 지원은 그 과정에서 부가가치를 제공할 수 있으며, 과정을 비계화하고 안내하는 데 유용할 수 있다.

실천을 공유하는 또 다른 사례는 학습의 벽Learning Wall이다. 공공장소나 교무실에 설치한 이 벽면 전시물은 교사가 동료 교사에게 좋은 아이디어를 제공하고, 경우에 따라 학생들도 기여하는 만남의 장이다. 허트포드셔Hertfordshire의 한 중등학교에서 데이비드 프로스트David Frost는 교사들이 포스트잇을 사용하여 관찰, 질문, 획기적인 실천을 공유하는 것이 수업에 강력한 영향을 미친다고 설명했다. 그는 '따라서

이러한 수업 관찰은 교수와 학습에 대한 다양한 논의를 촉진하는 촉매제가 되었다.'2005, p.22라고 보고한다.

이 학교들은 교사들이 함께 지식을 창출하고 체계적인 역량을 구축하는, 벵거Wenger, 1999가 말하는 '실천 공동체communities of practice'의 모범을 보여준다. 판단하기보다는 배우려는 의지를 지닌 동료들에게 실천을 공유하면 불안과 압박이 사라지거나 최소한 약화된다. 이는 신뢰에 기초하고 신뢰를 불러일으킨다. 어느 정도의 전문적 신뢰가 전제될 때, 상호 지원 즉 사람들이 숨겨진 의도 없이, 지원에 대한 주의 사항과 어떤 형태의 보상이 수반된다는 인식 없이, 상대방이 진정으로 돕고자 하는 의도를 경험하는 관계가 형성될 수 있다. 이것은 엘모어Elmore, 2005가 '내부 책무성internal accountability'이라고 부르는 것이며, 이것과 필수적인 상관관계에 있는 것은 교사의 사고와 일상적인 실천에 진정으로 내재된 자기 평가라고 볼 수 있다.

그 증거는 설득력이 있다. 교사는 자신의 학습에 대해 이야기하고 학습의 어려움을 공유할 때 더 나은 교사가 된다. 교사들은 그들의 학생들처럼 '특별한 요구'가 있다. 교사늘은 다재다능한 경우는 드물며, 특정 영역에서는 높은 전문성을 보이지만 다른 영역에서는 지식의 격차가 존재한다. 아직 성장 중이라면 세상에 대한 지식이 제한적일 수밖에 없다. 그들 중에서 가장 용감한 교사는 자신이 아는 것뿐만 아니라 모르는 것까지도 학생들을 위해 모델이 된다. 이들은 가이 클랙스턴Guy Claxton, 2006이 '자신감 있는 불확실성confident uncertainty'이라고 부르는 태도를 보여준다. 이들은 지식이 점차 확장되는 영역뿐 아니라 항상 새로운 통찰력을 얻을 수 있는 교육학 영역에서도 답을 모르는 질문을 하기를 장려한다.

이 지점은 미국에서 앤 리버먼Ann Lieberman의 지속적인 연구 주제였으며, 영국에서 진행 중인 연구에서도 공감받고 있다. 그녀는 린다 프리드리히Linda Priedrich와 함께 교사 리더십은 교사들이 서로 배울 수 있는 공간과 지원을 제공받을 때 그 진가를 발휘한다고 말한다: '우리는 참여 교사들이 서로에게서 배우는 사회적 실천, 즉 교사의 지식을 존중하고, 학습에 대한 성찰을 통해 가르침을 성찰하도록 유도하며, 학습자에게 주인의식을 넘기는 것이 리더십의 핵심적인 부분이라는 것을 안다.'Lieberman & Friedrich, 2007

학교에는 친구가 필요하다

전문적 권위와 함께 학습에 자신감을 가지고 도전하는 교사 패러다임은 목표, 시험, 장학이라는 외부 책임의 위계적 체제에서는 쉽게 수용되지 않는다. 이는 교사가 무엇이며 어떠해야 하는지에 대한 오래된 기대를 벗어난다. 여러 연구에서 밝혀진 바와 같이MacBeath & Mortimore, 2001; James 외 2007; MacBeath & Dempster, 2008, 전통적인 기대를 깨는 용기는 동료 여행자, 비판적인 친구, 질문과 성찰을 통해 다른 관점을 제공하며 정직한 성찰과 재고를 유도하는 지식을 갖춘 외부인의 지원으로부터 크게 도움을 받는다. 아이슬란드 사람들은 이를 방문자의 시선visitor's eye view이라는 용어로 표현한다. 이는 관습적인 시각에 얽매이지 않고, 평범한 것 속에서 중요한 것을 인식할 수 있는 신선한 시선이 제공하는 독특한 관점을 말한다. 이는 지나간 통찰의 연장선이 아니라 아직 도래하지 않은 새로운 통찰을 보는 데 유용하다. 그것은 어렵고 불편할 수 있지만, 실천을 재구성하고 향상시키는 데 도움이 된다.

외부 방문자가 소지한 '여권passport'의 성격, 즉 방어적인 자세를 취하거나 경계심을 갖고 대응하거나 열린 마음으로 환영하는가에 따라 핵심이 결정된다. 우정은 도발적인 질문, 건설적인 비판, 대안적 관점의

서막으로 신뢰와 옹호를 의미한다. 브리하우스와 우즈Brighouse and Woods, 1999가 설명한 것처럼, 이 역할은 해석적이고 촉매적이며, 결과 형성에 유용하지만 결과를 결정하지는 않는다. 이 역할은 종종 반쯤만 인지되는 문제에 대해 교사 개인과 집단에 경각심을 일깨워 준다. 이는 숨겨진 의제나 차별적 권력 기반이 없으며, 개선보다는 책임을 전제로 하지 않을 때 가장 잘 발휘된다.Swaffield, 2007

대학이나 다른 기관의 동료들이 이러한 역할을 수행할 수도 있지만, 같은 학교 내 또는 다른 파트너십 학교의 교사들도 이러한 서비스를 제공할 수 있다. 그러나 이 역할은 쉽게 수행할 수 있는 것이 아니다. 이 역할은 미묘하고 복잡하며, 그 자체로 비판적인 우정의 손길이 필요하다. 이에 대해 데이비드 브리지스David Bridges는 다음과 같이 경고한다.

'이해Understadning'는 항상 '이해들understadnings'로 대체되어야 한다. 같은 공동체의 구성원들은 이러한 정체성에도 불구하고 공동체의 경험에 대해 서로 다른 이해를 지닌다. 이뿐만 아니라, 개인마다 시간과 장소, 목적에 따라 동일한 경험이나 사회적 상황에 대해 서로 다른 이해를 구성한다. 따라서 상대방을 이해하려는 모든 시도는 또 다른 이해들의 집단과 맞물려 있는 이해들의 집합이라는 측면에서 해석되어야 하며, 이 과정에서 내부자와 외부자 이해의 차이가 매우 모호해진다.2007, p.1

그는 내부자 이해의 우월성이나 배타성을 주장하지 않고, 오히려 내부자가 외부적 관점을 가지고 참여함으로써 이해가 더욱 풍부하고 풍성해진다고 주장한다.

런던 피닉스 학교Phoenix School 교장 윌리엄 앳킨슨은 내부자/외부자 모델을 장학으로 확장하여 교사가 내부 및 외부 평가를 모두 담당하고 여왕 폐하의 장학사Her Majesty's Inspectors가 감독 및 질 보증 역할을 하게 한다. 그는 (인근 학교에 대해 엄격한 비판적 시각을 갖도록 훈련받은) 현직 교사들이 이 과정에 신뢰성을 더할 뿐만 아니라 '이 일을 하는 사람들에게는 엄청난 교원 전문성 개발의 기회'를 제공한다고 주장했다.인터뷰, 2009년 10월 22일, Bangs 외. 2010에서 인용

이러한 접근 방식에는 분명한 논리가 있다. 이는 학교 내부와 여러 학교에 걸쳐 전문적 역량을 구축하며, 일회성 교육 시간과 외부의 질적 판단 및 조급한 개선 명령으로 발생하는 의존성을 대체하는 대안을 제공한다. 지적 책임감과 신뢰할 수 있는 조언자의 중요한 지원이 있을 때, 학교는 외부의 압박에 더 긍정적으로 대응할 가능성이 높다. 그들은 지배적인 정설과 타성에 젖은 사고에 비판적 입장을 견지할 수 있으며, 경쟁 우위에 대한 압력에 저항할 수 있다.

결론

학교 기반 예비 교사 교육에 대한 주장은 교육 실습생을 수용하는 학교가 진정한 학습 공동체라는 가정에 기초한다. 이러한 학교에서 초보 교사에게 어떤 환경이 더 좋을까? 비판적인 동료들의 외부적 시선을 환영하는 학교에서 교사교육은 더 이상 재생산 기능이 아니라 변혁의 기능을 수행한다. 교육 실습생들은 리더십이 피라미드의 꼭대기에 있지 않고 폭넓게 발휘되는 학교에서 성장하고 발달할 가능성이 높다. 리더십이 항상 개별적인 활동이 아니라 집단행동과 네트워크에 내재되어 있는, 생성적이고 공유되는 자발적인 환경에서 교육 실습생의 주체

성은 강화된다. 학습하고 성장하는 학교에서 리더십의 구성이나 패턴은 '때로는 개인, 때로는 짝과 파트너, 삼총사, 사중주, 네트워크, 공식 및 비공식 팀 및 기타 일시적, 반영구적 또는 지속적 상태의 집단들에서 다양한 조합과 정도로' 나타난다.Waterhouse et al, 2008

이러한 발전은 교사교육에서 대학의 역할을 축소시키는 것이 아니라 오히려 강화한다. 학교가 앞서 언급한 이상적인, 어쩌면 이상주의적인 시나리오에 도달하기까지 해야 할 과제가 많기 때문이다. 현재의 선도적인 대학원 프로그램들은 당분간 현재의 형태로 지속될 가능성이 높지만, 영국 4개국의 대학 교원들은 대안적인 경로와 학교, 지방 당국 및 정부 기관과의 창의적인 파트너십을 적극적으로 모색해야 할 것이다.

1. '교사에 대한 전쟁(war on teachers)'이라는 표현을 구글에서 검색하면, 역설적
   으로 오바마가 2009년 11월 5일 한 연설에서 교사에 대해 전쟁을 선포했다고
   전해지는 단 한 건의 자료만 나온다.

5장

홍콩
-시장 경제에서 전문적 교사교육과
교사 전문성 개발

자넷 드레이퍼Janet Draper

배경: 급변하는 홍콩의 상황

홍콩의 국제학업성취도시험 성적은 지속적으로 높았다. 세계적인 변화에 직면하여, 어떤 시스템도 정적일 수 없으며, 다른 많은 나라처럼 홍콩은 여러 영역에서 국제적 경쟁력을 확보하기 위해 주요 교육 개혁을 시작했다. 홍콩의 현재 교육 상황과 변화하는 교사교육 및 교사 전문성 개발의 본질을 이해하기 위해 과거를 돌아보는 것은 도움이 되고, 필요할 것이다. 현대적 도시 공간 홍콩에는 주요 첨단 기술과 많은 첨단 기술 일자리가 빽빽하게 모여있지만, 홍콩의 발전은 매우 빠르게 이루어진 것이다. 홍콩의 인구는 1960년대 후반과 1970년대 초 중국 본토에서 온 많은 이민자와 함께 인구가 급증했는데, 1960년대 초 200만 명에서 2011년 700만 명으로 증가했으며, 이는 1949년[1] 이후 시기와 비슷한 인구 유입이 재현된 것이다. 이러한 엄청난 인구 증가는 다른 공공 서비스의 확장과 함께 대규모 주택 개발, 학교 건설 및 자원 지원 그리고 학교에서 학생을 가르칠 교사를 필요로 했다. 학교의 교실은 공

---

[1] 1949년 중화인민공화국이 건립되면서 공산주의에 반대하는 많은 사람이 홍콩으로 이주했다.

식적으로 한 학급에 40명의 학생을 가르치기 위해 설계되었다. 많은 어려움에도 불구하고 1972년에 보편적 초등교육이 도입되었고, 1978년에는 9년의 의무 교육이 도입되었다.

모두를 위한 교육

교육 시스템은 주요 경제 변화에 직면한 인구 증가에 맞춰 확장되었다. 홍콩 경제는 주요 제조업 및 해운 중심지에서 물류 및 금융 중심지로 역할이 크게 바뀌었다. 많은 제조업이 국경을 넘어 중국 본토로 옮겨갔고, 홍콩의 교육적 수요도 크게 바뀌었다. 인구가 증가했을 뿐만 아니라, 고용주의 요구와 교육에 대한 기대도 크게 바뀌었다. 다른 지역 세계화의 영향과 비슷하게 Darling-Hammond & Bransford, 2005, 매우 빠르게 증가하는 학령 인구는 단순히 '더 많은 것'에 대한 요구에 그치지 않고, '무언가 다른 것', '다른 무엇인가'를 요구했다.

고도로 엘리트주의적인 전후 체제로부터, 지난 50년 동안 교육 기회에 대한 접근에서 상당한 변화가 있었다. 1970년대에 보편적 초등 및 중등교육[2]에 이어, 1980년에는 중학교 졸업생[3] 가운데 상위 40%의 학생이 고등학교에 진학할 수 있는 기회가 주어졌다. 이러한 기회를 차지하기 위한 경쟁이 커졌고, 교육 기회와 성공은 지속적으로 높은 평가를 받았다. 교육은 의심할 여지 없이 그 자체로도 가치를 인정받았지

---

2 홍콩의 중등교육은 중학교 교육(junior secondary education)과 고등학교 교육 (senior secondary education)을 포함하며, 1971년에는 6년 과정의 초등교육이 의무교육이 되었고, 1978년에는 3년 과정의 중학교 교육까지 의무교육이 되었다.

3 원문에서는 'form three students'라 하는데, 여기서 'form three(Form 3)'은 영국식 교육 체계를 따른 홍콩의 교육 체계에서 중학교 3학년을 가리킨다. 즉, 중학교 1학년은 Form 1, 중학교 2학년은 Form 2, 중학교 3학년은 Form 3이다. 또한 고등학교 1학년은 Form 4, 고등학교 2학년은 Form 5, 고등학교 3학년은 Form 6이다.

만, 더 나은 기회를 향한 문을 열어준다는 점에서 도구적인 중요성도 지녔다. 교사는 전문가였고, 매우 존경받았으며, 교육은 전통적인 유교 교육의 형태를 따랐다. 학습은 수동적이며 경쟁적이었고, 집중적인 공부를 수반했으며, 대부분은 기계적으로 외우는 주입식 교육이었다. 학생은 대체로 바르게 행동했고, 특히 명문 학교에서 더 그러했다. 교육은 엘리트의 영역이었고, 커다란 사회적·정치적 격변에 직면했을 때 안정성을 제공할 가능성을 품고 있었다. 매우 경쟁적인 환경은 교육의 '그림자'[4] 시스템인 사교육 튜터의 지원과 사설 교육 기관인 튜토리얼 칼리지[5]의 발전을 부채질했는데Bray, 2007, 이는 학부모가 자기 자녀가 좋은 일자리와 안정성을 갖도록 돕는 데 최선을 다했기 때문이다. 이러한 태도 및 그와 관련된 동기는 국제학업성취도 시험에서 홍콩 학생의 높은 성적을 설명하는 데 다소 도움이 될 수 있을 것이다. 학교 간 치열한 경쟁이 계속되었고, 다른 나라에서와 마찬가지로 대학 입학생 수가 학교 교육 성공의 지표로 사용되어 왔다. 교육 수요는 공급을 크게 앞질렀고, 역사적으로 홍콩의 많은 학생이 해외, 특히 영국, 미국, 캐나다 그리고 호수에서 고등학교 및 대학 교육을 모색해 갔다.Ma, 1999 2009년에는 마침내 '의지 있고 능력 있는' 모든 사람을 위한 고등학교 진학 기회가 제공되었다. 학교에 대한 접근성이 더 좋아졌고, 학생 수는 더 많아지고, 학생은 더 다양해지고, 교육의 도전과제는 변화하고 있다. 실제로 고등교육 기회, 즉 대학 입학 정원은 변화하지 않았음에도 말이다. 과거

---

4 '그림자(shadow) 교육'은 정규 학교 교육 외에 학생들이 추가로 받는 사교육 활동을 의미한다. '그림자'라는 표현은 이 교육이 정규 교육과 나란히 존재하면서 그 구조와 내용을 모방하거나 보완한다는 점에서 비롯되었다. 이 개념은 특히 동아시아 지역에서 공교육의 경쟁성과 사교육 의존 현상을 설명할 때 자주 사용된다.

5 튜토리얼 갈리지(tutorial college)는 숭능학교 및 대학 입시를 준비하는 학생들을 위한 홍콩의 사설 교육기관이다. 정규 수업 외에 과외 형식으로 운영되며, 성적 향상과 시험 대비를 목표로 한다. 유명 강사의 강의와 고득점 전략 중심 교육으로 인기를 끌고 있다.

에는 고등학교 입학이 매우 선택적이었기 때문에, 이러한 변화는 국제 학업성취도평가 점수에 영향을 미칠 수 있다. 보편적 초등 및 중등교육, 많은 이민자 가족과 학생 그리고 보다 세계화된 사회에서 변화하는 고용에 대한 요구 등, 이러한 모든 발전은 학교, 교사, 교사교육에 대한 기대에 영향을 미쳤다.

국제학업성취도 비교에서 홍콩 학생의 성적은 높았지만, 1990년대 후반 아시아의 금융위기는 학교 교육과정의 적절성과 시험 중심의 교수·평가에 대한 사회적인 큰 우려를 낳았다. 엘리트주의 시스템에서 국민 전체의 교육 수준을 높이는 시스템으로, 전통적인 시스템에서 세계화된 사회의 경쟁적인 요구에 더 잘 부응할 수 있는 시스템으로 나아가기 위한 대대적인 개혁이 이루어졌다.

교육 개혁

1982년에 홍콩의 교육을 검토한 세계적인 감사 그룹(르웰린 보고서 The Llewellyn Report)은 정부 부처가 효과적인 행정 기관이기는 하지만, 그 시스템에 대한 전략적인 관점을 갖고 있지는 않다고 말했다. 그리하여 홍콩의 교육을 검토하고 발전을 위한 권고를 내리기 위한 교육위원회The Education Commission가 1984년 2월에 설립되었다. 교육위원회는 다양한 교육자와 주로 비즈니스 분야의 지역 사회 대표로 구성되었다. 그들의 첫 번째 교육위원회 보고서Education Commission Report(ECR1) 가 1984년 10월에 발간되었다.교육위원회의 2000년 보고서 '삶을 위한 학습, 삶을 통한 학습Learning for Life, Learning through Life'은 교육과정, 평가, 학교 구조와 교사 전문성 개발에 대한 일련의 개혁을 권고했다. 교육과정 개혁에서 고등학교 핵심 교과Key Learning Area of Liberal

Studies in the New Senior Secondary curriculum를 도입했는데, 이는 영어, 중국어, 수학 교과를 통합하여 융합적이고 광범위하며 과정을 더 중시하는 교육과정으로 고등학교 수업의 핵심을 이루었다. 다른 전통적인 과목은 선택과목이 되었고, 다양한 선택과목, 응용 학습 기회 및 기타 학습 경험을 통해 학생에게 훨씬 큰 선택권이 주어졌다. 평가는 이후의 선택권을 결정하는 총괄 평가에 초점을 두는 것에서 학습을 지원하기 위한 평가로 바뀌었으며, 새로운 시험 구조는 학교 기반 평가라는 새로운 요소와 결합되어 광범위한 선택을 허용했다. 중등학교 구조는 중학교 3년과 입학이 가능한 학생에 한하여 가능했던 고등학교 4년에서, 중학교 3년에 고등학교 3년을 더한 것으로 축소되었다. 이는 표준 대학 학부 과정이 3년이 아닌 4년이 되는 고등교육의 변화를 동반했다. 따라서 개혁은 보통 334라 불린다.(개혁의 진행 상황 요약은 http://ww\v.e-c.edu.hk/eng/reform/progress004_pdf_eng.htm 참조)

교육위원회의 교육 개혁은 여러 측면에 초점을 두고 실행되었는데, 이 장의 맥락에서 볼 때, 그들은 여러 가지 방식으로 교사의 전문성 개발에도 영향을 미쳤다. 이는 새로운 교육과정과 평가 체제에 익숙해지는 것, 교사와 교수에 대한 새로운 기대를 충족시키는 것, 초임교사의 교직 입문을 위한 계획 및 지속적 전문성 개발continuing professional development; CPD이 모든 교사의 업무 및 의무의 일부라는 가정을 재확인하는 것을 포함한다. 개혁은 새로운 배치를 위해 새로운 교사를 준비시키면서 초임교사교육의 교육학적 초점을 변화시켰다. 그러나 확실히, 개혁은 새로운 수요에 부응하기 위해 교육을 바꾸어야 한다는 압박을 받으면서도 여전히 많은 학생을 가르칠 책임이 있는 현직 교사를 위한 지속적 전문성 개발에 훨씬 큰 영향을 미쳤다. 게다가 많은 교사가 자신의 전문 과목에 대한 수요 감소를 경험했으며, 일부는 특정 내용보다는 과정에 중점을 둔 새로운 행태의 통합 과목Liberal Studies[6]으로 배치되었다.

삶을 위한 학습, 삶을 통한 학습은 급변하는 세계화 시대에 홍콩인의 발전을 최대한 지원하고 국제 경쟁력을 유지하기 위해 양질의 교육과 평생 학습의 중요성을 강조했다. 물론 이러한 변화는 홍콩에만 국한된 것이 아니며, 싱가포르Singapore Ministry of Education, 2009와 같은 아시아를 포함한 많은 시스템에서 일어나고 있는 변화다. 그러나 이 변화는 시험 및 엘리트를 선별하는 데 중점을 두었던 이전 방식과는 현저히 대조적이다. 홍콩의 보고서Education Commission, 2000는 경쟁적인 엘리트 제도가 '사회적 형평성을 훼손하고 사회를 분열'Education Commission, 2000, p.39시켰으며, 새로운 제도가 필요하다는 점을 인정했다.

홍콩에서는 엘리트 교육을 넘어 모두에게 더 많은 선택권을 제공하고, 교육 기회에 대한 접근성을 높이며, 그동안 부족하다고 여겨졌던 '사고하고 탐구하고 창조하는'Education Commission, 2000, p.29 기회를 제공함으로써 모두를 위한 시스템을 개발하겠다는 새로운 공약이 제시되었다. 교육의 초점이 과거 홍콩 교육의 특징이자 국제학업성취도 비교에서 좋은 결과를 얻었던 내용 지식으로부터, 장기적으로 미래의 인류와 경제 발전에 필수적인 것으로 여겨지는 '학습을 위한 학습learning to learn'으로 옮겨져야 한다는 제안이었다.

> 교육과정은… 보다 유연하고, 다양화되고, 통합되어야 한
> 다. 보다 유연한 시간표 작성, 보다 다양한 교수 자료 사용, 교
> 실 안팎의 전방위적인 모든 학습 활동의 통합, 다양한 평가
> 메커니즘 및 영감을 주는 교수 방법을 통해 학생은 자신의 학

---

6 2009년 홍콩은 교육 개혁의 일환으로 통합 과목(Liberal Studies)을 고등학교 필수 과목으로 도입했다. 이 과목은 사회과학, 시민교육, 윤리 등을 통합한 통합형 교과로, 비판적 사고력과 다양한 관점 이해를 강조한다.

습에 보다 적극적이 될 것이며, '학습을 위한 학습learning to learn'을 배울 것이다.Education Commission, 2000, p.9

이는 학습에 대한 접근이 크게 전환되었음을 나타낸다. 학습에 대한 전통적인 유교적 접근법Louie, 1984으로부터 학생이 자신의 학습을 위한 독립적인 인지적 기능을 습득하도록 초점을 맞춘 것이다. 매우 시험 중심적인 사회에서, 그리고 2009년까지 고등학교로의 진학이 제한되었던 사회에서 교육은 학생의 형식적인 성적에만 초점을 맞추고 다른 발달 영역은 배제해왔다. 이는 당연하게도 교사들에게 긴장감을 초래했으며, 많은 교사가 교육과정에 대해 더 폭넓은 목표를 추구하고 있었다.

새로운 교육과정은 더 폭넓은 교육적 성과와 함께 전인교육을 강조했다. 이는 교과 및 교육학적 전문가로 인정받는 홍콩 교사의 역할과 책임에서 학생을 돕는 안내자 및 상담자 역할이 핵심이 됨을 의미한다. 교사는 학생의 미래의 기회를 막는 낮은 성적에 대한 우려와 함께 학생이 겪는 어려움에 대해 학생 및 학부모와 이야기하는 데 상당한 시간을 보냈다고 보고했고, 이는 교사에 대한 학부모 및 학생의 기대에 대한 연구에 반영되었다.Cheng, Tam, & Tsui, 2002 전인교육에 초점을 맞추는 것은 교사의 기대와 학생의 학습 결과에 대한 공동체의 기대 간 일치를 더욱 높일 수 있었다.

필연적으로, 전인교육에 더 큰 초점을 둔 변화된 교육과정은 모든 교사에게 광범위한 새로운 요구를 했고, 지속적인 전문성 개발은 변화 과정의 중심이 되었다. 현재 홍콩의 교육은 약 40명의 학생으로 이루어진 대규모 학급 규모로 특징지어지는데, 학생은 40명만을 수용할 수 있는 교실에서 수업을 받고 있다. 중등학교 평균 학급 당 학생 수는 2005/6년 37.5명으로 기록되었다.Education Commission, 2006b 교육 전략은 주로 표준 수업에서 개별화가 거의 없는, 전체 학생을 대상으로 하는 매우 숙련된 교수 전략이 주로 사용되고 있다. 창의적이고 비판적인 사고, 다양성에 대한 관심, 능동적이고 독립적인 학습 및 학습 평가에 대한 성찰을 포함한 학습을 위한 학습learning to learn에 대한 수요는 교수 중심의 교사 역할에서 학습을 촉진하는 교사 역할로의 큰 변화를 의미했고, 또한 기대되었다. 이러한 실천의 변화는 쉽게 이루어지지 않았기에, 초등학교에서 학급 당 학생 수가 줄어들기 시작하면서 교사가 소규모 학급에서 가능한 학습 기회를 활용할 수 있도록 돕기 위한 다양한 교사 연수가 함께 이루어졌다.

그러나 모리스Morris, 2004의 경고에 따르면, 현실에서 정책을 결정하는 엘리트는 여전히 내용에 기반한 시험에 초점을 맞추면서 교육을 지식을 기술적으로 전달하는 일로 간주했고, 개혁은 학습자 중심으로 초점이 이동하는 큰 변화를 뜻함에도, 교사의 실제 수업 실행에서는 완전히 반영되지 않았다.

홍콩에서 교사 되기

급속도로 확장되는 시스템에서 교사의 공급과 비용에 대한 우려는 매우 현실적인 문제였으며, 교사가 부족해질 정도로 진입 장벽을 너무 높게 설정하는 것에 주저하는 경향이 있었다. 충분한 교사의 공급을 보장하는 것과 교육의 질을 높이는 것 사이에 지속적인 긴장이 있었다. 이러한 긴장은 특히 1997년 홍콩의 중국 반환에 대한 우려를 보험처럼 대비하기 위해, 많은 교육을 잘 받은 홍콩 주민이 캐나다와 호주와 같은 다른 나라로 이주하여 여권을 취득하려 했던 상황에서 두드러지게 나타났다. 1980년대 중반부터 교사의 공급은 위협을 받았는데, 1984년 공동 선언문Joint Declaration 서명으로 공식화되었고 1997년에 예정된 홍콩의 중화인민공화국People's Republic of China '반환'이 다가오면서 다시 위협받기 시작했다. 스위팅Sweeting은 다음과 같이 1987년 말경 외국 여권을 얻기 위해 다른 나라로 이주한, 더 나은 교육을 받은 사람들 중 일부가 해외로 빠져나가는 두뇌 유출 현상이 있었다고 보고했다.

> 홍콩에 대한 중국의 주권 재개로 인한 잠재적 영향에 대한 보험의 한 형태로서… 교사 및 새로운 교사 자격을 갖춘 대학 졸업자를 포함하여 비교적 젊은, 자격을 잘 갖춘 이들의 홍콩에서의 유출 증가는 곧 학교와 실습교사의 채용에 현저한 영향을 미쳤다… 전문 자격이 없는 교사의 고용 가능성이 높아졌다.2004, p.366

1989년 중국 톈안먼 광장 사건Tiananmen Square incident 이후 출구 전략을 세우려는 홍콩인의 바람은 더욱 거세졌다. 공급에 대한 우려로 교사 채용에 대한 진입 장벽이 허물어졌다. 따라서 홍콩에서 대학 졸업자는 전문적인 교사 자격 없이 가르칠 수 있었고, 이는 지금도 그렇다. 그러나 그들은 특정 학교에서 가르칠 수 있는 '허가'를 신청하여 정부의 허가를 받아야 했으며, 그래서 이들은 '허가받은 교사permitted teachers'라고 불렸다. 이 허가는 학교 간에 양도될 수 없으며, 교사가 다른 학교로 옮기려면 다시 허가를 받아야 한다. 이러한 제도적 장치는 교사들의 전문성을 높이기 위한 것으로, 결국 전문 교사 자격 취득으로 이어질 것으로 기대되었다. 전문 자격증 과정을 수료한 사람은 정부에 완전히 등록된 교사registered teachers가 될 수 있으며, 이 지위는 그들에게 속하고 학교 간에 양도할 수 있는 지위다. 지난 3년 동안 (2008~2011) 매년 약 5만 명의 교사, 약 3,000개의 허가가 발급되었고, 거의 비슷한 수의 초임교사가 등록되었다. 그러나 위에서 언급했듯이 허가는 학교별로 이루어지고, 학교를 옮기는 허가받은 교사는 새롭게 허가를 신청해야 하므로 그 수를 단순히 비교할 수는 없다.

전문 교사 자격과 등록권은 초임교사교육 프로그램 이수를 요구한다. 홍콩의 초임교사교육은 다섯 가지 주요 경로로 제공되며, 그중 네 가지 경로는 예비교사 과정이고, 한 가지는 현직 교사 과정이다.

고등교육기관은 교직에 대한 전문 자격을 제공하는 기관이며, 교육 실습을 제공하는 학교와 협력하여 일한다. 네 가지 예비교사교육 경로는 다음과 같다.

1. 교육학사(현재 4년이나 2012년에 5년으로 변경; 주로 초등교육).
2. 복수학위: 한 과목의 학사 학위와 교육학사 학위의 동시 취득(따라서 '복수학위'). (현재 4년이나 2012년에 5년으로 변경: 주로 중등교육) 한 학위는 선택한 전공(예: 영어)에 초점을 맞추고, 다른 학위는 교사교육(예: 영어교육)에 초점을 맞춤.
3. 학사의 마지막 두 학년에 걸쳐 취득하는 교육학 디플로마(현재 총 4년이나 2012년에 5년으로 변경: 교사 자격을 갖춘 학사 학위 취득으로 이어짐).
4. 대학 졸업자를 위한 전일제 교육대학원 디플로마(1년)(Postgraduate Diploma in Education; PGDE) 교사교육에 중점을 둠.

현직 교사 프로그램은 낮에 학교에서 일하며 교사교육에 집중하는 사람이 2년 동안 시간제로 듣는 교육대학원 디플로마 과정이다. 이러한 교사는 보통 교직 생활을 시작하면서, 교직 일에 더하여 저녁 공부를 힘겹게 한다. 어떤 교사는 교직 생활이 안정되거나 교직을 지속하려는 마음이 확실해질 때까지 교육대학원 과정의 시작을 1~2년 미루거나 프로그램 등록을 하지 않는다. 자연스럽게 이러한 다양한 학생의 수요와 경험이 반영된 시작점과 교육이 있지만, 이 프로그램에서 가르치는 내용은 전일제 예비교사 프로그램과 비슷하다.

위에서 언급한 공급에 대한 우려를 반영하여 1985/86년부터 1992년까지 시간제 현직 교사 대학원생의 비율이 25%에서 84%로 증가한 반면, 전체 연간 입학생 수는 800~1000명 정도에 머물렀다.[Sweeting, 2004] 1992년 교육위원회 보고서 5[ECR5]는 교사 개발을 위한 경력 전반에 걸친 경로를 제시했는데, 모든 교사가 전문적인 훈련을 받아야 하고, 이에 더해 모든 교사가 그들의 교수를 계속 개선하도록 장려되어야 한다는 것이었다. 홍콩이 중화인민공화국에 '반환된' 1997년 정부의 성명[Tung, 1997]에서 모든 초임교사는 대학을 졸업해야 하고 전문 자격을 갖추어야 한다고 했다. 1997년 이후 현직 교사교육과정에 대한 수요가 감소하고 모든 초임교사가 예비교사교육과정을 통해 교직을 시작할 것이라 기대되었으나, 이는 이루어지지 않았다.

그러나 여러 교사교육 경로에 대해 정부가 정한 정원 비율은 계속해서 시간제 과정을 상당히 선호했다. 많은 교사가 가르치는 동시에 교육을 받았고 가능한 한 그러기를 선호하는데, 이는 교사 직업에 대한 수요가 공급을 초과하고, 그들이 교육받는 동안 급여를 받기 때문일 것이

⟨표 5.1⟩ **홍콩에서 제공되는 교사교육 프로그램별 예비교사 입학정원 비율**

프로그램	2009/10	2010/11	2011/12	합계(3년간)
초등교육 학부(교육학사 및 복수학위)	600	650	650	1,900
중등교육 학부(교육학사 및 복수학위)	100	100	150	350
전일제 초등교육 교육대학원	100	200	200	500
전일제 중등교육 교육대학원	200	200	100	500
시간제 중등교육 교육대학원	1,300	1,250	1,300	3,850

*주: 대부분의 초등교사는 초등교육 학부 과정을 통해 교사 자격을 얻는다. 1980년대 후반 이후, 대부분의 중등교사는 시간제 중등교육 교육대학원 과정을 통해 교사 자격을 얻었다.

다. 또한 전일제 교육대학원 예비교사 과정에 지원하는 대학 졸업자들은 종종 교직에 지원한다. 취직에 성공하면, 그들은 전일제에서 시간제 교육대학원 과정으로 옮긴다. 정부의 프로그램별 입학정원 비율이 이를 강화했다.〈표 5.1〉

전문 자격 문제와 대학 졸업자 중심의 교직을 지향한다는 선언적 목표에도 불구하고, 학교의 모든 자리가 대학 졸업자를 위한 것은 아니다. 학교에는 대학 졸업자를 위한 자리와 비 대학 졸업자를 위한 자리가 있다. 학교의 대학 졸업자를 위한 자리에 대한 정부 정책은 원래 교직의 지위를 높이기 위한 것이었지만, 현재는 가능한 대학 졸업자용 자리보다 많은 졸업자가 학교에서 일하고 있다. 2009/2010년 이후 중등학교의 85%, 초등학교의 50%가 대학 졸업자로 할당된 비율이지만[EDB, 2009], 중등학교와 초등학교 모두 90% 이상의 교사가 대학 졸업자다. 대학 졸업자 비율에 비해 이들을 위한 교직 자리는 계속 부족한 상태이며, 특히 초등학교의 많은 대학 졸업자는 학사 학위가 필요 없는 저임금 직위에 있다.

전문적인 교직 준비의 배경과 내용

교직에 입문하는 사람은 예비교사인 학부생, 대학원생 또는 현직 교사 대학원생으로서 초임교사교육을 받을 수 있다. 학부 과정은 학위 취득뿐만 아니라 전문적으로 자격을 갖춘 교사를 배출하는 것을 목표로 더 폭넓은 교양 과정과 교직 수업을 모두 포함한다. 다른 나라와 마찬가지로, 짧은 교육대학원 과정은 대학 졸업생의 전문적인 교직 준비에 초점을 맞춘다. 교사교육(현지에서는 교사 연수라 불리는)은 고등교육기관Higher Education Institutions; HEIS 또는 고등교육기관에서 굳건히 담당하고 있으며, 이 중 한 곳을 제외한 모든 곳이 대학이다. 레웅Leung, 2003 및 리와 궈Li & Kwo, 2004는 교사교육의 내용과 다양한 요소(교과 지식, 교육법 및 실습, 일반 개념 이해 등) 간 균형에 대한 전문적인 합의가 없다고 주장했다. 이것은 학교 현장실습을 포함하며, 교사교육 프로그램을 제공하는 고등교육기관의 재량에 따른 프로그램별 실습과 균형을 이룬다. 일반적으로 예비교사 프로그램에서 실습은 총 11~12주를 차지한다.

물론 수업의 길이와 내용, 실습의 내용과 길이, 그리고 일부 다른 시스템에서 엄격하게 규정된 다른 차원에 대해 정해진 특정한 지침은 없으며, 달성해야 할 공통적인 기준도 없다. 초임교사교육을 제공하는 고등교육기관은 프로그램 설계에 상당한 자율성이 있으며, 효과적인 준비가 제공되리라는 정부의 신뢰를 받고 있다. 대학은 자체적으로 인증을 하고 있으며, 교육 기관에 의한 프로그램 인증은 품질 보증을 의미한다. 프로그램은 주로, 아주 예외적이지 않게, 교사교육으로 진로를 바꾼, 교지 경험이 많은 교사가 가르친다. 국제학업성취도평가에서 높은 수준의 성과를 거두는 것이 초임교사교육에 대해 높은 수준의 중앙의 지침 없이도 가능하다는 점은 흥미롭다.

중앙의 규제가 없기에, 프로그램 설계는 기관마다 다르지만, 동일한 유형의 프로그램은 모두 기간이 유사하다. 모든 홍콩의 초임교사교육 프로그램은 교육학, 교과 및 전문 분야 지식과 기술 및 실습 경험을 포함하며, 대부분은 성찰적 실천가라는 개념에 의해 뒷받침된다. 이러한 요소는 다양한 방식으로 결합된다. 예를 들어 어떤 이는 교직 강좌에 그 토대가 되는 학문적 내용을 통합하고, 다른 이는 교육 심리학 또는 철학 수업과 같은 방식으로 독립된 강좌로서 제공한다. 프로그램은 각 영역에서 이루어진 발전된 내용을 교육학적 초점뿐 아니라 교육과정 및 평가에 통합한다. 평가는 시험(특히 학부 과정에서), 논술형 과제, 개인 및 그룹 프로젝트 및 발표, 성찰 일지 및 포트폴리오를 포함한 다양한 방식으로 이루어진다. 이러한 공통점을 넘어, 다양한 기관에서 개발된 교수에 대한 개념이 각 프로그램에 대한 프레임워크를 제공한다. 예를 들어, 홍콩 침례 대학교Hong Kong Baptist University에서는 교사교육 프로그램을 뒷받침하기 위해 교육의 네 가지 기둥four Pillars of Education 모델이 개발되었다. 네 가지 기둥은 교사가 어떤 역할을 수행해야 하고 교사교육이 무엇을 위한 학습 기회를 제공해야 하는지를 나타낸다. 그 네 가지 교사의 역할은 다음과 같다.

- 사회적이며 자율적인 개인
- 학습 촉진자
- 교육 혁신가
- 전문 교육자

이 구조는 교사교육 프로그램의 핵심적인 수업을 뒷받침하며, 선택 수업 제공에도 영향을 미친다.

공통 요구 사항은 없었지만, 교사 자격 취득 이후의 지속적 전문성 개발을 뒷받침하기 위해 개발된 역량 프레임 워크(교사교육 및 자격 자문 위원회Advisory Committee on Teacher Education and Qualifications; ACTEQ, 2003)가 점차 고려 대상이 되고 있다. 개혁의 일환으로서, 교사교육 및 자격 자문 위원회는 여섯 개의 핵심 가치와 세 가지 수준의 역량 수행을 기초로 하는, 네 개의 전문 역량 영역으로 구성된 모두를 위한 일반적인 교사 역량 세트를 작성했다. 교사의 전문 역량에 대한 기대가 처음으로 명시적으로 나타난 것이다. 교수 및 학습, 학생 발달, 학교 개발 및 전문적 관계 및 서비스의 네 가지 실천 영역은 교사 역할의 범위를 포착하기 위한 것이었다. 각 영역에는 추가 하위 영역이 있다.

이 프레임워크는 초보threshold, 유능competent, 우수accomplished라는 다양한 교사 전문성 수준을 허용하며, 전문가expert 같은 명칭은 피한다. 각 영역 및 하위 영역, 전문성 수준별로 교사 역할의 복잡성을 인정하고 교수를 강조하는 실천에 대한 설명이 정교해졌다. 이는 누구에게 무엇이 기대되는가를 명확히 진술하기 위한 것이다. 그러나 역량은 따로 떨어진 구조로 존재하지 않으며, 다음 여섯 가지 핵심 가치에 의해 뒷받침된다. 학생이 배울 수 있다는 믿음, 학생에 대한 사랑과 보살핌, 다양성에 대한 존중, 직업에 대한 책임감과 헌신, 협업과 팀 정신, 지속적인 학습과 탁월함을 위한 열정이다. 이 핵심 가치들은 모두 무엇이 기대되는지를 추가로 보여준다. 전체 프레임워크는 공식적으로 전인교육에 초점을 맞춘 맥락 안에 있으며, 개혁에 따라 아동 및 청소년이 전인적인 인간으로 성장할 수 있게 하기 위해 교사에게 기대되는 광범위한 역량에 상당한 중점을 둔다. 그것은 교사의 업무에 대한 자유로우면서도 까다로운 설명이며 대부분의 교육자가 편안하게 동의할 수 있는 많은 요소를 포함한다. 그러나 프레임워크가 다른 이해 관계자, 특히 부모와 고용주의 기대에 영향을 미치는지, 또는 시험 성적 중심의 매우 경쟁적인 분위기가 다른 우려 사항을 고려하지 못하게 되는지를 두고 봐야 한다. 튜토리얼 칼리지의 '그림자' 제공에 대한 지속적인 높은 수요는 개혁을 통한 교육의 광범위한 성과가 완전히 인정되기 전에 갈 길이 멀다는 것을 시사한다. 역량 프레임워크는 학교 현장실습과 평가의 틀을 만드는 데 사용되기 시작했다. 예를 들어, 홍콩대학교University of Hong Kong 학생은 실습학교에 배치되기 전에 교사 역량 프레임워크Teachers' Competency Framework 및 교사를 위한 실천 강령Code of Practice for teachers에 익숙해져야 한다.Hong Kong University, 2011

모든 학생은 다양한 방식으로 학교 현장실습에 배치된다. 그러나 일반적으로는 중요한 교육을 담당하기 전에 수업 참관과 적응을 포함한다. 여기에는 교사 동료에 의한 지원 또는 멘토링, 해당 고등교육기관의 프로그램 튜터에 의한 관리 및 평가가 포함된다. 학생은 배치된 학교로부터 만족스러운 보고를 받아야 한다. 홍콩중문대학교Chinese University of Hong Kong에서 학교 실습/교수 실천의 학습 목표는 다음과 같다.

- 학생은 핵심 교수 방법에 대한 역량을 발휘한다.
- 학생은 교육학적 내용 지식을 실제에 통합하여 적용한다.
- 학생은 성찰적 실천 개념을 실제 수업 상황에 적용한다.
- 학생은 자격을 갖춘 교사의 적절한 태도와 가치관을 개발한다.

Chinese University of Hong Kong, 2008

전문 교육 비용은 정부가 부분적으로 지원해주는데, 모든 입학 과정에서 정부가 지원해주는 정원 비율이 정해져 있다. 전일제로 공부하는 학생은 학부 및 대학원 비용 구조와 동일하게 비용을 지불한다. 보조금도, 수당도 없다. 낮에는 교사 또는 조교로 일하고 저녁에 시간제로 공부하는 대학원생은 자신이 일을 해서 마련한 학자금으로 수업료를 지불한다.

교사의 직업적 전문성과 직업 전문의식

전문적 자격을 갖춘 교사를 선호하는 경향이 있음에도 재직 중 초임교사교육과정in-service initial teacher education route이 주를 이루고 있기 때문에, 학교 학생들은 교수법 훈련을 받지 않은 이들에게 정기적으로 수업을 받는 상황이 발생하고 있다. 이는 홍콩에서 교사라는 직업이 특정 과목에 대한 지식을 넘어 전문 지식과 기술을 갖춘 직업으로 간주되는지에 대한 의문을 분명하게 제기한다.

지금까지 교사 자격은 정부 교육국(시간이 지남에 따라 다양한 명칭으로 바뀌었지만 현재는 교육국Education Bureau; EDB)의 감독 규정과 '허가 받은' 교사 또는 등록된 교사로서 교직에 입직할 수 있는 방법에 대해 다루었다. 등록된 교사가 되려면 전문 자격이 필요하지만, 교과목 학위가 있는 대학 졸업자가 교육국의 허가를 받아 학생을 가르칠 수 있다는 사실은 교사 자격에서 교육학보다 교과목 지식에 초점이 있다는 것을 의미한다. 교육학 또는 전문적 지식과 기술보다 학문적 지식에 집중하는 것이 이 시스템의 특징이었다. 또한 중등교사가 되는 주요 경로는 여전히 현직 교사를 위한 교육대학원 과정인데, 이는 바뀔 가능성이 낮다. 현직으로 학생을 가르치면서 교사 훈련을 받는 사람은 초임교사로서 전문적으로 완전히 갖춰지기 전까지 최소 2년 동안 교직 경력을 쌓아야 한다.

다른 많은 시스템과 달리, 예비교사교육을 받은 이들은 자신의 역량을 드러내는 확실한 증거를 통해 자신이 폭넓은 교육적 의무를 수행할 수 있다는 것을 입증하기 위한 사후 자격 평가나 인증 과정이 없다. 전문 교사 자격은 그 자체로 역량의 지표로 간주되지만, 예비교사교육 과정을 거친 이들은 전체 교수 부담과 폭넓은 교육적 의무를 통해 평가되지 않았다. 그러나 대부분의 초임 교사와 저경력 교사는 대부분 기간제 계약이며, 교사 공급이 수요를 초과하는 상황에서 교사의 성과가 부족하다고 인식되면 해당 교사의 계약을 갱신하지 않을 수 있는 선택권이 있다. 따라서 학교(교장)와 학부모(학교에 대한 피드백을 통해)라는 시장이 어떤 교사가 학생을 가르칠지를 결정한다.

지속적 교사 전문성 개발

교사 전문성 개발은 교육 개혁의 성공적인 실행에 필수적인 요소로 여겨졌다. 지속적 전문성 개발과 교사들의 자기 개선에 대한 헌신은 오랫동안 당연한 것으로 여겨져 왔지만, 이러한 기대는 2003년 교사교육 및 자격 자문 위원회가 모든 교사에게 직책에 관계없이 3년 동안 총 150시간의 지속적 전문성 개발을 권고하면서 구체적인 수치로 제시되었다. 이에 따라 교사 전문성 개발 영역이 주목받았으며, 이 교사 전문성 개발은 초임교사를 위한 입문 과정 개발 및 더 광범위한 의미에서의 모든 교사를 위한 지속적 전문성 개발을 포함했다.

초임교사를 위한 새로운 연수 제도

홍콩의 초임교사 경험에 대한 연구Draper & Forrester, 2009; Forrester & Draper, 2015에 따르면, 일부 교사는 교사 생활을 시작할 때 학교에서 아주 좋은 지원을 받았지만, 초임교사로서 필요한 지원이나 요구를 거의 인정받지 못한 교사도 있었다. '교사의 전문성을 강화하기 위해서는 양질의 초임교사교육과 현직 교사를 위한 지속적 전문성 개발 외에도 효과적인 교사 연수 제도를 확립해야 한다.'교사교육 및 자격 자문 위원회 회장 장박홍Cheung Pak Hong(http://www.acteq.hk/category.asp?lang=en&cid=297&pid=39 참조)

교사교육 및 자격 자문 위원회는 예비교사교육 과정을 수료한 초임교사를 위한 연수 과정 개발을 감독했다. 새로운 홍콩 교사 연수 제도는 학교와 초임교사를 규제하기보다는 그들이 권한을 행사할 수 있게 하기 위한 것이었다. 2008년에 시작된 이 제도는 교사교육 및 자격 자문 위원회가 지속적 전문성 개발의 기초로서 개발한 역량 프레임워크를 기반으로 했다. 그리고 초임교사의 다양한 요구와 우려 사항을 파악한 후, 학교에서 자체 지원 시스템을 개발할 수 있는 방법을 명확히 하여 초임교사를 지원하고 그들의 개발에 대한 요구를 충족하는 '도구 키트'를 개발했다.ACTEQ, 2008 또한 이 제도는 교직원 개발을 지원하고, 공유 네트워크를 제공하며, 연구 및 모범 사례가 보급될 수 있도록 했다. 자금은 지원되지 않으나 초임교사 멘토링 같은 활동이 이루어질 수 있는데, 각 학교에서는 어떤 내용을 제공할지를 결정한다. 일부 학교는 이미 초임교사를 위한 지원 시스템을 개발했으며, 그러한 자체적인 지원 시스템을 계속 개발하도록 권장되었다. 일부 교육 시스템에서는 초임교사의 형평성 보장을 위해 매우 직접적인 조치를 해 왔기 때문에 공통적인 초임교사 지원 시스템 절차에 대한 규정이 부족하다는 사실이 놀라울 수 있지만, 홍콩에서는 학교의 후원 기관과 자금 조달 방식이 학교마다 다르고 매우 다양하다는 점을 기억해야 한다.

학교는 교사를 위한 다양한 조치를 하는 데 상당한 자율권이 있을 것으로 기대된다. 교직원 배치나 일반적인 교직원 문제에서 학교장에게 상당한 재량권이 있지만, 무엇을 가르칠 것인지나 학교가 어떻게 조직되어야 하는지에 대해서는 자율성이 훨씬 적다. 교직원 관리와 관련된 문제는 학교 수준에서 처리되며 학교 문화, 풍토 및 절차에 따라 상당한 차이가 있다.

이 연수 제도는 학교 기반이며 각 초임교사와 함께 일할 멘토가 있다고 가정한다. 초임교사 적응교육induction의 핵심 역할자는 학교운영위원회, 교장, 신임 교사 자신, 멘토 그리고 교과 담당 부장('패널 책임자')으로 확인된다. 이 프로그램에서는 다양한 활동이 제안되는데, 그중 하나는 수업 전·후 논의를 동반한 상호 수업 관찰이며, 이 과정은 교사의 역량을 증명하기보다는 교사의 성장과 발달을 돕는 데 초점을 맞춘다. 행정적 지원 방안도 강조되며, 예를 들어 교사와 멘토 간의 충분한 논의를 위해 시간표에 공통 공강 시간을 배치하거나, 논의와 지원이 원활하게 이루어질 수 있도록 가까운 거리에 개별 작업 공간(대형 교직원실 내 개인 책상 등)을 배정하는 등, 학교 차원의 실질적인 지원이 제안된다. 초임교사는 자신의 교육 효과와 학생의 학습에 미치는 영향을 성찰하고 자신의 교육 철학을 표현하도록 권장된다. 학교는 초임교사를 지원하는 것이 강력히 권장되지만, 그렇게 해야 하는 공식적인 의무도 없고, 책임을 묻는 제도도 없다. 다른 나라의 교육 시스템(스코틀랜드 등)과 달리 멘토의 지원을 위해 특별한 자원이 할당되지는 않는데, 이는 교사교육 및 자격 자문 위원회가 이러한 멘토의 지원은 그의 교사 전문성의 일부로서 이루어질 거라고 가정했기 때문이다. 교사교육 및 자격 자문 위원회는 다음과 같이 명시했다. '경험이 많은 학교 공동체 구성원이 실천과 전문성을 공유하여 새로운 구성원을 지원하는 것은 그의 전문성을 나타내는 것이다.' 하지만 초임교사가 학교에서 배울 뿐 아니라 학교를 위해 기여할 수도 있다는 인식은 거의 없다.

홍콩에서 초임교사를 위한 특별한 자원이 없다는 것은 스코틀랜드, 영국과 같은 다른 나라의 일부 초임교사 연수 제도와 달리 이들이 전임으로서 수업 의무를 지니고 교직을 시작한다는 것을 의미한다. 연수 기간 동안 초임교사는 360차시 또는 210시간을 가르쳐야 하며, 이 수업 중 3분의 2는 자신이 전공한 핵심 교과 영역key learning area에서 이루어져야 한다. 따라서 교사들이 자기 전공과목 외의 과목도 가르친다는 전제가 포함되어 있다. 공식적인 평가 및 인증이 없기 때문에 이 시스템에서 교사는 자신의 역량을 증명하기보다는 역량 개발에 집중할 수 있으며, 초임교사에 대한 요구가 높지만 자신만의 교수 방식을 개발할 수 있는 여지도 있다.

교육 개혁 및 교사 전문성 개발의 진행

교육위원회 보고서 7ECR7에서는 개혁의 7가지 핵심 영역이 다음과 같이 확인되었다. 교육과정 개혁, 평가 메커니즘, 언어 교육, 학교 지원, 전문성 개발, 학생 입학 시스템, 고등교육 기회 증가가 그것이다. 2002년, 2003년, 2004년에 정기적으로 진행 상황이 보고되었고, 2006년 주요 보고서에서는 교육의 각 단계에 대한 개혁 조치의 진행 상황이 기록되었다.Education Commission, 2006a 이 보고서에 따르면, 교육과정 개혁이 실행됨에 따라 7가지 핵심 영역 중 교사의 전문성 개발 및 훈련이 교장 및 교사에게 구체적인 기회가 제공될 영역으로 강조되었음을 알 수 있다. 또한 교육과정, 평가 관행 및 문화의 변화에 대한 현직 교사교육 프로그램이 제공되었음을 알 수 있다. 이에 더해 영재교육 분야에서는 학교 간 네트워크가 구축되었다.

개혁의 지속적인 요구에 부응하기 위해 2006년 보고서에서는 교장과 교사를 대상으로 새로운 중등학교 커리큘럼New Secondary School curriculum에 대한 전문성 개발이 제시되었는데, 이는 교육과정 개혁에 대한 교장과 교사를 위한 전문성 개발 프로그램을 강화하고, 전체 학교 교육과정을 계획하고 실행하며, 다양한 학습자를 포용하기 위한 전략(비록 실천까지는 이루어지지 않더라도, 최소한 포용적 정책이 갖추어진 경우를 전제로 함)과 학생의 학습을 개선하기 위한 다양한 평가 방법 활용이 함께 이루어졌다. 또한 핵심 교과 영역key learning areas과 영재교육에서 '창의성과 비판적 사고의 주입'에 대한 교육도 제공된다. 이러한 전문성 개발의 대부분은 시스템에서 설계하여 위탁한 지속적 전문성 개발 형태로 제공된다.

교사의 전문성 개발은 교육 개혁의 주요 요소로 여겨졌으며, 교사교육 및 자격자문위원회는 이를 실행하기 위한 제안을 하는 임무를 맡

왔다. 지금까지 교사 전문성 개발에 대한 보고서가 3회 작성되었으며 ACTEQ, 2003, 2006, 2009, 2009년 보고서에서는 전반적으로 '상당한 진전이 이루어졌으며 추진력이 지속되었다'고 평가하고 있다.ACTEQ, 2009, p.35

보이암Bolam, 2000이 영국 교사의 지속적 전문성 개발을 분석한 결과를 보면, 교사의 지속적 전문성 개발은 시스템, 학교 및 개별 교사의 일부 또는 전부와 관련이 있을 수 있지만, 대부분은 실제 시스템의 요구에 초점을 맞추어 제공되었다. 데이와 삭스Day & Sachs, 2004는 미국에서 유사한 연구 결과를 보고했으며, 스코틀랜드 교사 업무에 대한 맥크론 조사McCrone Inquiry, Scottish Office, 2000도 비슷한 패턴을 다시 보여주었다. 즉, 교사의 지속적 전문성 개발은 정책 변화와 직접 관련된 주제에 초점을 맞추는 경향이 있고, 교사의 요구에 따라 다양하게 이루어지지는 않다는 것이다.

교사 전문성 개발의 유형

홍콩에서 제공되는 교사의 전문성 개발은 네 가지 주요 영역으로 나뉜다.

1. 교육국과 계약된 집중 과정이 있는데, 일반적으로는 이 과정을 운영하는 고등교육 기관을 위해 시간별로 내용이 나뉘어 있다. 따라서 이러한 학습 과정은 교사의 요구보다는 시스템의 요구에 크게 맞춰져 있으며, 현재의 교사 전문성 개발 수준이나 개별 교사의 요구에 대한 조정이 거의 또는 전혀 허용되지 않는다. 이 과정의 초점은 경험 많은 교사가 생각하고 성찰할 수 있는 기회보다는 시간표의 시간과 정해진 학습에 있으며, 다소 아이러니하게도 이

는 개혁을 통해 변화시키려는 학교 내 교수 및 학습 전략과 유사한 방식을 따른다.

2. 초임교사교육 다음 단계로, 고등교육기관이 제공하는 자격 및 보상이 있다. 이는 순수 학문적 지향과 학문적이면서도 직업 전문적인 지향 사이에 존재하는 다양한 대학원 디플로마, 석사 및 박사 과정이 포함된다.

3. 학교 기반 전문성 개발 기회가 있다. 학교에는 연간 3일의 전문성 개발일이 있으며, 이 시간에 대한 사용 방법은 학교별로 다르다. 일부 학교에서는 외부 연사와 함께 모든 직원을 위한 고도로 구조화된 세션이 제공되고, 일부 학교에서는 보다 다양하고 개별화되거나 그룹 중심으로 프로그램을 제공한다.

4. 개별적인 자기 개발 및 전문성 개발이 있다.

이러한 교사 전문성 개발 활동 과정은 보이암의 관점에서 볼 때, 고도의 시스템 중심적인 것에서 학교 중심적인 것까지 다양하다. 교사교육 및 자격 자문 위원회에 의해 이루어진 지속적 전문성 개발에 대한 분석ACTEQ, 2009; Chan & Lee, 2009에 따르면, 많은 시스템에서와 마찬가지로 교사는 주로 저녁 시간과 주말에 진행되는 지속적 전문성 개발을 위한 시간을 내는 데 큰 어려움을 겪고 있음을 보여준다. 일부 교육국 위탁 과정(유형 I)의 경우, 낮 시간에 연수가 이루어졌으나 학교는 교사를 연수에 보내는 것을 꺼리며, 특히 긴급 공지에 따른 연수는 더욱 꺼리는 경향이 있다. 일반적으로 교사의 지속적 전문성 개발은 근무 시간 외에 이루어진다. 이는 전문성 개발의 책임이 시스템이 아닌 개인에게 있음을 의미하지만, 지속적 전문성 개발 기회 자체가 시스템 중심으로 이루어진다. 결과적으로 많은 교사가 주요 시스템 개혁 프로그램에 기여하고 있음에도 그들은 시간과 금전적 측면에서 자체적으로 지속적 전문성 개발을 하고 있는 것이다.

효과적인 지속적 전문성 개발 모델

지속적 전문성 개발 과정에서 기존의 지속적 전문성 개발 연구에 대한 일련의 체계적인 검토Evidence for Policy and Practice Information, 2003, 2005a, 2005b가 이루어졌는데, 그 결과 지속적이고 협력적인 교사 요구와 관련된 지속적 전문성 개발이 더 효과적일 것이라는 점을 알 수 있었다. 또한 코르코란Corcoran, 2006은 더욱 효과적인 지속적 전문성 개발을 가능하게 하며 교육 및 전문 실천 이니셔티브EPPI의 결과와 일부 겹치는 특징적 요소를 찾아냈다. 코르코란의 모델에는 지속적 전문성 개발의 초점이 학교 및 시스템의 지속적 전문성 개발인가 아니면 개별 교사인가를 포함한다. 또한 지속적 전문성 개발 과정에서 현장 기반의 지속적 전문성 개발 이니셔티브를 장려하고, 실천의 세부사항(팁)에만 초점을 맞추는 것이 아니라 이해 및 개념 개발을 강화하며, 학습에서 구성주의 모델을 활용하여 동료와의 참여를 독려하고, 교사를 성인 학습자로 생각하고 그들의 경험을 존중하며, 학습을 탐구하고 따라가는 데 필요한 충분한 시간과 지원을 통해 누구나 지속적 전문성 개발에 참여할수 있게 했다. 이뿐만 아니라 학습 및 교수에 대한 지식에 관한 지속적 전문성 개발에 초점을 두었다. 찬과 리Chan & Lee, 2009는 코르코란 모델을 기반으로 홍콩 교사의 지속적 전문성 개발 경험을 검토했는데, 교사교육 및 자격 자문 위원회에 의해 제공된 정책 프레임워크가 정책 수준에서는 효과적인 교사의 지속적 전문성 개발 원칙을 반영했다고 결론지었다.

그러나 정책의 실행은 또 다른 문제이며, 좋은 정책이 반드시 효과적인 교사의 지속적 전문성 개발을 가져오리라는 보장은 없다.

효과적인 지속적 전문성 개발?

홍콩에서 이루어진 교사의 지속적 전문성 개발의 대부분은 일률적인 모델로서 매우 상세화된 위탁 과정이었다. 이는 학교에서 학급 전체를 대상으로 한 매우 숙련된 강의식 교수법이 당연한 것으로 받아들여지는 시스템에서는 놀라운 일이 아니지만, 교사 전문성 개발의 다양한 지점에서 모든 교사의 요구가 어느 정도 충족될 수 있는지에 의문을 제기한다. 또한 개혁의 시대에 장시간 일하는 문화와 상당한 행정적 업무가 있는 상황에서 홍콩 교사는 다른 나라의 많은 교사와 마찬가지로 지속적 전문성 개발을 위한 시간을 확보하기가 어렵다. 홍콩에서 교사의 지속적 전문성 개발 선택은 그 활용 가능성과 일정 문제에 크게 영향을 받는다는 증거가 있으며[ACTEQ, 2009; Draper, Chan, & Cheung, 2008], 학교 공개 및 비공식적인 지속적 전문성 개발보다는 구조화된 강좌 및 세미나를 통한 지속적 전문성 개발이 더 일반적이다. 부분적으로 구조화된 강좌 및 세미나가 다른 방법보다 더 명확하게 인식되고 산술적으로 더 쉽게 계산되기 때문이다. 효과적인 학습 공동체 개발을 위한 교사교육 및 자격자문위원회 및 다른 이들의 열정에도 불구하고, 현재 이루어지고 있는 보다 공식적인 지속적 전문성 개발은 원하는 결과로 이어질 가능성이 적다.

또한 교사교육 및 자격자문위원회[ACTEQ, 2009]에 따르면 전체 교사의 3분의 2가 지속적 전문성 개발을 선택하는 데 재정 및 자원 지원의 가용성이 중요한 요인이라고 했으며, 교사교육 및 자격자문위원회는 학교가 교사의 지속적 전문성 개발을 지원하기 위한 전략 개발을 촉구했다. 전체 교사의 4분의 3은 지속적 전문성 개발을 위한 시간을 내는 것이 문제라고 말했다. 그러나 중국 본토 및 마카오와의 비교 연구[Wu & Kwo, 2003]에 따르면 홍콩과 마카오 교사의 노동 조건이 중국 본토 교사보다 상대적으로 열악하며, 그들은 중국 본토 교사보다 지속적 전문성 개발에 집중할 시간이 적었다고 한다.

교사 전문성 개발: 자원과 협력

모든 교사가 3년에 걸쳐 최소 150시간의 지속적 전문성 개발 과정 이수가 권장된다는 점을 감안할 때, 일부 교사가 지속적 전문성 개발에 대한 의무를 충족하는 것이 그들의 선택에 중요한 요소라고 보고한 것은 놀라운 일이 아니다. 지속적 전문성 개발은 적어도 일부 교사에게는 흥미로운 학습 기회라기보다는 자신이 해야 할 또 다른 과업을 나타내는 것으로 보인다. 이에 지속적 전문성 개발을 주관하는 교사교육 및 자격 자문위원회는 '교사는 자신의 전문성 개발 및 경력 발전에 대한 투자로서 지속적 전문성 개발 참여 비용의 전부 또는 일부를 부담할 준비가 되어 있어야 한다.'[ACTEQ, 2003, p.16], '교사는 자신의 시간과 속도에 맞춰 유연하게 수행할 수 있는 자기주도 학습을 포함한 다양한 학습 모드의 잠재력을 활용하도록 장려되어야 한다'[ACTEQ, 2009, p.34]라고 하면서도, 지속적 전문성 개발 비용에 대해서는 거의 언급하지 않고 있다. 동시에 교사교육 및 자격자문위원회는 지속적 전문성 개발이 학교 상황[2009, p.2]과 협력에 초점을 맞춰야 하며, 학교와 전체 교사가 학습 공동체로 발전하도록 노력해야 한다고[ACTEQ, 2009, p.35] 했다. 그러나 교사 경력의 패턴은 계약상 제약을 반영하며, 대부분의 교사는 자신의 경력 전반에 걸쳐 한 학교에 머물게 된다. 이는 '경쟁자로서의 동료' 현상을 강화시킬 수 있고[Ball, 1987; Burns & Stalker, 1961], 업무와 전문성 개발을 위한 협력적 실천에 도움이 되지 않을 수 있다.

교사가 협력을 추구할 때, 다른 상황적 요인이 학교 전체의 협력과 더 폭넓은 학습 공동체 구축을 어렵게 만들 수 있다. 이에 대해 학교의 정보 기술을 위한 지속적 전문성 개발에 관한 한 연구에서는 다음과 같은 보고가 있었다.

학교에서 협업 문화가 나타나고 뿌리내리고 있다는 증거가 있음에도 일부 교사는 학교 간 협력과 경험의 공유가 줄어들었다고 했다. 이는 학교 간 경쟁이 치열해지고 있기 때문일 수 있는데, 특히 최근 몇 년 동안 학생 수가 감소함에 따라 같은 지역 내 학교 간의 경쟁이 점점 치열해지고 있다.[Joint Consultation Service Team, 2007]

결론

홍콩에서 교육의 공급은 급속히 확대되었으며 국제학업성취도 시험에서 홍콩 학생의 성과는 눈에 띄게 나타났다. 빠르게 증가하는 인구의 교육 수요를 충족시키기 위한 진전이 놀랍게 이루어졌다. 홍콩에서 교육에 대한 동기는 높고, 교육적 성공에 대한 의지가 지배적이고 활발한데, 특히 대학 교육에 대한 제한된 접근성과 대학 졸업 후 좋은 직업을 가질 수 있으리라는 전망 때문에 이러한 교육에 대한 동기와 의지가 크게 강화되었다. 경쟁이 치열한 세계화 시대 제조 기반에서 지식 경제로의 전환은 홍콩의 새로운 주요 교육 수요를 만들어냈다. 이에 따라 더 높은 수준의 교육을 받은 인구의 새로운 교육 수요를 해결하기 위한, 단순히 엘리트를 위한 것이 아니라 모두를 위한 확장된 교육 기회를 제공하기 위한 시스템이 개발되고 있다. 학급 규모라는 까다로운 문제에 대해서는 저학년부터 진전이 이루어지고 있다. 한편에서는 여전히 큰 학급 규모로 인해 학급 전체를 대상으로 하는 매우 숙련된 강의식 교수법이 진행되어, 개혁 목표의 핵심인 개별화된 학습 수요를 충족시키기가 더욱 어려워지고 있다. 전문적이고 지속적으로 발전하는 교사를 위한 시스템의 필요성은 인식되지만, 현재의 교육학적 경험과 기존 교사 인력의 전문성 및 미래 사회의 교육적 수요 사이에는 긴장이 존재한다.

초임교사교육과 교사의 지속적 전문성 개발에서 변화가 현재 진행 중이고 앞으로도 계속될 것이다. 그러나 현재 이루어지는 점진적 변화와 지속적 전문성 개발의 방식보다 더 큰 발전이 이루어질 여지가 있다. 교직 준비 및 직업 설계에 더욱 근본적인 사고는 잠재적으로 더 큰 이점을 가져올 수 있다. 전문 자격 없이 교직에 입문하는 것은 교사와 교직의 지위를 약화시켜 상당수의 우수한 대학 졸업자가 교직을 덜 매력적이라고 느낄 가능성이 높다.

교육 개혁에 교사 개발이 핵심적이며 실제로 개혁의 원동력이라는 사실은 효과적인 지속적 전문성 개발이 교사의 시간, 재정 및 에너지에 달려 있다는 인식에는 반영되어 있지 않다. 더욱이 교사의 지속적 전문성 개발이 개인의 전문적 혹은 직업적 이익을 위한 것이라는 생각은, 더 나은 교육을 통해 공동체 전체가 혜택을 받는다는 인식과 불편하게 공존한다. 그렇지만 교사, 학교, 초임교사교육 및 지속적 전문성 개발이 교육 개혁의 야심 찬 목표를 달성하기 위해 큰 부담을 안고 있다.

일단 홍콩의 교육 시스템에서 발전에 대한 장벽이 확인된다면, 개선을 위한 조치가 뒤따른다는 분명한 증거가 있다. 물론 다른 나라와 마찬가지로 개선을 위한 비용에 대한 우려가 늘 있지만 말이다. 시스템이 약속한 교육 개혁을 완전히 추진하기 위해, 또한 국제학업성취도 비교에서 홍콩 학생의 우위와 높은 성적을 유지하기 위해 교사들의 요구를 추가적으로 알아보는 것도 필요할 것이다.

감사의 글

원고 초안에 대한 논평과 현명한 조언을 해준 레이몬드 찬Raymond Chan 박사, 토니 라이Tony Lai, 샌디 리Sandy Li 박사, K. C. 탕K. C. 탕 박사에게 깊이 감사드린다.

6장

호주의 교사교육 재고
-교사의 질 개혁

다이앤 마이어Diane Mayer
레이먼드 페시오네Raymond Pecheone
니콜 메리노Nicole Merino

호주의 교사교육: 개요

호주에서 교사는 대학에서 다양한 학습 경로를 통해 가르칠 준비를 한다. 여기에는 (1) 4년제 학부 교육학 학사 학위, (2) 교과 내용 영역 학위와 교육학 학사 학위로 구성된 4년제 복수 학위, (3) 3년제 학사 학위 후 1년제 교육학 대학원 디플로마 과정이 포함된다. 최근에는 3년제 교과 내용학 학사 학위 이후 2년제 교육학 석사 과정도 교직으로 진입하는 인기 있는 경로가 되고 있다. 4년제 학부 교육학 학사 학위는 초등학교 교사를 준비하는 졸업생이 선호하는 경로인 반면, 대학원 입학 또는 '엔드온end-on' 프로그램[1]은 중등학교 교사를 준비하는 사람이 선호하는 경로인 경우가 많다.

교사교육 프로그램은 일반적으로 전문 연구, 교육과정 연구 그리고 전문 경험이나 실습으로 구성된다. 4년제 학부 과정은 관련 교수 영역

---

[1] 학부 전공과 무관하게 대학원 수준에서 교사 자격을 취득할 수 있도록 설계된 후속 (Postgraduate) 교사 양성 과정. '엔드온'이라는 용어는 원래 무대 용어로, 관객이 무대를 한쪽 방향에서 바라보는 전통적 방식에서 유래했으며, 교육에서는 교사 양성과정이 학부 교육 이후 별도의 단일 과정으로 이어지는 구조를 비유적으로 지칭할 때 사용된다.

의 학문 연구를 포함한다. 초등교사는 수학, 영어, 예술, 과학, 인문학, 보건 및 체육, 기술, 영어 외 다른 언어를 포함한 다양한 교과를 가르친다. 모든 초등 예비교사는 이 모든 과목을 가르칠 준비를 하지만, 중등 예비교사는 보통 두 가지 교과를 가르칠 준비를 한다.

실습 경험

모든 교사교육 프로그램은 전문 경험 또는 실습을 포함하며, 이는 학교에서 감독하는 일련의 경험으로 구성된다. 실습 기간은 교사 양성 프로그램의 길이에 따라 총 12~20주다. 실습 프로그램은 가르치는 데 필요한 학습을 지원하기 위해 발달적으로 구조화되어 있으며, 다양한 실습 학교 배치를 포함한다. 학교에서 실습하는 시간은 다양하며, 주당 며칠씩 진행되거나 프로그램 후반부에는 주 단위 블록으로 구성되기도 한다. 실습은 프로그램 내 교내 수업과 연계되며, 교사교육 프로그램의 모든 학년에 걸쳐 이루어진다. 호주 연방 정부the Commonwealth Government[1]는 고등 교육 기관에 실습 감독을 위한 자금을 지원하며, 해당 기관은 개별 학교와 직접 계약하여 예비교사의 감독을 제공한다. 관련 규정으로는 1990년 호주 고등 교육 실습 교육 감독 규정Australian Higher Education Practice Teaching Supervision Award 1990이 있으며, 이는 호주의 모든 주 및 준주에서 실습 감독 교사의 자격 및 감독비 지급 비율에 대한 지침을 제공한다.

교사교육 프로그램 입학

교사교육 프로그램 입학은 주 또는 준주 기반 고등 교육 입학 센터에서 관리한다. 여기에는 빅토리아 주 고등 교육 입학 센터VTAC, 퀸즐랜드 주 고등 교육 입학 센터QTAC, 남호주 주 고등 교육 입학 센터SATAC, 서호주 주 고등 교육 기관 서비스 센터TISC, 뉴사우스웨일스 주 및 호주 수도 준주의 대학 입학 센터UAC가 포함된다. 태즈매니아 주에서는 태즈매니아 대학교가, 노던 준주에서는 찰스 다윈 대학교가 지원서를 관리한다. 이들 고등 교육 입학 센터는 해당 주의 대학, 기술 및 직업 교육TAFE 기관, 때로는 독립 고등 교육 대학에서 고등 과정 입학 신청을 관리한다. 센터는 참여 기관으로부터 자금을 지원받으며 처리 수수료는 지원자가 지불한다. 센터는 지원서와 증빙 서류를 수령하여 기관에 전달하고, 기관에서 선발 결정을 내리면 센터는 기관을 대신하여 합격자에게 합격 통지서를 보낸다. 또한 센터는 일반적으로 고등학교 졸업생을 위한 고등 교육 입학 점수의 계산 및 발급을 관리한다. 고등 교육 입학 점수는 고등 교육 과정 선발에서 주요한 결정 요소가 되지만, 지원자는 중등학교 영어와 수학에서 탄탄한 기초를 갖추어야 한다. 고등 교육 입학 점수를 계산하는 절차는 각 주 및 준주마다 다르지만, 일반적으로 주 전역에서 조정된 주 기반 시험과 학교 기반 평가의 조합을 반영한 단일 점수를 산출하는 방식으로 진행된다.

직업 규제

교직 입문 및 교직 종사자에 대한 지속적인 자격 인증(호주 용어로 '등록')은 전통적으로 각 주 및 준주에서 담당해 왔다. 주/준주 교사 등록 위원회에서 교사 임용 조건 및 자격 요건을 결정한다. 교사는 임용에 지원하기 전에 등록(대부분 임시 등록)을 해야 한다. 교사 등록 위원회는 7개로, 퀸즐랜드 주 교직관리원, 뉴사우스웨일스 주 교사 기관, 빅토리아 주 교수 기관, 태즈매니아 주 교사 등록 위원회, 남호주 주 교사 등록 위원회, 서호주 주 교직관리원, 노던 준주 교사 등록 위원회가 있다. 이 위원회들은 고용주, 학교, 노동조합, 대학의 대표로 구성된 운영 위원회 또는 이사회를 두고 있다. 교사교육 프로그램은 대학의 교사 교육자가 개발하고 관련 등록 위원회의 인증을 받아 졸업생이 해당 주/

준주에서 교사 등록 자격을 얻을 수 있도록 한다. 교사교육 프로그램 인증은 일반적으로 등록 기관의 졸업 예정 교사를 위한 전문성 표준과 관련하여 해당 프로그램이 졸업생에게 유능한 전문 지식과 실천을 갖추도록 준비시킬 수 있는지를 위원회가 판단하는 과정을 포함한다. 관할 지역마다 약간의 차이는 있지만, 일반적으로 등록에는 몇 가지 범주가 있다. 승인된 교사교육 프로그램을 졸업하면 임시 등록을 받고, 12~18개월 이후 정식 등록을 받는다. 이 기간에 신규교사는 정식 등록에 필요한 전문성 실천 표준을 달성했다는 증거를 제출해야 한다. 이 기간에는 보통 학교 기반 멘토링과 워크숍을 포함한 입문 프로그램과 기타 전문 학습 기회가 진행된다. 입문 프로그램은 일반적으로 주 정부 또는 고용주가 운영하며, 멘토는 멘토링 역할을 위해 일정 시간 수업에서 제외될 수 있지만, 해당 역할에 대한 추가 급여를 받지는 않는다. 교사 경력 전반에 걸쳐 지속적인 등록은 일반적으로 지속적인 전문 학습을 입증하는 데 달려 있다.

교사교육에 대한 재정 지원

호주의 고등 교육 시스템은 다른 국가에 비해 규모가 작으며, 39개 대학 중 37개 대학이 공립 기관이고, 2개 대학이 사립이다. 교사교육은 전국 34개 공립 대학교의 교육학과 또는 교육학부에서 제공된다.

연방 정부는 매년 협상된 재정 지원 협정을 통해 고등 교육 제공자에게 재정을 지원하며, 이 협정에서는 학문 분야별로 재정 지원을 받을 학생 수가 명시된다. 그러나 최근 법안 개정으로 학부 정원이 '무제한'으로 전환되었다. 2012년부터 공립 대학은 학사 학위 과정에 등록할 학생 수를 결정할 수 있으며, 이에 대한 재정 지원을 받을 수 있다. 분야별 학생 1인당 재정 지원 비율은 법률로 정해져 있으며 매년 예산에서 수정된다. 2012년의 경우, 각 분야에 대한 1인당 연방 정부 기여금은

〈 표 7.1 〉 연방 보조금 제도 재정 지원 분야별 금액

항목	재정 지원 분야	연방 기여금액 (호주 달러)
1	법학, 회계학, 행정학, 경제학, 상업	1,861
2	인문학	5,168
3	수학, 통계학, 행동 과학, 사회학, 컴퓨터 과학, 건축환경학, 기타 보건	9,142
4	교육학	9,512
5	임상 심리학, 보건 관련 분야, 외국어, 시각 및 공연 예술	11,243
6	간호학	12,552
7	공학, 과학, 측량학	15,983
8	치의학, 의학, 수의학, 농업	20,284

〈표 7.1〉에 명시되어 있다.

대부분의 학생은 연방 정부의 지원을 받는다. 이들은 '학생 기여금'이라는 명목으로 수업료의 일부를 납부해야 하며, 연방 정부가 나머지 비용을 부담한다. 학생 기여금은 '선불'로 납부할 수도 있지만, 대부분 납부가 '연기'된다. 기여금을 연기한 학생들을 대신하여 연방 정부가 대학에 기여금을 납부하며, 이는 고등 교육 대출 프로그램Higher Education Loan Programme; HELP의 일환으로 이루어진다. 연방 정부의 교육과학양성부DEST와 호주 국세청ATO은 HELP를 공동 관리한다. 또한, 자격을 갖춘 학생은 소득 및 자산 심사를 통해 청소년 수당Youth Allowance 또는 호주 학자금 지원금Austudy Payments을 받는다. 추가 지원은 장학금 형태로도 제공된다.

교사의 질 개혁

역사적으로 학교와 교사의 업무는 주/준주 관할이었고, 고등 교육은 연방 정부 관할이었다. 이는 때로 일종의 '밀고 당기는' 긴장 관계를 초래했다. 모든 세금은 연방 정부가 징수하고, 이를 주에 분배하여 P-12 학교 교육 부문을 재정 지원하고 관리하도록 하지만, 대학교에는 위에서 설명한 대로 직접 재정을 분배하기 때문이다. 즉, 교육에서 교사교육을 위한 재정 지원 및 관련 정책은 연방 정부 관할이지만, 졸업생이 교사로서 일하게 될 학교 교육 시스템에 대한 재정 지원 및 관련 정책은 주의 관할에 속한다는 의미다. 연방 정부를 이끄는 정당과 주 정부를 이끄는 정당의 정책이 다른 경우 긴장이 발생할 수 있으며, 실제로도 발생한다.

최근 몇 년 동안 연방 정부는 세금을 내는 국민에 대한 책임감을 높인다는 명목으로 학교 교육과 교사의 업무에 대한 영향력을 강화하려는 움직임을 보이고 있다. 가장 최근에 호주 정부는 더 스마트한 학교-교사 질 향상 국가 파트너십Smarter Schools: Improving Teacher Quality National Partnership, TQNP 프로그램을 발표하고 5년간 5억 5천만 달러를 연방 정부가 지원하기로 했다. TQNP 프로그램의 광범위한 목표는 학교에 우수한 교사와 학교 리더를 유치, 양성, 배치, 개발 및 유지하고, 원주민 및/또는 토레스 해협 섬 주민 학생을 가르치는 교사의 기술과 지식을 개선하는 등 교수의 질을 향상하는 것이다. 개혁 대상 분야는 다음과 같다.

- 추가 경로를 통해 최우수 졸업생을 교직으로 유치
- 교사교육의 질 향상
- 국가 표준 및 교사 등록 개발
- 우수한 교사와 학교 리더에게 보상을 제공하여 교사 유지율 향상[2]

다음 절에서는 이러한 개혁에 대해 설명한다. 정도의 차이는 있지만,

이들 개혁은 호주에서 주목받는 여러 정치적 의제에 대응하기 위한 것이다.

호주 교사교육의 정치적 환경

호주의 교사교육은 소위 선진국이라고 불리는 많은 국가와 마찬가지로, '정책 문제'로 대두되고 있다. 마릴린 코크란-스미스Marilyn Cochran-Smith가 언급했듯이, 미국의 교사교육은 처음에는 '양성 문제'로, 그다음에는 '학습 문제'로, 최근에는 '정책 문제'로 자리 잡았다.Cochran-Smith & Fries, 2005 캐나다, 영국, 호주에서도 유사한 구도로 나타난다. 피터 그리멧Peter Grimmett[2009]도 거버넌스 구조와 관련하여 교사교육의 위치를 세 단계로 분석한다.

1단계(1960~1980): 정부 통제 하에서 양성으로서의 교사교육
2단계(1980~2000): 제도적 거버넌스 하에서 가르치는 것에 대한 학습으로서의 교사교육
3단계(1990~2010): 전문적 자율 규제와 규제 완화의 거버넌스 맥락에서 정책으로서의 교사교육

호주에서 1980년대와 1990년대 초반은 전문적인 교사 인력 양성에 중점을 둔 것이 특징으로, 교사교육은 교직과 교사교육의 전문 지식 기반을 조명하기 위한 연구에 의해 뒷받침되었다. '교사 양성' 같은 용어는 '교사교육'과 '가르치는 것에 대한 학습'이라는 용어로 대체되었으며, '반성적 실천'이 교사교육에서 주요 초점이 되었다. 교사교육 학생은 자신의 기존 신념과 전문적 실천이 모든 학생에게 미치는 영향에 대해 반

성하는 활동에 참여했다. 대체로 교사교육은 교사 준비 프로그램을 제공하는 기관에서 자율적으로 운영했다. 교사 교육자는 교사를 준비하는 방식을 프로그램적으로 통제programmatic control했으며, 전문적 학습 및 전문적 실천과 관련된 정치적 의제에 상당한 영향을 미쳤다.

그러나 1990년대에 들어 '질 보장'과 '결과'에 대한 관심이 높아지면서, 2000년대 초반부터 교사교육 거버넌스는 결과에 점점 더 집중하는 특징을 보이기 시작했다. 특히 학생 학습 결과와 교사교육이 교실에서 학생 학습에 미치는 영향에 중점을 두었다. 최근에는 교사교육에 가장 적합한 정책과 관행은 표준화된 시험으로 측정된 학생 성취도와 관련된 부가가치value-addedness에 대한 경험적 증거를 바탕으로 결정되어야 한다는 주장이 제기되었다. 그 결과, 교사교육 거버넌스를 둘러싼 정책 논쟁은 점점 더 양극화되어, 한편에서는 대학 기반 전문성 양성의 규제 완화와 시장화(종종 교육과정과 교수법에 대한 중앙 집중적인 통제 강화 요구와 함께)를 주장하고, 다른 한편에서는 학문에 기반을 둔 전문성을 옹호하는 입장이 맞서고 있다. 규제 완화를 주장하는 사람들은 현재 시행되는 교사교육의 부가가치를 뒷받침할 유효한 증거가 거의 없다고 주장하며, 전통적인 교사교육 경로 대신 규제 기준과 성과 지표를 도입해야 한다고 주장한다. 전문성 강화를 요구하는 사람들은 전문적 자율 규제와 반자율성semi-autonomy을 촉진하는 정책과 관행을 주장한다.

이렇게 첨예하게 대립된 상황에서 정치인, 관료, 재계, 지역사회 구성원, 심지어 교직 종사자까지 교사의 전문적 준비와 관련된 질문을 점점 더 많이 하고 있다. 교사교육의 가치는 무엇인가? 신규교사는 무엇을 알고 무엇을 할 수 있어야 하는가? 신규교사가 무엇을 알고 있고 무엇을 할 수 있는지 어떻게 판단할 수 있는가? 이 절에서는 이러한 질문들을 차례로 검토하고 이 질문에 대한 대응으로 대두되는 국가적 논쟁, 정책 및 조치actions에 대해 논의한다.

교사교육의 가치는 무엇인가? 규제 완화와 전문화 논쟁

역사적으로 호주의 모든 교사는 대학의 교육학부나 교육학과 Faculties or Schools of Education에서 주 정부가 교사 등록을 위해 공인한 프로그램을 이수하는, 북미 용어로 '전통적 경로'라고 할 수 있는 방법으로 양성되어 왔다. 그러나 최근 미국의 사례를 계기로 교사교육에 대한 비판의 물결이 일면서 '대안적' 교사 양성 경로에 대한 논의가 시작되었다. 교육학과와 교육대학schools and colleges of education의 교사교육 프로그램을 통한 전통적인 교사 자격증 취득 경로가 '다른 면에서는 매우 우수한 사람들에게 교사가 되는 데 장벽으로 여겨지는'미국 교육부 US Department of Education, 2004, p.2 상황은 아니지만, 이러한 견해가 호주 정치권에서 주목받고 있다.

학계와 교직에 종사하는 많은 사람은 교사와 교사의 업무가 사무화deskilling·비전문화deprofessionalization되는 것을 우려한다. 미국의 교사 교육자예: Darling-Hammond, 2000; Wilson et al., 2001와 마찬가지로, 호주 교사 교육자도 자격을 갖추고 등록된 교사가 자격이 없거나 자격이 부족한 교사보다 학생 성취도 면에서 더 효과적이라고 주장한다. 그들은 교직의 전문화에 초점을 맞출 것을 주장하며, 개혁의 기초는 교사교육, 등록 및 임용 관행 그리고 전문성 개발을 통한 교사의 질에 대한 정책적 투자가 되어야 한다고 제안한다. 또한, 교직의 자율적 규제를 기반으로 하는 '전문적 책무성professional accountability'을 주장한다. 이는 가르칠 자격이 부여된 모든 사람이 충분히 준비되어 있고, 전문적 실천에 필요한 모든 지식을 보유하고 활용하며, 고객(즉, 학생과 대중)에 대한 일차적인 헌신을 유지하는 것을 보장하기 위한 집단적 책임을 지는 것이다. 이러한 전문적 책무성 모델은 교직이 사회와 맺는 '정책적 거래'로 볼 수 있다. 이는 교직에 대한 규제를 완화하는 대가로 교사에 대한 더 큰 (자기) 규제를 보장하는 것을 의미한다.Darling-Hammond, 1989; Mayer, 2005

미국과 마찬가지로 호주의 교사교육 거버넌스도 점점 더 결과, 특히 학생 학습 결과와 교사교육이 교실에서 학생의 학습에 미치는 영향에 초점을 맞추는 특징을 보인다. 교사교육에 대한 다양한 조사들은 교사교육의 가치를 조사하는 대규모 연구 프로젝트를 권장하고 있다. 한 가지 예로, 2004년 빅토리아 주 의회의 교사교육에 대한 조사는 다음과 같은 권고를 제시했다.

> **권고사항 2.7:** 빅토리아 주 정부는 교사교육에 대한 장기적인 평가를 위한 대규모 연구 프로젝트에 착수할 것을 권고한다. 이 프로젝트는 예비교사 프로필 및 다양한 교사교육 과정을 교직 내 임용, 유지, 승진과 연결하는 종합적인 데이터 및 수집 관리 시스템을 포함해야 한다. 이 평가는 교사교육의 다양한 구조와 접근 방식에 따른 결과를 비교해야 한다.
>
> **권고사항 2.8:** 빅토리아 주 정부는 교육·임용·양성·청소년 업무 장관 협의회MCEETYA[3]를 통해 학생 성과 측면에서 교사교육에 대한 다양한 접근법의 장기적 효과에 대한 종단 연구를 추진할 것을 권고한다.Education and Training Committee, 2005, pp.66-67

그러나 아직 호주 전역에서 이러한 대규모 연구는 진행되지 않고 있다. 이는 미국에서도 마찬가지인 상황이라 놀라운 일이 아니다.

교사교육 분야에서는 대규모 연구 보조금이 드물기 때문에, 교사 교육자는 종종 자신의 교수와 프로그램을 연구한다. 이로 인해 여러 소규모의 서로 연결되지 않은 실천 연구를 포함한 다양한 연구가 생산된다.Mayer, 2006, p.6

이러한 연구는 교사교육 프로그램과 실천을 위한 유용한 연구 기반을 제공할 수 있지만, 교사교육에 대한 질 높은 대규모 연구에는 상당한 공백이 남아 있다. 호주에서는 이러한 연구를 지원하기 위한 국가 차원의 경쟁력 있는 대규모 보조금이 절실히 필요하다.

이러한 맥락에서 연방 정부는 위에서 언급한 교사 질 향상 국가 파트너십TQNP 개혁 영역을 통해 교사 양성에 대한 통제권을 강화하려고 해 왔다.

티치 포 오스트레일리아: 우수 졸업생 선발

호주 교사 양성 맥락에 최근 추가된 중요한 프로그램 중 하나로, TQNP 활동의 결과로 등장한 '티치 포 오스트레일리아Teach for Australia'가 있다. 이 프로그램은 영국의 티치 퍼스트Teach First와 미국의 티치 포 아메리카Teach for America와 유사하다. 2010년 시작된 티치 포 오스트레일리아의 목표는 모든 학문 분야에서 뛰어난 학업 성과, 리더십 경험, 의사소통 및 공감 능력을 갖춘 우수한 대학 졸업생을 모집 및 선발하여, 사회·경제적으로 불리한 환경에 있는 중등학교에서 가르치게 하는 것이다. 티치 포 오스트레일리아 연수생Associates은 6주간의 집중적인 교사 양성 프로그램을 이수한 후 2년간 교사로 활동하며, 멘토의 지원을 받고 리더십 지원 및 비즈니스 코칭을 제공하는 비즈니스 파트너와 협력한다. 멜버른 대학교는 연방 정부로부터 연수생 교육용 콘텐츠 개발 및 제공 계약을 수주했으며, 연수생은 첫 2년 동안 교내 집중 수업과 자기 주도형 과정 학습을 병행하여 교육을 받는다. 이 기간이 끝나면 연수생은 교육 대학원 디플로마를 취득하고 호주 전역의 중등학교에서 가르칠 자격을 얻는다. 교육 대학원 디플로마 과정의 전체 학비는 호주 연방 정부에서 티치 포 오스트레일리아 연수생에게 지원한다.

호주 교수 및 학교 리더십 연구소: 질 높은 교수와 학교 리더십

2005년 연방 정부는 '모든 호주인을 위한 질 높은 교수와 학교 리더십을 촉진하기 위해 교직을 한데 모아 교사와 학교 리더의 이익을 대변하는 강력한 통합 기구'로서 티칭 오스트레일리아Teaching Australia를 설립했다. 티칭 오스트레일리아는 처음에는 국가 차원의 교사교육 인증 시스템 개발을 모색했지만, 이후에는 우수한 교사 및 학교 리더를 위한 국가 인증 시스템 구축에 대부분의 관심을 집중했다.Mayer, 2009 그러나 2010년에 티칭 오스트레일리아를 대체하기 위해 호주 교수 및 학교 리더십 연구소the Australian Institute for Teaching and School Leadership; AITSL가 설립되었다. AITSL은 TQNP 개혁 의제를 지원하고, 전문성 표준의 설정과 활용, 국가적 전문 학습 활동 제공, 교수법과 학교 리더십 향상을 위한 연구, 학교에서의 우수 실천 사례 표창 활동에 중요한 국가적 역할을 맡는 구체적인 임무가 있다.

교사교육에 대한 국가 인증

학교 교육, 유아 발달 및 청소년 업무를 담당하는 주, 준주, 호주 연방 정부 및 뉴질랜드 장관으로 구성된 교육, 유아 발달 및 청소년 업무 장관 협의회The Ministerial Council for Education, Early Childhood Development and Youth Affairs; MCEEDYA는 교사의 전문적 준비를 위한 호주 전역의 프로그램 인증에 대한 AITSL 개발을 지원했다.

이러한 움직임은 호주에서 새로운 것이 아니다. 1990년대 중반으로 거슬러 올라가면 호주 교원양성대학 학장협의회the Australian

Council of Deans of Education는 국가 차원의 틀 개발을 지원한 바 있다. 1996년 7월, 연방 정부의 재정 지원을 받는 국가 중요 프로젝트 사업Projects of National Significance Program의 일환으로, 호주의 예비교사 교육에 대한 국가 표준 및 지침National Standards and Guidelines for Initial Teacher Education을 개발하는 프로젝트에 대한 재정 지원이 승인되었다. 호주 교원양성대학 학장협의회는 이 프로젝트를 관리하며, 예비교사 교육 프로그램의 인증 또는 승인 기준으로 예비교사 교육을 위한 국가 표준 및 지침을 사용할 것을 권고하는 종합 보고서를 작성했다.The Australian Council of Deans of Education, 1998 그 후 2005년 6월에 새로 설립된 티칭 오스트레일리아는 호주 교육 연구 위원회Australian Council for Educational Research; ACER에 예비교사 교육 프로그램 인증을 위한 국가 시스템 개발에 대해 조언하는 프로젝트를 의뢰했다.Ingvarson et al., 2006 또한 2007년 호주 의회 하원 교육 및 직업 훈련 상임위원회the Australian Parliament's House of Representatives Standing Committee on Education and Vocational Training는 다음과 같이 권고했나.

> 국가 인증 시스템이 확립되면 호주 정부는 연방 정부의 재정 지원을 받는 대학이 교사교육 과정을 국가 인증 기관으로부터 인증받게 해야 한다.House of Representatives Standing Committee on Education and Vocational Training, 2007, p.xv

2011년에 MCEEDYA는 새로운 국가 전문성 표준Australian Institute for Teaching and School Leadership, 2011a과 예비교사 교육 프로그램 인증을 위한 새로운 절차Australian Institute for Teaching and School Leadership, 2011b를 승인했다. 2013년 이후 제공될 프로그램에 대한 인증 및 재인증은 새로운 국가 시스템에 따라 행해질 것이다. 프로그램 인증은 관련 주 및 준주 당국에서 계속 하지만, 이제 새로운 국가 졸업교사 표준 및 프로그램 표준을 사용하고, 승인된 국가 인증 절차를 활용하여 진행될 것이다. 새로운 규제에는 교사교육 제공자를 위한 몇 가지 중요한 변화가 포함되어 있다. 이 장에서 가장 중요한 변화는 결과에 대한 강조가 높아졌다는 점과, 졸업생이 새로운 국가 졸업 표준에서 제시된 전문 지식, 실천 및 참여를 입증할 수 있음을 교사교육 제공자가 증명해야 한다는 점이다.

신규교사는 무엇을 알고 무엇을 할 수 있어야 하는가? 전문성 표준 논쟁

전문적 책무성과 자기 규제적 직업은 교사가 무엇을 알고 있으며 어떤 역할을 하는지에 대해 명확한 설명을 요구한다. 그러나 교수teaching는 복잡하기 때문에 질 높은 교수를 인식하고 정의하는 것 또한 복잡하다. 높아진 교육과정 기대와 다양해진 학습자로 인해, 교사는 맥락과 학습자 변이가 교수와 학습에 미치는 영향을 더욱 정교하게 이해해야 한다. 교사는 정해진 루틴을 따르는 대신, 교수 상황을 평가하고 다양한 상황에서 효과적일 수 있는 교수 전략을 개발하는 능력을 더욱 숙달해야 한다. 이는 교수가 전문적인 판단을 요구하는 지적 작업이기 때문이다. 이러한 어려움에도 불구하고 호주와 여러 국가에서는 교수 경력의 다양한 시기(예: 신규 또는 초임 교사, 정규 교사, 숙련된 교사, 교사 리더)에서 효과적인 전문적 실천을 설명하기 위해 교수 전문성 표준을 개발했다. 이러한 표준은 다양한 교과 영역과 학년 수준은 물론, 다양한 학교 시스템과 맥락에서 교수와 관련된 미묘한 차이를 반영하고자 한다.

교수에 관한 전문성 표준

호주에서는 교직 전문성 표준의 개발과 시행이 급속하게 늘었지만,

이러한 표준들은 서로 연계되지 않고 상호 독립적으로 사용되는 경우가 많았다. 각 주의 교사 등록 당국은 교사교육 프로그램 졸업자를 위한 자체적인 전문성 표준과, 지속적인 등록과 연계된 높은 수준의 전문적 실천을 위한 표준을 개발했다. 또한 주 및 준주 교육 관할 구역에서는 일반적인 교수 표준을 만들었다.예: The State of Queensland, 2005 연방 정부는 2003년 당시 교육·임용·양성·청소년 업무 장관 협의회Ministerial Council on Education Employment Training and Youth Affairs(MEETYA, MEEDYA의 전신)를 통해 국가 표준 프레임워크를 만들었다.Ministerial Council on Education Employment Training and Youth Affairs, 2003 또한 티칭 오스트레일리아는 학교 리더십 및 고급 교수에 대한 표준을 개발했으며Teaching Australia, 2008, 각 교과 협회에서는 영어 및 문해력, 수학, 과학 및 지리에 대한 숙련된 교수를 위한 성취기준을 개발했다.예: Australian Association of Mathematics Teachers, 2006; Australian Science Teachers Association, 2002; Standards for Teachers of English Language and Literacy in Australia (STELLA), 2002

따라서 전문성 표준 진술statement은 교수에 관한 전문 지식이 실제로 어떻게 사용되는지를 설명하고 전문적 활동을 평가하고 판단하는 도구로서, 공유되고 공적인 '실천 언어'를 형성하기 위해 만들어졌다.Yinger & Hendricks-Lee, 2000 그러나 표준의 전반적인 상황은 여전히 다소 파편화되고 조정되지 않은 상태다. 교직 내의 여러 구성원은 전문적 학습의 연속성과 관련 경력 전환 지점에 따라 다양한 시점에서 효과적인 전문적 지식과 실천을 규명하고, 자신의 교직 영역을 통제하고 규제하려는 시도를 해왔다.

호주 교수 및 학교 리더십 연구소AITSL 설립으로, 연방 정부는 호주 전역에서 사용할 수 있는 공통의 전문성 표준을 도입했다. 이 표준의 '초임 교사Graduate' 및 '숙련 교사Proficient' 단계는 공인된 교사교육 프로그램을 이수한 후 임시 등록을 결정할 때, 그리고 교직에 입문한 후 정식 등록을 결정할 때 교사 등록 목적으로 사용된다. 이 단계들은 초임 교사 교육 인증을 위한 새로운 국가 시스템에 빠르게 통합되었다.Australian Institute for Teaching and School Leadership, 2011b 그러나 관련 산업적 문제로 인해, '고성취 교사High Accomplished' 및 '리더 교사Lead' 단계의 기준과 그 사용 방법에 대해서는 전국적으로 많은 논의와 토론이 진행 중이다.

따라서 호주의 TQNP 의제는 교사 등록, 예비교사 교육 과정 인증 그리고 초임 교사, 숙련 교사, 고성취 교사, 리더 교사 단계에서의 교사 인증 분야에서 개혁을 이끌어가기 위해 국가적으로 합의된 일관된 요구 사항과 원칙을 제공하도록 설계되었다. 또한, 이 의제는 전문적 학습과 성과 평가에도 영향을 미칠 수 있도록 고안되었다. 이러한 개혁은 교원의 원활한 이동을 지원하고, 국가적으로 합의된 질 보장 메커니즘을 제공함으로써 교사 전문성에 대한 공공의 신뢰를 높일 것으로 기대된다. 그러나 각 구성원의 목표, 의제 그리고 우선순위ownership priorities가 이러한 국가적 초점을 실현할 수 있을지는 여전히 지켜봐야 할 문제다.

신규교사가 무엇을 알고 있고 무엇을 할 수 있는지 어떻게 판단할 수 있는가? 교사 시험testing과 성과 평가에 대한 논쟁

교직 구성원의 '역량 보장'은 '교직'의 전문적 실천 표준을 정의하는 것에서 끝나지 않는다. 이는 표준을 바탕으로 교직 입문 및 지속적인 등록을 규제하는 것도 포함한다. 위에서 설명한 바와 같이 호주에서는 주 정부 기관이 입력 모델input models을 활용하여 교사 등록 여부를 결정하며 교직 입문 과정을 관리한다. 교사교육 프로그램의 질에 대한 판단은 일반적으로 관계자로 구성된 심사위원회가 해당 프로그램이 유능한 초임 교사를 양성할 수 있는지를 결정하는 서류 검토를 통해 이루어진다. 이후, 고용주와 교사 등록 당국은 공인 교사교육 프로그램

이수 여부, 대학 과목 성적, 실습 평가, 수업 관찰과 같은 대리 지표를 바탕으로 졸업생의 전문 지식과 실천 수준, 즉 교직 수행 준비 정도를 평가한다.

교사의 책무성과 교사 역량 평가 분야는 TQNP 정책 맥락에서 호주에서 점점 더 주목받고 있다. 미국과 영국에서 나타난 교사 책무성 제도를 참고하면서, 표준화된 시험에서 나온 학생 성적을 활용해 교사 역량을 평가하는 방안에 대한 고려가 늘고 있다.

표준화된 시험과 교사 책무성

호주는 학생 학습에 대한 국가 차원의 표준화된 시험의 역사가 없었다. 그러나 2008년 국가 문해 및 수리 능력 평가 프로그램NAPLAN이 도입되어 호주 전역의 3학년, 5학년, 7학년, 9학년 학생들이 매년 읽기, 쓰기, 언어 규칙(철자, 문법, 구두점) 및 수리력에 대한 국가 시험을 통해 평가받기 시작했다. 최근 연방 정부는 나의 학교My School 웹사이트를 개설했는데, 이는 학교를 순위표league tables로 서열화할 가능성에 대한 우려를 불러일으키며 큰 논란이 되었다. 이 웹사이트는 호주 전역의 약 10,000개 학교에 대한 프로필을 제공하며, 학교의 위치, 부문 또는 이름으로 검색할 수 있다. 통계 및 맥락적 정보뿐만 아니라 NAPLAN 결과를 제공하여 통계적으로 유사한 학교와 비교할 수 있다. 교직 내에서는 학생의 학습에 영향을 미치는 다양한 변수를 고려하지 않은 채, 교사가 자신이 가르치는 학생의 NAPLAN 결과에 따라 평가될 것이라는 우려가 제기되고 있다. 이러한 문제를 둘러싸고 현재 전국적으로 많은 전문적·공공적 논의가 이루어지고 있으며, 이에 따라 교사들의 단체행동industral action도 벌어지고 있다.

NAPLAN 데이터 사용과 해석에 대한 우려는 교직계와 더 넓은 커뮤니티에서 많은 열띤 논쟁을 촉발했을 뿐 아니라, 이러한 국가 차원의 학생 학습 평가가 이미 교사교육 정책과 실천에 영향을 미치기 시작했다는 점도 분명하다. 예를 들어, 2008년 퀸즐랜드 주의 NAPLAN 결과가 부진하자 호주 교육 연구 위원회 최고 책임자 제프 마스터스Geoff Masters는 퀸즐랜드 주의 초등학교 교육과정과 교육 표준을 검토하는 작업에 참여했다. 이 보고서Masters, 2009는 퀸즐랜드 주 초등학교의 문해력, 수리력 및 과학 능력을 향상시키기 위한 다섯 가지 주요 권고 사항을 담고 있으며, 그중 하나는 예비교사 교육을 대상으로 한 권고 사항이다. 이 보고서는 다음과 같이 권고했다.

> 모든 예비 초등교사는 교사 등록 조건으로 시험 성적을 통해 문해력, 수리력, 과학을 가르치는 것과 관련된 지식의 기준 수준을 충족하고, 해당 영역에서 충분한 내용 지식을 지니고 있음을 입증해야 한다.

다른 권고 사항은 지속적인 전문적 학습, 특수 교사 양성, 4학년, 6학년, 8학년, 10학년에 표준화된 과학 시험 도입, 그리고 학교 리더십 향상을 포함했다. 모든 권고 사항은 퀸즐랜드 주 정부의 지지를 받았다. 2010년에는 퀸즐랜드 주에서 교사 시험이 개발되고 시범적으로 시행되었으며, 2011년에는 주 전역에 도입되었다. 흥미롭게도, (많은 전국적 논쟁 끝에) 예비교사나 졸업교사에 대한 시험은 새로운 국가 인증 시스템에서는 최종적으로 도입되지 않았다.Australian Institute for Teaching and School Leadership, 2011b

뛰어난 교수accomplished teaching에 대한 보상

호주에서는 뛰어난 교수teaching를 인정하고 보상하자는 의견이 점점 확산하고 있다. 이는 주로 교직의 위상을 높이고, 고성취 교사를 인정하고 유지하며, 때로는 재정적으로 보상하기 위한 바람에서 비롯되었다. 호주 비즈니스 협의회The Business Council of Australia는 '우수한 교사를 인정하고, 교직의 새로운 경력 경로를 제시할 수 있는 새로운 국가 인증 시스템'을 요청했다. 이는 '우수한 교사를 보상하는 새로운 보수 체계'와 '교사가 지속적으로 학습할 수 있도록 지원하는 포괄적인 전략'을 기반으로 해야 한다고 강조했다.The Business Council of Australia, 2008, p.2 호주 전역의 일부 관할 구역에서는 포트폴리오 기반 접근 방식을 활용하여 고성취 교사를 인정하고 보상하기 위한 다양한 접근 방식을 시범 운영하고 있다.

교사 성과에 대한 진정성 있는 평가

미국의 사례를 참고하여 호주에서도 다각적인 측정 방법을 통합하고, 교사가 학생 학습에 미치는 영향을 판단하는 데 중점을 두어 교육 현장에서 교사의 전문적 실천에 대한 진정성 있는 평가authentic assessment를 모색하고 있다.

최근 교사 영향력에 관한 연구에 따르면, 학급 규모와 구성 외에도 교사가 학생 학습 성과에 큰 영향을 미치는 것으로 나타났다.Rivkin et al., 2005; Rockoff, 2004; Sanders & Rivers, 1996 교사의 성격, 교육 수준, 그리고 양성 유형은 학생 학습 결과 분석에 독립 변수로 작용했으며, 학업 성취도, 교과 전문성, 교실 경험 등 다른 특성도 교실에서 교사가 미치는 영향력에 기여하는 것으로 밝혀졌다.Darling-Hammond, 2000; Rice, 2003 더 나아가, 교사의 영향력은 시간이 지나도 지속되어 현재 학년의 수업을 넘어 학생 학습에 영향을 미치는 것으로 보인다.

그러나 교사 효과성에 대한 분석은 학생 성취 지표인 단일 변수에만 초점을 맞추는 경우가 많다. 교사 영향력에 대한 연구를 검토한 결과, 여러 연구에서는 교사 자신의 학업 성취가 교사 효과성의 강력한 지표가 된다고 제안한다. 그러나 다른 연구에서는 교사가 학생 학습에 미치는 영향을 나타내는 지표로 교수 적성, 내용 전문성 또는 지능을 지목하기도 한다.^{자세한 검토는 Darling-Hammond & Youngs, 2002 참조} 교사 양성 과정 또한 학생 성취도와 관련이 있는 것으로 나타났다. 특히 내용 특화 교수법content-specific pedagogy 과정을 수강한 교사는 단순히 내용 지식이 풍부한 교사보다 학생 학습에 더 큰 영향을 미치는 것으로 나타났다.^{Monk, 1994} 골드하버Goldhaber와 브루어Brewer²⁰⁰⁰는 자격증을 취득한 교사가 그렇지 않은 교사에 비해 해당 교과목에서 학생의 시험 점수가 더 높았음을 발견했다. 이는 교사의 교과 경험과 무관하게 나타났다고 보고했다.

위 연구는 교사가 학생 학습에 미치는 영향을 측정할 때 여러 특성(교수 능력, 교과 전문성, 내용 교수법 등을 포함)이 중요함을 보여준다. 교사 효과성을 측정할 때, 교사가 학생 학습에 미치는 영향을 설명하는 데 단일 요인만을 유일한 원인으로 삼아서는 안 된다. 교사 효과성을 다각도로 측정하는 연구가 부족하긴 하지만, 교사가 학생 학습에 미치는 영향을 고려할 때 여러 요인이 관여하는 것은 분명하다.

위에서 교사 효과성의 지표로 확인된 요인들을 고려할 때, 교사 양성 과정은 이러한 요인 대부분을 경험할 수 있는 수단인 것으로 보인다. 연구에 따르면, 교사가 학생 학습에 미치는 영향을 평가할 때 양성 과정 유형이 중요하다. 학생의 학습을 촉진하기 위해 피드백을 사용할 준비가 된 교사는 학생 성취도를 높이는 데 기여했다.^{Black & Wiliam, 1998} 또한, 학습 자료를 활용하여 덜 추상적인 학습 환경을 조성하는 프로그램은 학생 성취도를 높이는 교사를 배출했다.^{Wenglinsky, 2003} 다양한 요구를 지닌 학생과 함께 활동하는 것에 대한 강조, 프로그램 기간 그리고 예비교사가 교과 과정 중에 배운 개념을 즉시 실천해볼 수 있는 능력은 모두 교사의 교수에 대한 자기효능감에 긍정적인 영향을 미치며,

학생 성취도에 영향을 줄 수 있다.

따라서, 교사가 학생 학습에 미치는 영향을 고려할 때, 교사를 다각적인 측정 기준으로 평가하는 것이 중요하다. 단일 지표는 교사가 학생 성취에 미치는 영향을 축소하거나 과장할 수 있다. 특정 프로그램의 특징과 교사 성과를 연결하는 데는 부가가치 측정 지표value-added measures가 유용할 수 있으나, 이러한 지표는 다른 지역이나 다른 교실 환경에 결과를 일반화하는 데 한계가 있다. 질 높은 교사평가를 보장하려면 교수의 효과를 측정할 때 교실 성과와 내용 특화 지식content-specific knowledge을 고려해야 한다. 지역 차원에서 개발된 수행 평가는 고차적인 사고력과 내용 특화 지식에 초점을 맞춘 고품질의 교사 평가를 제공한다.

성과 평가: 호주의 교사교육 분야의 현황

호주의 대학은 예비교사를 평가하기 위해 다양한 접근 방식을 활용한다. 교수의 질에 대한 증거를 수집하는 가장 일반적인 세 가지 방법은 다음과 같다. (1) 초임 교사의 전문성 표준과 연계된, 교사 교육자가 개발한 평가 척도가 포함된 관찰 프로토콜, (2) 예비교사의 전문 지식과 그들의 전문적 실천에 대한 성찰을 기록한 포트폴리오, (3) 교사 및/또는 학생의 활동work 샘플이다. 이러한 대학 기반 예비교사평가 접근 방식의 강점은 주로 형성적 방식으로 설계되어 교사의 학습을 지원하고, 예비교사의 전문적 실천에서 특정 강점과 약점에 대한 정보를 제공하려고 한다는 점이다. 이를 통해 교사의 성장을 지원하고, 프로그램 개선에 필요한 정보를 제공한다. 그러나 교사 질에 대한 판단이 국가 및 주 차원에서 우선순위가 되고, 초임 교사의 역량 및 교사교육 프로그램의 효과성을 판단하는 종합적인 결정 기준이 됨에 따라, 신뢰도와 타당도 기준을 충족하기 위한 수준이 상당히 높아졌다. 지역 평가

local assessment가 실제적이고 신중하게 시행되며 프로그램의 가치를 반영한다 하더라도, 일반적으로 정책 입안가가 신뢰할 수 있을 정도의 심리측정학적 속성을 갖추고 있지 않다. 대학들은 이미 예비교사 평가와 프로그램에 대한 많은 데이터 수집에 상당한 노력과 자원을 투자하고 있다. 하지만 대부분 대학 기반 교수 평가는 타당도와 신뢰도를 보장할 수 있는 충분한 기술적 증거를 갖추지 못하고 있다.

이 절에서는 호주의 예비교사 양성 프로그램에서 일반적으로 사용하는 프로그램에 내재된 성과 기반 평가performance-based assessment 접근 방식에 대해 간략히 설명한다.

- 관찰 기반 도구observation-based instruments
- 수시 수행 과제on-demand performance tasks
- 포트폴리오 평가portfolio assessments

일부 프로그램에서는 다른 유형의 성과 기반 평가가 사용될 수 있으며, 평가의 질과 엄격성이 다를 수 있다. 그러나 이들 세 유형은 호주 교사 양성 프로그램에서 교수 평가에 자주 사용되는 대표적인 방식을 나타낸다.

관찰 기반 평가

예비교사의 실습 경험 동안 관찰은 표준적인 관행으로 자리 잡고 있다. 관찰 기반 평가 도구는 역사가 오래되었으며, 시간이 지나면서 발전해 왔다. 역사적으로, 관찰 양식과 체크리스트는 효과적인 교수법에 대한 주요 관점을 반영하는 특정 행동에 초점을 맞춰왔다.Arends, 2006a 교수teaching 관찰은 비록 드물게 이루어진다 하더라도, 예비교사의 교수 기술 개발과 교직 수행 준비 여부를 평가하는 데 필수적으로 간주된다. 따라서 관찰은 종종 교사의 질에 대한 가장 실제적이고 중요한 지표로 여겨진다. 그러나 많은 교사교육 프로그램이 관찰 프로토콜을 매우 신뢰하고 있음에도, 관찰 도구와 절차의 기술적 수준을 뒷받침하는 증거는 거의 없다. 관찰 평가 도구에서 수용 가능한 수준의 평정자 간 일치도inter-rater agreement를 달성하기 위해 교사교육 감독자와 협력 교사에게 연수를 제공할 시간과 자원이 부족하기 때문에, 교사의 질에 대한 평가는 주로 평가자의 전문적 판단에 의존하여 무엇이 '능숙하거나 합격 성과'로 간주되는지를 결정하게 된다. 또한, 관찰을 통해 수집된 정보는 주로 교사의 강점과 약점을 파악하고 추가적인 전문성 개발을 안내하는 데 사용된다. 따라서 평가자의 신뢰도와 타당도 문제는 종종 엄격하게 다루어지지 않는다.

관찰 기반 평가 도구의 장단점을 다루는 데만 한 장chapter 전체를 쓸 수 있다. 하지만 형평성과 정책적 관점에서 중요한 사실은 예비교사가 받는 최종 평가 결과에 큰 차이가 없는 경우가 많다는 점이다. 이는 관찰 도구를 사용한 예비교사에 대한 교수 평가가 전문적 실천의 객관적 평가라기보다는 일종의 '통과 의례'로 여겨지는 경향이 있음을 나타낸다. 국가적으로 질 높은 교수법에 초점을 맞추고 있는 상황에서, 모든 성과 평가performance assessment가 엄격한 타당성과 신뢰성 기준을 충족하는 것이 점점 더 중요해지고 있다. 관찰 프로토콜이 주 또는 국가 기반의 교사 책무성 측정의 기초로 활용되려면, 모든 기관에서 일관되게 적용될 수 있는 표준화된 채점 프로토콜, 표준화된 연수 및 교정 관행, 표준화된 실행 지침 등을 포함한 기술적 수준의 문제가 최우선으로 고려되어야 한다. 그러나 이러한 유형의 전문적이고 수준 높은 평가 척도를 개발하는 것은 매우 어렵고 비용이 많이 들며, 대부분의 프로그램은 이를 위한 개발과 연구를 수행할 자원이나 역량이 부족할 가능성이 크다.

수시 수행 과제

수시 수행 과제는 예비교사에게 교수의 특정 측면(예: 학생 평가)에 초점을 맞춘 일련의 프롬프트prompts를 제시한다. 이러한 과제는 실제 교수 상황을 모방한 문제 기반 시나리오나 시뮬레이션을 통해 구성 및 제공되며, 반드시 하나의 정답을 요구하지는 않는다.Arends, 2006b 예를 들어, 교사에게 주제를 주고 한 학급의 학생들에 대해 설명한 뒤, 해당 주제로 수업 계획을 세우고 그 계획이 학급 학생들의 강점과 필요를 어떻게 반영하는지 설명하도록 할 수 있다. 이 과제에 대한 평가 기준을 충족하는 답변은 다양할 수 있다. 또 다른 과제는 교사에게 학생 활동 샘플을 평가하고 성취 수준과/또는 학생에게 제공할 피드백의 유형을 설명하게 하거나, 교실에서의 도전적인 상황을 어떻게 처리할지 설명하게 할 수 있다. 현재 호주 전역의 교사 양성 프로그램에서 수시 수행 과제는 특정 교과에 통합되어 있으며, 예비교사의 교수 능력 향상을 위한 형성적 평가 도구로 사용되고 있다.

많은 대학에서 사용하는 교과 내 수시 수행 과제의 예로 아동 사례 연구child case study가 있다. 아동 사례 연구는 초등교사 교육에서 오랜 전통이 있으며, 일반적으로 아동의 발달 프로필 작성에 중점을 둔 서술형 보고서를 포함한다(특별한 어려움과 도움이 필요한 아동도 포함). 이러한 프로필은 대개 아동의 신체적, 사회적, 정서적, 그리고 학업/인지적 발달을 다루며, 다양한 맥락에서 아동에 대한 인터뷰와 관찰을 통해 작성된다. 이 과제는 주로 형성적 목적으로 사용된다. 즉 예비교사는 프로필 작성 과정을 통해 해당 아동과 가장 적절하게 상호작용하는 방법이나 아동의 교육적 필요를 충족하기 위한 교육과정, 교수법, 또는 개입을 설계하는 데 필요한 시사점을 도출한다.

잘 설계된 수시 수행 과제는 예비교사가 자신의 사고 과정과 의사 결정 과정을 설명하도록 유도하여, 이들의 내용 지식, 교수법 지식 그리고 내용 교수 지식을 명확하게 드러내게 한다.Arends, 2006b 수시 수행 과제는 과정의 목표와 목적에 밀접하게 통합되도록 설계되므로 가장 간섭이 적은 평가 방식이다. 그러나 수시 수행 과제가 중요한 총괄적 목적(예: 등록이나 졸업 사정)으로만 사용될 경우, 몇 가지 단점이 있다. 예비교사는 자신이 왜 성공했는지 또는 왜 성과가 미흡했는지에 대한 자세한 증빙 기록을 받을 기회가 거의 없다. 이는 평가를 통해 배울 기회를 제한한다. 예비교사가 교실에서 효과적인 방법이 무엇인지, 예를 들어 학습에 어려움을 겪는 학생들의 학습을 개선하는 방법(예: 아동 사례 연구)을 제대로 배우려면, 자신의 계획을 실행해 보고 무엇이 효과적이었고 무엇이 효과적이지 않았는지를 배울 기회를 가져야 한다. 이런 경험은 시뮬레이션으로 쉽게 복제할 수 있는 것이 아니다. 더욱이, 이러한 수행 과제의 형성적 초점과 수행 과제를 특정 학습 단원에 배치하는 것은 중요한 기술적 문제(신뢰성/타당성)를 야기할 수 있다. 전통적으로 대학과 교사 교육자가 교육과정과 강의 계획서 개발 때 갖는 자율성을 고려할 때, 이를 극복하기는 어려울 것이다.

포트폴리오 평가

포트폴리오 평가는 교사 양성 프로그램에서 널리 사용되며, 주로 '종합 평가capstone' 또는 최종 평가의 형태로 활용된다.St. Maurice & Shaw, 2004 포트폴리오는 다양한 목적이 있을 수 있으며, 낮은 중요도low stakes에서 높은 중요도high stakes로 설명할 수 있는 연속체에 속하는 경향이 있다. 포트폴리오에 대한 논의에서 우리는 구조화된 포트폴리오와 비구조화된 포트폴리오를 구분한다. 구조화된 포트폴리오는 예비교사가 특정 교수 산출물을 제출하고, 표준화된 프롬프트에 식접 답하게 한다. 이러한 산출물과 대답은 공통의 평가 도구, 일반적으로 루브릭을 사용하여 훈련된 평가자가 표준화된 방식으로 채점한다. 미국에서는 국가 교원 전문성 표준 위원회National Board for Professional Teaching Standards 포트폴리오가 매우 구조화된 포트폴리오의 예다. 비구조화된 포트폴리오를 구성할 때는 대학의 의도에 따라 어떤 산출물을 어떻게 선택하는지가 달라진다. 예를 들어, '쇼케이스 포트폴리오'에서는 예비교사가 자신이 생각하는 '최고의 활동work'을 대표하는 산출물을 자유롭게 선택할 수 있다. 전문적 학습을 위한 도구로 사용될 포트폴리오에서는 교수 철학에 대한 진술, 교수 비디오 녹화본, 수업 계획이나 단원, 또는 직접 개발한 교육과정 자료 원본과 함께 반성문과 같은 구체적인 산출물을 포함하도록 예비교사의 선택이 더 체계적으로 이루어질 수 있다. 이러한 포트폴리오의 구성과 평가에는 많은 시간과 노력이 투입되지만, 주로 형성적 목적을 위해 사용된다.

그러나 포트폴리오를 졸업이나 등록 결정을 지원하기 위해 사용하려면, 평가의 설계와 개발이 훨씬 더 구조화되어야 한다. 윌커슨Wilkerson과 랭Lang은 교사 포트폴리오를 교사 자격 인증 평가로 사용할 때 발생하는 법적 및 심리 측정 관련 문제를 다음과 같이 자세히 설명한다.

[교사의 포트폴리오]는 총괄 평가 도구로 사용할 수 있지만, 이를 위해서는 훨씬 구조화된 과정과 복잡한 평가 전략이 필요하다. 평가 구성 요소에는 명확한 기준, 신뢰성과 타당성이 검증된 채점 루브릭, 그리고 공정성과 신뢰성을 보장하기 위한 평가자에 대한 광범위한 연수가 필요하다. 이러한 고려 사항들은 모두 충족될 수 있지만, 이는 종종 지역 대학의 역량이나 의지 범위를 넘어서는 경우가 많다.2003, pp.94-5

캘리포니아에서는 높은 중요도high stakes의 결정을 지원하기 위해 구조화된 포트폴리오가 사용된 사례가 있으며, 이에 대한 내용은 다음 절에서 설명한다.

캘리포니아 교사를 위한 성과 평가

캘리포니아 교사를 위한 성과 평가Performance Assessment for California Teachers, PACT는 캘리포니아에서 초기 교사 자격증 취득을 위해 사용되는 다중 측정 평가로, 예비교사의 내용/교수법 지식과 고차원적 사고 능력을 입증하기 위한 증거 수집에 활용된다. 캘리포니아에서 교사 자격 추천을 받으려면 PACT 평가를 통과해야 한다. 호주의 일부 교사 교육자는 PACT와 같은 다중 측정 평가의 지역 맞춤형 버전을 고려하고 있다.

2002년부터 PACT는 7년간의 개발 과정을 거쳐 캘리포니아의 32개 교사교육 프로그램에 도입되었으며, 여기에는 전통적인 예비교사 교육 프로그램뿐만 아니라, 학군 및 차터charter 관리 조직에서 제공하는 대안 인증 프로그램도 포함된다. 이 평가는 예비교사의 성과를 형성 평가와 총관 평가 모두에 활용할 수 있다. 특정 선계 원칙을 띠리 PACT는 의도적인 교수 실천과 교수 산출물의 체계적인 수집을 통해 학생 학습에 초점을 맞춘 평가가 이루어지도록 설계되었다. 설계 원칙에 따르면 교사 성과 평가는 다음을 충족해야 한다.

- 교수의 복잡성 유지
- 교사 양성 교육과정에 포함된 교과 내 내용/교수법에 중점
- 학생 학습과 연계하여 교수 실천 검토
- 분석적 피드백과 지원 제공
- 적응성 및 일반화 기능성

PACT에서 생성된 데이터는 프로그램 개선에 활용되었고, 이는 교사

준비도 및 예비교사 성과 향상으로 이어졌다. PACT는 광범위한 신뢰도 및 타당도 연구를 통해 엄격한 기준AERA, APA, NCME을 충족한 결과, 캘리포니아 교사 자격 위원회에 의해 공식적인 자격증 발급을 위한 성과 평가로 승인받았다. 신뢰도와 타당도 측정을 보장하기 위한 광범위한 연구가 진행 중이며, 여기에는 캘리포니아에서 학생 학습과 관련된 예비교사 교수에 대한 부가가치 연구도 포함된다.

캘리포니아 모델을 따라, 호주의 일부 교육학부 및 교육학과는 주 및 준주 교육 당국과 교사 등록 위원회와 협력하여 예비교사 교육에서 교사 성과 평가 방식을 시험해보고 있다. 예를 들어, 디킨 대학교Deakin University는 빅토리아 주 교육 및 유아발달부the Victorian Department of Education and Early Childhood Development; DEECD와 빅토리아 주 교육연구소the Victorian Institute of Teaching; VIT와 협력하여, VIT의 졸업 교사를 위한 전문적 실천 표준VIT Standards of Professional Practice for Graduating Teachers에 따라 교사교육 졸업생의 교수 준비도를 진정성 있게 평가하기 위한 종합 교사 성과 평가를 개발, 시험하고 있다.

결론

이 장에서는 호주에서 교사와 교수의 정치적 위치와 교사교육의 가치, 전문성 표준, 교사평가에 관한 질문에 대응하여 현재 논의되고 시행 중인 교사의 질에 대한 개혁을 살펴보았다. 호주 연방 정부는 더 스마트한 학교: 교사 질 향상 국가 파트너십TQNP 프로그램을 통해 '국가적 해결책'을 제안했다. 이 프로그램은 우수한 교사와 학교 리더를 유치, 준비, 배치, 개발, 유지함으로써 전반적으로 교수의 질을 향상시키는 것을 목표로 하며, 이를 위해 다음과 같은 활동을 포함한다.

- 추가 경로를 통해 최우수 졸업생을 교직으로 유치
- 교사교육의 질 향상
- 국가 표준 및 교사 등록 개발
- 우수한 교사와 학교 리더에게 보상을 제공하여 교사 유지율 향상

다른 나라의 경험을 바탕으로, 이번 개혁에는 다음에 대한 높은 수준의 재정 지원과 정책 지원을 포함한다.

- 교직을 시작하기 전에 대학의 전통적인 교사 양성 프로그램을 거치지 않고도 교직에 들어올 수 있는 경로
- 교사교육 프로그램에 대한 국가 인증과 교사 등록
- 초임 교사, 고성취 교사, 그리고 학교 리더십에 대한 국가 전문성 표준
- 고성취 교사와 학교 리더를 인정하고 보상하는 제도
- 표준화된 시험에서 학생 학습 성과를 질 높은 교수와 교사교육의 지표로 활용

이러한 많은 측면에서 진전이 있었지만, 전문적이고 정치적인 논의는 계속되고 있다. 교사 교육자는 교사교육의 전통적 접근 방식에 의문이 제기되고, 교사교육 자체가 '정책 문제'로 여겨지는 상황에서 목소리를 내기 위해 고군분투하고 있다. 미국, 캐나다 그리고 영국에서와 마찬가지로, 호주의 교사 교육자도 교수와 교사교육에 제기되는 질문에 답할 수 있는 분야로 연구 초점과 전문 활동을 옮겨야 한다. 그렇지 않으면, 연방 정부의 재정 지원과 정치적 에너지가 특정 의제로 향하면서, 대학에서 이루어지는 교사교육을 무시하고, 전국적으로 교직에 대한 관료적 통제를 강화하는 위험을 초래할 수 있다.

위에서 언급했듯이, 호주에서는 교사교육 분야에서 정책 결정자에게 영향을 미칠 수 있는 더 일반화된 연구 결과를 도출할 수 있는 대규모 프로젝트에 대한 재정 지원이 드물다. 그러나 호주의 교사 교육자는 호주 교원양성대학, 호주 교육 연구 협회Australian Association for Research in Education, 호주 교사교육 협회Australian Teacher Education Association 같은 전문 단체뿐만 아니라 다양한 교과별 전문 협회를 통해 집단적으로 행동해온 강력한 역사가 있다. 교사 교육자는 다른 대학의 동료, 다양한 학교 관할구역, 그리고 교사 등록 당국과 협력하기 위해 노력하고 있다. 이는 제기되는 질문과 TQNP 발의initiative의 일부로 제안되고 있는 국가적 해결책에 대해 전문적으로 정당화되고 철저하게 연구된 답을 추구하기 위한 것이다.

호주의 교사 교육자는 교사교육의 가치 연구에 초점을 맞추고, 전문적 책무성 체계 내에서 질 높은 교수에 대한 국가 정책 논의를 주도해야 한다. 우리의 연구는 질 높은 교수에 대한 국가적 진술을 구성하고 국가적 교사교육 인증 방식에 대해 관련성을 갖고 정보를 제공하는 것이 중요하다. 또한, 우리의 연구는 신규교사의 교직 입문 자격 판단 메커니즘과 교사가 교직 경력 전반에 걸쳐 중요한 전문적 이정표에 도달했을 때 이를 인정하고 보상하는 방식에 대한 정보를 제공하는 것이 중요하다. 그렇게 하지 않으면 교사교육 프로그램에 대한 관료적 통제와 그에 따른 지시 및 지침이 더욱 강화될 수 있다. 이 장에서 논의된 바와 같이, 특히 주목해야 할 부분은 교사 성과 평가의 개발을 포함한 다중 지표를 통한 교사평가다. 그것은 교과 내용 지식과 관련된 전문적 판단과 의사결정의 중요한 차원에 초점을 맞춘 질 높은 교사평가를 제공한다.

주석

1. '호주 정부(Australian Government)'는 '연방 정부(Federal Government)'라고
   도 불린다. 호주는 세 단계의 정부 체계가 있으며, 각각 연방(Commonwealth),
   주 및 준주(state or territory), 지방정부(local)로 구성되어 있다. 교육과 관련해
   서는, 연방 정부가 대학교 및 고등교육 부문을 관할하며, 주 및 준주 정부는 학
   교 교육, 유아 교육, 직업 교육 및 훈련(VET), 그리고 기술 및 재교육(Technical
   and Further Education, TAFE) 과정을 운영하는 기관들을 관할한다. 이 기관
   들은 실무 능력 향상에 중점을 둔 교육 과정을 제공한다. 그러나 세금은 연방 정
   부가 징수하고, 그 예산은 주 및 준주 정부에 분배된다.
2. 개혁 대상에는 다음과 같은 분야들도 포함되어 있지만, 이 장에서는 중심적으로
   다루지 않는다.
   • 교사 및 학교 리더의 경력 전반에 걸친 전문 지식
   • 교원 인력 데이터의 품질과 접근성 향상
3. 교육, 임용, 양성, 청소년 업무 장관 협의회(MCEETYA, Ministerial Council on
   Education, Employment, Training and Youth Affairs)는 1993년 6월에 설립
   되었으며, 이는 호주 정부 협의회(COAG, Council of Australian Governments)
   가 여러 장관급 회의체를 통합하여 국가 차원의 정책 조정을 위해 만든 것이다.

7장

미국의 교사 준비 및 개발
-변화하는 정책 환경

린다 달링-해몬드Linda Darling-Hammond

미국에서 교육 정책 및 실천의 핵심 단어는 변동성variability이며, 교사교육 및 발달에서는 특히 그러하다. 지난 25년 동안 미국에서는 교사교육에 관련된 상당히 많은 정책이 추진되었으며, 교사를 적절히 준비시키고 지원하는 방식이 차이를 만드는지, 그리고 어떤 차이가 있는지에 대한 격렬한 논의가 이어져 왔다. 1980년대 중반, 카네기 교직 태스크포스Carnegie Task Force on Teaching as a Profession 보고서, 홈즈 그룹the Holmes Group[1986], 그리고 국가 교원 선문성 표준 위원회National Board for Professional Teaching Standards; NBPTS[1989] 설립을 계기로 교직의 전문성을 촉진하려는 강력한 주장이 제기되었다.

당시 연구자들, 정책 입안자들 그리고 교사들은 효과적인 교육 실천을 위해 전문성이 핵심이라는 점과 더욱 지식 있고 숙련된 교사 집단을 구축해야 할 필요성을 제기했다. 이에 따라 전문성 기준professional standards을 설계하고, 교사교육과 인증을 강화하며, 교직 입문 멘토링induction mentoring과 전문성 개발에 대한 투자를 늘리고, 교사의 역할을 변혁시키기 위한 일련의 정책적 노력이 시작되었다.예: National Commission on Teaching and America's Future [NCTAF], 1996 한편, 전통적인 직업 요소들—정규 교육formal preparation, 교원 면허, 자격증, 그리고 인증

accreditation—을 대체하기 위해 시장 메커니즘이 등장했다. 이 접근법은 교직에 대한 진입 장벽을 낮추고, 정년 보장을 폐지하여 해고를 쉽게 하며, 지역 교육청districts이 더 쉽게 교사를 고용하거나 해고할 수 있도록 권한을 확대했다.예: Thomas B. Fordham Foundation, 1999 이 관점을 지지하는 이들은, 가르치는 일에는 고도의 전문화된 지식과 기술이 필요하지 않으며, 필요한 기술은 주로 현장에서 배울 수 있다고 주장했다.예: Walsh, 2001 반면, 다른 사람들은 이러한 '체계적인 시장 공격systematic market attacks'은 교육을 민영화하고, 교직의 자율성을 약화시키며, 학생들에게 제공되는 서비스의 불평등을 허용하려는 신자유주의 프로젝트의 일환이라고 본다.Barber, 2004; Weiner, 2007

특히 논란이 된 것은 교사 준비와 자격증 취득이 교사의 효과성과 관련이 있는지에 대한 논쟁이다. 예를 들어, 미국 교육부 장관 로드 페이지Rod Paige는 교사 자질에 관한 연례 보고서Annual Report on Teacher Quality USDOE, 2002에서 교사 자격을 재정의하면서 교육을 위한 구체적인 준비를 거의 포함하지 않을 것을 주장했다. 그는 현재의 교사 자격증 시스템이 망가졌다고 주장하며 '현재 교사 자격증 체계의 대부분을 차지하는 교육 과정education coursework'에 '번거로운 요구 사항 burdensome requirements'이 포함되어 있다고 지적했다.p.8 이 보고서는 자격증을 재정의하여 언어능력과 내용 지식을 강조하고, 교육과정에 대한 과도한 요구사항을 축소해야 한다고 제안했다. 또한, 교생실습과 교육대학 출석을 선택 사항으로 만들고, '다른 관료적 장애물'을 제거해야 한다고 제안했다.p.19쪽 연방 정부가 주도한 No Child Left Behind 프로그램 하에서 이러한 정책 이니셔티브는 대체 자격증 프로그램을 활성화했으며, 일부 주에서는 전문적인 준비가 전혀 없이도 자격증을 취득할 수 있는 경로를 만들었다.

이 장에서는 이러한 다양한 정책 관점에서 등장한 교직 준비 및 전문적 학습 기회의 다양한 유형을 다룬다. 학생 학습과 교수법에 대한 새로운 기준 운동standards movement이 갖는 의미와 이러한 기준을 구현함에 직면한 어려움들에서 얻은 교훈을 살펴볼 것이다.

교사 준비와 교육의 질 문제를 다루는 방식

이러한 논쟁들로 인해 미국에서는 학생 학습 증진에 효과적인 교사로 여겨지는 특성에 대해 상당한 연구가 이루어져 왔다.

수년에 걸쳐 연구자들은 교육 배경과 교사 훈련을 포함한 교사 특성의 차이가 학생 학습과 어떻게 관련되는지를 분석해 왔다. 1960년대 이후 교사 효과성에 대한 다양한 연구는 교사의 일반적인 학문적 능력과 언어적 능력, 교과 내용 지식, 교수 및 학습에 대한 지식, 교육 경험, 그리고 일반적으로 이러한 요소들을 포함하는 교사 자격증으로 측징되는 자격 요건 등이 교사 효과성에 기여할 수 있음을 시사했다.리뷰 참조: Darling-Hammond, 2000; Wilson, Floden, & Ferrini-Mundy, 2001; Rice, 2003; Darling-Hammond & Wei, 2009 또한, 다른 연구들은 적응력과 유연성과 같은 특성도 교사 효과성에 중요하다는 것을 발견했다.리뷰 참조: Schalock, 1979

교사 특성이 연구된 시기에 교직 요건requirements for teaching도 진화해 왔다. 1980년대 중반 이후, 여러 주에서는 교원 면허 요건을 강화하기 위한 조치를 했으며, 이러한 요건들은 오늘날 20년 전보다 훨씬 강화되었다. 대부분의 주에서는 교사교육 과정에 입학하거나 자격증을 취득하기 위해, 예비교사들이 최소한의 학점 평균을 유지하거나 기본 기술, 일반 학문적 능력, 또는 일반 지식 시험에서 최소 점수를 받아야 한다. 또한, 예비교사들은 일반적으로 가르칠 과목에서 전공이나 부전 공을 이수하거나 내용 시험을 통과해야 하며, 지정된 교육 과정을 이수하고, 때로는 교수 지식과 기술에 대한 시험을 통과해야 한다. 교사교육과 교생 실습 과정에서, 예비교사들은 교육 기술, 전문적 태도, 그리고 아동과의 상호작용 적절성에 대해 평가받는다.

교사 질 관리teacher quality의 중요성과 미국 학생들이 자격 있는 교사에게 균등하게 교육받지 못하는 문제에 대한 대중의 관심으로 인해예: NCTAF, 1996을 보라, 2002년 No Child Left Behind 법안에는 모든 학생이 '높은 자격을 갖춘' 교사에게 접근할 수 있게 하는 계획을 세워야 한다는 조항이 포함되었다. '높은 자격을 갖춘' 교사는 완전한 인증을 받았고 가르치는 과목에서 능력을 입증한(대학 전공을 마치거나 해당 분야에서 시험을 통과한) 교사로 정의된다. 이 조항은 역사적인 의미를 지닌다. 특히 연방 법안이 대상으로 삼는 학생들—저소득층, 학업 성취도가 낮은 학생, 새로 영어를 배우는 학생, 또는 특수 교육이 필요한 학생—이 많은 지역사회에서 경험이 풍부하고 잘 준비된 교사들로부터 교육받을 가능성이 가장 낮았던 점을 고려하면 더욱 그러하다.NCTAF, 1996

동시에 정책 입안자들 간의 시각 차이를 반영하여, 법안은 주들에게 대안 인증 프로그램을 확장하도록 했다. 현재 47개 주에서 운영되는 대안 인증 프로그램과 이후 교육부가 개발한 규정은, 이러한 프로그램을 시작했으나 아직 완료하지 않은 후보자도 '높은 자격을 갖춘' 것으로 간주할 수 있게 했다. 이후 주들 간의 정책은 전통적인 교사교육과 인증에 대한 기대를 높이는 한편—예를 들어, 과목 요구 사항, 교수법 요구 사항, 시험 추가—대부분의 주에서는 대안 경로alternative routes를 선택하는 사람들에 대한 사전 준비 요구 사항을 낮추었다. 대안 경로는 다양한 모델을 포함하여 운영되었으나, 많은 대안 경로는 후보자들이 학생 교육을 최소화하거나 생략하게 하고, 요구되는 과목 수와 종류를 줄이도록 허용했다. 몇몇 주에서는 후보자가 내용 시험을 통과하기만 하면 교수법에 대한 준비 없이도 교사 자격증을 취득할 수 있다. 따라서 미국 교육 정책의 변동성은 주별로 교사가 알고 할 수 있는 것에 대한 격차를 심화시켰다.

교사가 되는 길

교사교육 프로그램의 형식과 내용은 주 법령과 대학 프로그램을 승인하는 인증 기관과 같은 전문 협회에 의해 결정된다. 미래의 직업 전문성을 위해 준비하고 노력하는 교사들이 당면하는 상황은 그들이 등록하는 주, 대학, 수강 프로그램 그리고 함께 연구하는 대학의 교수에 따라 다르다. 예비 교사들은 교양 과목과 교육학 관련 과목을 이수하며, 학교 현장에서 시간을 보낸다. 일반적으로 이러한 과정에는 교사가 가르칠 과목 내용에 대한 준비와 (일부 학교에서는 내용별, 다른 학교에서는 포괄적이고 일반적인) 교수법 또는 교육학에 대한 과정, 아동 또는 청소년의 발달과 학습, 교육의 기초(예: 교육의 역사, 철학, 사회학 등)가 포함된다. 대부분의 주에서는 현재 특수 교육 학생을 가르치는 준비와 영어 학습자를 가르칠 준비를 요구하며, 점점 더 많은 주에서 이를 요구한다. 일부 주에서는 교육과정과 평가에 대한 준비를 요구하기도 한다. 수업 실습은 교육 기간 동안 8주에서 최대 30주까지 다양하다.

주에서 수여하는 교원 면허 및 인증 정책은 교사교육 프로그램 전반에 걸쳐 일부 공통 필수항목을 시행하도록 하고 있지만, 예비교사가 어떤 내용을 배우는지, 누구에게 배우는지는 대학마다 다르다. 특히, 교사교육을 담당하는 교수가 교수법과 관련된 연구와 실제에 얼마나 잘 기반을 두고 있는지, 그리고 그들의 강의가 학교 현장에서의 실제적인 직무와 얼마나 연관되어 있는지에 따라 큰 차이가 있다. 전문적인 교육과정이 정립된 다른 전문직과 달리, 현재 실행 중인 미국의 교사교육 교육과정은 프로그램과 대학 교수에 따라 매우 독특하고 다른 형태로 나타나기도 한다. 학생들의 학습 경험은 대학 학과와 학교 현장 간에 큰 간극이 있을 수 있으며, 종종 이러한 경험들 간의 차이는 거의 조정되지 않는다.Darling-Hammond & Ball, 1997

지난 세기 동안 '전통적인' 교사 준비로 여겨지는 것은 바뀌어 왔다. 파이만-님서Feiman-Nemser[1990]는 교사교육에 영향을 미친 세 가지 역사적 전통을 설명한다. (1) 사범학교 전통normal school tradition; (2) 교양교육 전통liberal arts tradition; (3) 대학원 교육과 연구를 통한 전문화professionalization through graduate preparation and research.

학부 교사교육

사범 학교는 19세기 후반과 20세기 초반에 걸쳐 고등학교 재학 중 또는 졸업 직후 교사들에게 훈련을 제공했다. 이러한 형태의 학교는 직접적인 교수teaching에 초점을 맞춘 실용적인 교육과정을 제공했으며, 기간은 1년에서 3년으로 점차 길어졌다. 1950년대 이후 교사양성학교가 전문대학colleges과 대학교universities로 편입되면서 교사들이 4년제 학부 프로그램의 일환으로 교육학 학사 학위를 취득하고 교사가 될 준비를 하게 되었다. 이로 인해 교양교육 전통liberal arts tradition이 주류를 이루게 되었다. 이 중 가장 두드러지고 대부분의 주에서 교사를 가장 많이 공급하는 곳은 주립 공립 대학 시스템 내의 학교schools, 대학colleges 또는 교육 관련 학과다. 또한, 교사교육 프로그램을 제공하는 사립 인문대학들도 여러 곳이 있으며, 일반적으로 규모가 훨씬 작다.

수년 동안 학부 교사교육은 한편으로는 교과 지식의 엄밀성이 부족하다는 비판을 받았고Conant, 1963; Koerner, 1963, 다른 한편으로는 실제와의 관련성이 부족하다는 비판을 받았다.Lanier & Little, 1986 그러나, 대부분의 교사가 여전히 4년제 학부 프로그램 교육을 통해 교직을 준비하지만, 풍토는 변하고 있다. 주 및 연방 규정의 여러 변화와 주 및 국가 인증 체계의 기대에 따라, 학부 과정에서 교육을 전공으로 선택하는 비율이 줄어들었다. 대부분의 교사는 교육 전공보다 교과 내용을 전공하고, 교육학은 부전공하거나 자격증을 따는 형태로 학업을 마친다. 전통적인 모델에서는 이수 과목을 먼저 집중적으로 배운 후 4학년 말에 8~10주의 교육 실습을 추가했다. 그러나 현대 프로그램에서는 실습 경험을 교육과정과 연계하여 임상 학습 기회를 전체 프로그램에 걸쳐 분산시키는 방식을 택하여 이론 수업과 임상 교육을 더 잘 통합하고자 한다.

대학원 교사교육

지난 20년 동안 전통적인 4년제 학부 프로그램에 대한 다양한 대안이 만들어졌다. '전통적인 교사교육'이라는 용어는 대학 기반 교사 준비 프로그램과 주 및 학구district 인턴십 프로그램 또는 교실에 개인을 신속하게 배치하는 다른 채용 프로그램과 같은 비대학 기관이 조직하고 운영하는 '대안' 교사 준비 경로의 특징을 비교하고 대조하기 위해 자주 사용된다.

그러나 대부분의 '대안' 인증 프로그램은 실제로 대학에서 운영되며 Feistritzer, 2005, 프로그램 구성과 운영은 다양하다. 이러한 대안에는 학부 프로그램을 5년으로 연장하는 것(예: 학부와 대학원 교육을 혼합하여 5년 연속 과정으로 제공하거나, 4년제 학사 학위에 1년제 대학원 수준 교사교육 프로그램을 추가), 전문 연구professional studies를 대학원 수준으로 이동하는 것(예: 1년 또는 2년제 석사학위 프로그램으로, 교직 석사 Master of Arts in Teaching 또는 교육학 석사Masters in Education 학위를 제공), 교사 후보자가 공식적으로 부임하기 전에 몇 주간 여름 훈련을 제공하는 현장 훈련 프로그램(예: 대안 경로 및 인턴십 프로그램)으로 교육을 대체하는 것이 포함된다.

파이만-님서[Feiman-Nemser, 1990]가 '전문화professionalization' 접근법이라고 한 것은 일반적으로 대학원 수준의 준비 전략에 초점을 맞추며, 이는 수십 년 동안 주창되어 왔지만 널리 채택된 경우는 드물었다. 1930년대 하버드 대학교 총장 제임스 코넌트James Conant가 처음 제안하고, 1960년대와 1970년대에 여러 엘리트 대학에서 시행된 대학원 수준의 교직 석사Master of Arts in Teaching; MAT 프로그램은 학부 프로그램보다 학문적으로 더 엄격하고, 특정 전공과 함께 교양 교육을 이수한 우수한 지원자를 유치하는 방법으로 여겨졌다. MAT 프로그램은 교사가 부족한 시기에 주창되었는데, 이는 새로운 잠재적 인재 풀을 확보할 수 있을 뿐만 아니라 교육 과정을 교육 현장 인턴쉽clinical internship과 결합하여 1~2년 내에 완료할 수 있기 때문이다. 이 모델의 오랜 예로는 뱅크 스트리트 교육 대학Bank Street School of Education, 컬럼비아 대학교 교육 대학Teachers College, Columbia University, 하버드 대학교Harvard University, 스탠퍼드 대학교Standford University의 대학원 교사교육 프로그램이 있다.

교육학 석사The Educational Masters; EdM는 1920년대 하버드 교육 대학원 학장이었던 헨리 홈즈Henry Holmes에 의해 처음 제안되었으며, 그의 이름을 따서 1980년대에 홈즈 그룹이 탄생하게 되었다. 이 그룹은 120개 연구 중심 대학의 교육대학 학장과 고위 담당자들로 구성되어 있으며, 1986년 발간된 보고서 "내일의 교사들Tomorrow's Teachers"에서 학부 수준의 교육학 학위 폐지를 주장하고, 내용학content area에서 학사 학위와 교육학에서 석사학위를 제공하는 5년제 모델로 전환할 것을 제안했다.[Holmes Group, 1986] 그룹의 다수는 주제별 교과목 준비를 강화하고 이론과 실제를 통합하기 위해 이러한 프로그램을 채택했다. 그들은 학부 과정 동안 조기 현장 경험을 도입하고, 5년 차에 교생 실습 시간student teaching을 1년으로 연장했다. 코네티컷 대학교University of

Connecticut, 뉴햄프셔 대학교University of New Hampshire, 버지니아 대학교University of Virginia 같은 여러 연구 대학들은 1980년대와 1990년대에 이러한 5년제 준비 모델을 채택했다.

홈즈 그룹은 또한 전문성 개발 학교professional development schools; PDSs 설립을 주장했다. 이러한 학교에서는 신임 교사들이 경험 많은 교사들과 함께 계획하고 협력하며 가르치는 방법을 배우고, 대학교와 학교 기반의 교수진들이 협력하여 신임 및 경력 교사뿐만 아니라 학생들을 위해 학습 경험을 설계, 실행, 연구한다.Holmes Group, 1990 이상적으로는, 대학 프로그램과 학교가 좋은 가르침에 대한 공동으로 합의된 개념을 만들어 그들의 공동 작업에 반영하는 것이다. 따라서 전문성 개발 학교는 신임 교사의 개인적 실천뿐만 아니라 학교 전체의 실천을 발전시키는 것을 목표로 한다. 1998년 기준, 미국 교원양성대학협회American Association of Colleges for Teacher Education는 전국 47개 주에서 1,000개 이상의 전문성 개발 학교가 운영 중이라고 추정했다.Abdal-Haqq, 1998

다양한 프로그램과 경로의 조합

수년간 진행된 모든 개혁 노력에도 불구하고 대학원 수준의 교사 양성 프로그램은 확산이 더디었다. 아서 레빈Arthur Levine의 연구2006 "학교 교사 교육Educating School Teachers"에 따르면, 2003년 미국의 약 1,200개 교육학부와 교육학과는 학부 과정에서 106,000명의 교사(전체의 61%), 석사 과정에서 63,000명의 교사(36%), 그리고 자격증 과정에서 약 4,000명의 교사(3%)를 배출했다.Levine, 2006 그러나 이러한 예비교사 중 모두가 교직에 입문하는 것은 아니며, 대학에서 준비되지 않은 사람들이 교직에 들어오기도 한다. 그 결과 신임 교사들의 배경은 조금씩 다르다. 미국 교육통계국National Center for Education Statistics, 2010에 따르면, 2008년 공립 및 사립학교에서 첫해를 보낸 신규교사 약 160,000명의 약 20%가 석사학위 이상을 소지하고 교직에 입문했고, 약 3%는 학사 학위 미만의 학력이었다.

교사 배출 및 고용에서 격차가 발생하는 한 가지 이유는, 많은 사람이 교사 양성 프로그램을 마치지 않았거나, 때로는 시작조차 하지 않은 상태에서 교직에 입문하기 때문이다. 2008년에는 신규 채용된 신임교사 중 약 25%가 자격증 없이, 면제waiver나 긴급 허가제emergency permit로 교직에 입문했다. 이는 그들이 교사 자격 취득이나 면허 기준에 필요한 준비나 시험 기준을 충족하지 못했음을 의미한다. 자격증 없는 신규 교사의 비율은 사립학교 부문(미국 전체 학생의 약 10%를 차지함)이 공립학교 부문보다 높지만, 공립학교에서도 여전히 10%를 넘는다. 또한, 점점 더 많은 교사들이—일부 추산에 따르면 신규 교사의 최대 15%까지(주에 따라 자격 미달 또는 대체 자격으로 분류됨)—단 몇 주간의 여름 훈련을 받은 후 정규 교사가 된다. 이들은 가을 학기에 대학이나 지역 교육청 훈련 프로그램을 통해 추가 과정을 이수하며 정규 교사가 되는 속성 대안 교사 양성 프로그램quick-entry alternative credentialing programs에 참여한다.

정식 자격을 갖추지 않았거나 현장 훈련train on-the-job을 받으며 대안 경로를 통해 교직에 입문한 대부분의 공립학교 교사들은 저소득층 및 소수 민족 학생들이 많은 농촌과 도시의 빈곤 지역 학교에서 가르친다. 미국에서 준비된 교사의 불균등한 분포는 주로 경제적으로 풍요로운 학생과 그렇지 않은 학생들을 대상으로 하는 교육구 간의 급여와 근무 조건 차이에 기인한다. 이러한 차이는 다시 말해 지역 학교에 다양한 수준의 수입을 제공하는 학교 재정 시스템의 결과다. 예를 들어, 코네티컷, 매사추세츠, 뉴저지 같은 고지출 주는 유타 같은 저지출 주에 비해 세 배나 많은 비용을 지출한다. 게다가, 주 내에서도 고지출 학군과 저지출 학군 간의 비율이 3대 1인 경우가 흔하다. 따라서 초임 교사의 급여는 부유한 학군과 빈곤한 학군 간에 크게 다를 뿐만 아니라, 학급 규모, 교육 자료와 전문 인력의 가용성, 시설의 적절성에서도 큰 차이를 보인다.

교사교육 프로그램의 효과

최근 교사교육의 개혁은 교사 양성의 질에 대한 인식 개선으로 이어진 것으로 보인다. 1990년 이후, 교사교육을 받은 신임 교사들을 대상으로 한 설문 조사Gray et al., 1993; Howey & Zimpher, 1993; Kentucky Institute for Education Research, 1997; California State University, 2002a, 2002b에 따르면, 80%가 넘는 교사들이 자신의 업무에서 거의 모든 도전과 어려움에 잘 준비되어 있다고 생각했다. 반면, 특수 교육 학생 및 영어 능력이 제한된 학생들의 요구를 다루는 데 준비되었다고 생각하는 교사의 비율은 다소 낮아, 60~70%였다.

베테랑 현직 교사와 교장들, 특히 5년제 프로그램과 전문성 개발 학교를 특징으로 하는 프로그램에서 일하는 이들은, 새로 훈련받은 동료 교사들이 몇 년 전보다 훨씬 잘 준비되어 있다고 인식한다는 점을 밝혔다.Andrew & Schwab, 1995; Baker, 1993; Darling-Hammond, 1994; National Center for Education Statistics, 1996, Tables 73, 75

교사 양성 프로그램과 교직 입문 경로의 다양성, 그리고 이러한 다양한 접근 방식을 지지하는 강한 이념들로 인해, 교직 유지율부터 프로그램 졸업생의 측정된 효과성에 이르기까지 다양한 프로그램 모델들의 결과를 조사하는 데 관심이 커져 왔다.

교직 유지율

교직 유지율이 교직 사회로 오게 된 경로에 따라 달라진다는 증거들이 있다. 최근 교사교육 학사 학위 프로그램Bachelor's degree programs 졸업생을 대상으로 한 종단 연구에 따르면, 대학 기반의 사전 교육 프로그램을 이수한 졸업생 중 거의 80%가 졸업 후 5년 동안 교직에 남아 있었으며, 자격증 없이 교직에 진입한 이들의 이탈율은 완전히 준비된 상태로 교직에 진입한 이들보다 세 배 이상 높았다.Henke, Chen, & Geis, 2000

다른 연구에서는 5년제 모델 졸업생들의 교직 진입 및 유지율이 더 높다는 결과가 나타났는데Andrew & Schwab, 1995; Baker, 1993; Denton & Peters, 1998, 이들은 자신의 가르침에 더 큰 자신감을 느꼈으며 그들의 현장 실습 감독관들로부터 더 유능하다는 평가를 받았다. 4년제 및 5년제 교사교육 프로그램과 연계된 전문성 개발 학교에서 준비된 교사 후보자들 역시 높은 교직 유지율을 보였다.Kenreich, Hartzler-Miller, Neopolitan, & Wiltz, 2004; Hunter-Quartz, 2003 이 문제에 관한 가장 큰 연구인 래덤Latham과 보트Vogt2007의 종단 연구는 약 1,000명의 졸업생을 대상으로 PDS 프로그램에서 준비된 교사와 전통적인 초등 교육 프로그램에서 준비된 교사의 8년간의 교직 유지율을 비교했다. 연구 결과, 교사의 배경과 학문적 자격 요인을 통제한 후에도 PDS 프로그램에서 준비된 교사들이 교직 진입 및 유지율이 더 높았다.

이러한 결과는 1년간의 현장 실습을 제공하는 프로그램들의 특성과 관련이 있을 가능성이 있다. 여러 연구에서 교육 실습student teaching 경험과 준비되었다는 느낌 사이에 긍정적인 관계가 있음을 발견했다.California State University, 2002a, 2002b 이와 함께 교직 유지율과의 관계도 발견되었다.Henke, Geis, Giambattista, & Knepper, 1996; Henke et al., 2000; NCTAF, 2004 교육 실습student teaching을 제공하지 않는 대체 경로를 통해 교직에 진

입한 지원자들의 유지율이 현저히 낮다는 많은 연구도 있다.^{NCTAF, 2003;}
Shin, 1994

교사 효과성

다양한 유형의 대안 경로가 있지만, 교육 실습을 생략하고 사전 교육
을 거의 제공하지 않는 경로들은 교사 후보자들과 그들이 가르치는 학
생들에게 가장 비생산적인 결과를 초래하는 것으로 보인다. 노스캐롤
라이나 주의 대규모 연구에서는 주의 '병행 입문lateral entry' 프로그램
을 통해 교직에 진입한 고등학교 교사들이 학생 성취도에 부정적인 영
향을 미친다는 결과를 발견했다. 이 프로그램은 교과 배경은 있지만 교
직teaching 교육을 받지 않은 경력자mid-career들이 교직으로 들어올
수 있는 대체 경로 프로그램이다.Clotfelter, Ladd, & Vigdor, 2007 뉴욕시와 텍
사스주 휴스턴에서 개별 학생 데이터를 사용한 세 개의 종단 연구에 따
르면, 비상 채용 또는 대체 경로 후보자로 교직에 진입한 초등학교 교
사들은, 유사한 학생들과 함께 일하는 충분히 준비된 신임 교사들보다
효과적이지 못했다. 특히 읽기 교육에서 이러한 차이가 두드러졌다.Boyd,
Grossman, Lankford, Loeb, & Wyckoff, 2006; Darling-Hammond, Holtzman, Gatlin, & Heilig,
2005; Kane, Rockoff, & Staiger, 2006 이러한 결과는 뉴욕시 교사 펠로우 프로
그램New York City Teaching Fellows과 선발 과정이 까다로운 티치 포
아메리카Teach for America 지원자들 같은 대안 경로 지원자들에게서도
마찬가지로 나타났으며, 사전 교육 없이 교직에 진입한 다른 후보자들
에게도 나타났다.

세 개의 종단 연구 모두 대안 경로 교사들이 자격증을 위해 필요한
교사교육 과정을 마친 후인 3년차에 이르러서는 이들의 효과성과 전통

적으로 준비된 교사들 간의 유의미한 차이가 거의 없다는 결과가 나타났다. 두 연구에서는 경험 있는 티치 포 아메리카 지원자들의 학생들이 수학에서 평균적으로 더 큰 성장을 보였다. 그러나 티치 포 아메리카의 지원자 중 80%와 다른 대체 경로로 준비된 교사들의 절반이 교직을 떠났기 때문에, 이후 남은 교사들의 효과성이 향상된 것인지 아니면 덜 효과적인 교사들이 떠난 결과인지 의문이 남아 있다.

대학 기반 교사교육 프로그램의 구조(예: 4년제, 5년제 또는 기타 형태)만으로 졸업생의 성공을 예측할 수 있다는 근거는 명확하지 않다. 이러한 다양한 구조 안에서도 더 성공적인 프로그램과 덜 성공적인 프로그램이 있는 듯하다. 예를 들어, 한 연구에서는 예비교사들의 수업 관찰, 그들을 채용한 관리자들의 평가, 그리고 본인 스스로 느끼는 준비도와 자기효능감 등을 기준으로 판단했을 때, 매우 우수하게 준비된 교사들을 배출한 7개의 교사교육 프로그램을 조사한 결과, 성공적인 사례들이 4년제, 5년제 그리고 대학원 수준 프로그램 등 다양한 형태에서 나타났다. 이는 프로그램의 구조 자체가 프로그램의 성공을 결정짓는 핵심 요인은 아니라는 점을 시사한다.Darling-Hammond, 2006

그러나 교사들이 서로 다른 프로그램에서 배우는 내용은 서로 다루고, 특정한 면에서 준비되었다고 느끼는 정도도 프로그램에 따라 다르게 나타난다는 증거가 있다.Darling-Hammond, Chung, & Frelow, 2002; Denton & Lacina, 1984 또한 특정한 프로그램 구조는 예비 교사들의 준비에 영향을 줄 수 있는 프로그램 요소들을 도입하는 데 더 쉽게 작용할 수 있다.

중요하게 여겨지는 프로그램 특징

위에서 언급한 7개의 프로그램 연구에는 수십 명에서 수백 명의 교사 후보자를 배출하는 학부 및 대학원 프로그램을 제공하는 공립 및 사립 기관들이 포함되었으나, 이 프로그램들 모두 첫 교실 현장부터 탁월하게 준비된 졸업생들을 배출했다.[1] 연구팀은 프로그램 간 차이에도 불구하고 다음과 같은 공통적인 특징들을 발견했다.

- 모든 강의 및 현장 실습 경험에 스며드는 명확하고 일관된 우수한 교수법에 대한 비전으로, 이를 통해 일관된 학습 경험을 창출함
- 강의와 실습 경험을 안내하고 평가하는 데 사용되는 명확하게 정의된 전문적인 실천professional practice 및 수행performance 기준
- 실천적 맥락에서 가르쳐지는 강력한 핵심 교육과정은 아동 및 청소년 발달과 학습에 대한 지식, 사회적·문화적 맥락에 대한 이해, 교육과정, 평가, 그리고 교과 교육학에 기반함
- 확장된 현장 실습 경험에는 각 프로그램에서 최소 30주 동안 이루어지는 현장 실습supervised practicum과 교생 실습student teaching이 포함되며, 이는 동시에 진행되고 밀접하게 연결된 강의에서 제시된 아이디어를 지원하도록 신중하게 선택됨
- 사례 방법, 교사 연구, 수행평가, 포트폴리오 평가의 광범위한 활용으로 실제 교수 문제에 학습을 적용함
- 학생들이 학습과 학생들에 대해 깊이 자리 잡은 신념과 가정을 직면하고, 자신과 다른 사람들의 경험에 대해 배우도록 돕는 명시적 전략
- 학교 기반과 대학 기반의 교수진이 공동으로 교육, 학교, 교사교육을 변화시키기 위해 참여하는 과정에서 형성된 강력한 관계, 공통된 지식, 그리고 공유된 신념Darling-Hammond, 2006

이러한 특징들은 교사교육에서 흔히 직면하는 주요 과제들의 해결에

기여한다. 이는 예비 교사들이 학생 시절 초등학교와 중고등학교에서 경험한 '관찰식 도제apprenticeship of observation'의 강력한 영향, 이론과 실제 사이에 존재한다는 괴리, 모든 개인이 교직 임무에 가져오는 제한된 개인적 관점과 문화적 관점, 그리고 복잡한 환경에서 자신의 의도를 실행하는 능력을 배우도록 돕는 어려운 과정을 포함한다. 이러한 특징들은 초임 교사들이 첫 교실 현장에서도 많은 경력 교사들과 유사한 수준으로 수업을 조직하고, 다양한 학습자들에게 도전적인 내용을 효과적으로 가르칠 수 있게 돕는다.

이러한 결과는 최근 뉴욕시에서 실시된 연구와 유사하다. 이 연구는 다양한 교사교육 프로그램 출신 초등학교 신임 교사들이 영어와 수학에서 학생 성취도에 미치는 부가가치value-added student achievement 기여를 평가했다. 연구 결과, 여러 사전 교육 프로그램들은 다른 전통적 또는 대안 경로들보다 현저히 높은 효과를 보였다. 이러한 프로그램의 특징들을 조사한 결과, 연구자들은 강력한 교수진 외에도 다음과 같은 요소들을 발견했다.

- 수학 및 읽기 같은 교과 영역과 교과별 교수법에 대한 더 많은 강의
- 예비 교사들이 강의와 병행하여 수업에서 적용할 수 있는 구체적인 교수 실천을 배우는 데 중점을 둠
- 예비 교사들이 미래에 가르칠 환경과 잘 부합하도록 신중하게 선택된 교생 실습 경험
- 지역 교육구local district의 교육과정 연구 기회 제공
- 대개 학생들과 함께 교실에서 수행한 활동 결과를 포트폴리오로 구성한 연구 과제capstone project 제공

다른 연구들도 이러한 결과를 뒷받침한다. 예를 들어, 많은 연구들

은 예비 교사들이 교과별 교수법을 학습하고 적용할 기회를 많이 얻을수록 더 효과적이라는 것을 시사한다.Begle, 1979; Druva & Anderson, 1983; Ferguson & Womack, 1993; Monk, 1994; Monk & King, 1994; Sykes et al., 2006 더욱이, 특정 교과 영역에서 효과적인 교수법을 익힐 수 있는 특정한 학습 기회 targeted learning opportunities를 제공받고 이를 즉시 적용할 기회가 있는 교사들이, 비교군 교사들보다 학생 성취도에서 훨씬 큰 향상을 이끌어냈다는 연구 결과도 있다.Angrist & Lavy, 2001; Ebmeier & Good, 1979; Lawrenz & McCreath, 1988

현장 실습의 질, 기간 그리고 시기도 중요한 요소로 보인다. 연구에 따르면, 예비 교사들은 강의 내용coursework을 교실에서의 실습 기회 practice opportunities와 실시간으로 연결할 수 있을 때, 현장 실습과 강의에서 더 많은 것을 배우는 것으로 나타났다. 교사 양성 과정에서는 예비 교사들이 현장 실습을 하는 동안 혹은 실습 이후에 이루어지는 강의가, 실습 없이 이론만 가르치는 초기 강의보다 더 중요한 것으로 나타났다.Denton, 1982; Denton, Morris, & Tooke, 1982; Henry, 1983; Ross, Hughes, & Hill, 1981; Sunal, 1980 신중하게 설계된 현장 실습 경험은 신임 교사들이 강의에서 배운 개념을 강화하고, 적용하며, 종합할 수 있도록 도울 수 있다.Denton, 1982; Denton et al., 1982; Henry, 1983; Ross et al., 1981; Koerner, Rust, & Baumgartner, 2002; Sunal, 1980 예를 들어, 덴튼Denton[1982]의 연구에서는 초기 현장 실습 경험이 있는 교사 후보자들이 그렇지 않은 후보자들보다 교수법 강의에서 훨씬 나은 성과를 보인 결과가 나왔다. 또한, 신중하게 결정된 실습 배정, 시범으로 보여지는 실습의 질, 그리고 예비 교사들이 받는 멘토링의 질과 빈도가 학습에 영향을 미칠 수 있다는 연구 결과도 있다.Feiman-Nemser & Buchmann, 1985; Goodman, 1985; Knowles & Hoefler, 1989; Laboskey & Richert, 2002; Rodriguez & Sjostrom, 1995

또한, 장학의 질과 강도, 그리고 실습 지도를 안내하는 데 사용되는 평가 도구들도 교사 학습의 중요한 요소가 될 수 있다. 또한 예비 교사들이 실습 과정에서 경험하는 환경(학생 유형, 학년, 교과 내용 등)과 이후 실제로 교직에서 맡게 되는 업무가 잘 연계될수록 초기 교직 생활에서 교수 활동이 더 효과적으로 이루어지는 것으로 보인다.Goodman, 1985; Koerner et al., 2002 일부 연구에서는 교생 실습 경험 기간이 교사들의 이후 교육 실천과 자신감에 영향을 미칠 수 있음을 시사한다.Denton & Lacina, 1984; Denton et al., 1982; Denton & Tooke, 1981-1982; Koerner et al., 2002; Laboskey & Richert, 2002; Orland-Barak, 2002; Sumara & Luce-Kaplar, 1996

아마도 이러한 요소들 중 몇 가지가 존재하기 때문일 것이다. 학교와 대학 교육과정 간에 공유된 실천shared practice을 구축한 고도로 발전된 전문성 개발 학교PDSs에 대한 연구에 따르면, 이러한 프로그램에서 졸업한 교사들이 종종 더 유식하고 가르칠 준비가 잘 되어 있다고 느끼며Sandholtz & Dadlez, 2000; Stallings, Bossung, & Martin, 1990; Yerian & Grossman, 1997, 전반적으로나 특정 교육 영역에서 다른 신임 교사들보다 더 잘 준비된 것으로 평가받는다고 나타났다. 여기에는 교실 관리, 기술 활용, 교과 영역 기술 등이 포함된다.Gill & Hove, 1999; Mantle-Bromley, 2002; Neubert & Binko, 1998; Shroyer, Wright, & Ramey-Gassert, 1996

고도로 발전된 전문성 개발 학교에서 근무하는 베테랑 교사들은 전문성 개발, 실행 연구action research, 멘토링을 통해 자신의 수업에서 변화가 있었으며, 교실 및 학교 수준에서의 개선이 이루어졌다고 보고했다.Houston Consortium of Professional Development, 1996; Jett-Simpson, Pugach, & Whipp, 1992; Trachtman, 1996 또한, 전문성 개발 학교와 협력 대학이 함께 수행한 전문성 개발과 교육과정 작업의 결과로 이루어진 교육과정 및 교수법 개입이 학생들의 학업 성과와 성취도 향상에 직접적인 영향이 있음을 보여주는 소규모 연구 결과들이 있다.예: Fischetti & Larson, 2002; Frey, 2002; Gill & Hove, 1999; Glaeser, Karge, Smith, & Weatherill, 2002; Houston et al., 1995;

Judge, Carrideo, & Johnson, 1995; Wiseman & Cooner, 1996

마지막으로, 프로그램 표준은 여러 가지 측면에서 중요한 역할을 할 수 있다. 교사 개발과 평가를 안내하기 위해 표준을 사용하는 것에 관한 최근 연구에 따르면, 예비교사들을 평가하는 기준과 성과 과제의 명확성과 중요성, 그리고 그것들이 연구 기반의 교육 요소를 얼마나 잘 반영하는지가 교사 학습을 중요한 방식으로 조직할 수 있음을 시사한다.Darling-Hammond, 2006; Hammerness & Darling-Hammond, 2002 또한, 프로그램이 학생들에게 기대하는 엄격함—강의의 기대 수준, 학교 현장 실습 요건clinical requirements, 그리고 역량이 부족한 학생들을 프로그램에서 제외하는 여부—은 선발 과정과 프로그램 품질의 양 측면을 나타낼 수 있다. 마지막으로, 프로그램이 자기 연구와 지속적인 개선에 참여하며 스스로에게 책임을 지게 하는 정도는 프로그램 품질의 간접적인 척도가 될 수 있다.

아래에서 설명하겠지만, 새로운 교사 전문성 표준new professional standards for teaching의 등장은 지난 20년 동안 교사교육과 교사 학습의 정책적 맥락에서 중요한 요소였으며, 앞으로의 전문 학습과 실천을 개선할 수 있는 새로운 가능성을 제공할 것으로 기대된다.

교육 표준[1]의 등장

지난 20년 동안 교사 전문성 표준의 등장이 두드러졌으며, 이는 주로 학생의 학습에 대한 높은 기대가 교사교육의 질에 대한 더 큰 기대를 통해서만 이루어질 수 있다는 관점에 의해 촉진되었다. 1980년대 후반

---

1 이 책에서는 'standards'를 문맥에 따라 '표준' 혹은 '기준'으로 번역했다.

미국에서 시작된 기준 기반 개혁 운동standards-based reform movement의 일환으로, 교사교육 인증, 교사 자격증 발급, 교사 면허, 그리고 지속적인 평가에 대한 새로운 기준이 교육 전반에 걸친 변화를 촉진하기 위한 중요한 수단으로 자리 잡았다. 예를 들어, NCTAF는 다음과 같이 주장했다.

> 교사교육 표준은 현재의 준비, 자격증 발급, 인증, 그리고 지속적인 개발 시스템을 변혁하여 학생 학습을 효과적으로 지원하게 만드는 핵심 요소다. [이러한 기준은] 현재 제대로 연결되지 않고 종종 체계적으로 조직되지 않은 일련의 활동에 명확성과 집중을 가져올 수 있다. 분명히, 학생들이 높은 기준을 달성하려면 그들의 교사와 다른 교육자들에게도 그에 못지않은 기대를 해야 한다. 가장 우선순위가 높은 것은 교사들이 높은 기준에 맞춰 가르치기 위해 무엇을 알고 무엇을 할 수 있어야 하는지에 대한 합의에 도달하는 것이다.1996, p.67

전문직은 일반적으로 (1) 교육 프로그램의 전문 인증professional accreditation, (2) 수행 허가를 부여하는 주 면허state licensing, (3) 높은 수준의 역량을 인정하는 고급 자격 인증advanced certification의 세 가지 방법으로 기준을 설정하고 이를 시행한다.[2] 대부분의 교직 외 전문직에서는 후보자들이 주 면허 시험state licensing examinations에 응시하기 위해 공인된 전문 학교accredited professional school를 졸업해야 한다. 인증 과정은 모든 교육 프로그램이 포괄적이고 최신의 공통 지식 체계와 구조화된 훈련 경험을 제공하도록 보장하는 것을 목표로 한다. 면허 혹은 자격 시험은 후보자들이 책임감 있게 일을 수행할 수 있는 지식을 습득했는지 확인하는 것을 목표로 한다. 시험은 일반적으로 전문적인 정보의 개요와 현장 실습의 특정 측면을 평가하는 성과 요소를 포함한다. 예컨대, 변호사는 사건을 분석하고 일부 주에서는 특정 문제를 해결하기 위해 법률 요약서나 메모를 작성해야 하며, 의사는 사례 기록을 통해 환자를 진단하고 처방할 치료를 설명해야 하며, 엔지니어는 특정 설계 상황에 특정 원칙을 적용할 수 있음을 입증해야 한다. 이러한 시험은 주 전문 기준 위원회state professional standards boards를 통해 해당 전문직 구성원들에 의해 개발된다.

또한, 많은 전문직에서는 공인 회계사 자격 인증certification for public accountants, 의사들의 이사회 인증board certification for doctors, 건축가의 등록registration for architects 같은 고급 기술 수준을 인정하는 추가 시험을 제공한다. 이러한 인증은 일반적으로 몇 년의 추가 학습과 실습이 필요하며, 종종 감독하에 이루어지는 인턴십 및/또는 레지던시 과정이 요구된다. 이는 더 높은 수준의 전문 지식과 기술을 측정하는 성과 시험을 기반으로 한다. 이러한 기준을 충족한 사람들은 다른 실무자들이 할 수 없는 특정 업무를 수행할 자격을 얻는다. 이러한 자격 인증 기준은 인증, 면허 발급, 면허 재발급을 규율하는 다른 기준들로 이어진다. 이를 통해 전문 학교가 새로운 지식을 강의에 통합하도록 하고, 경력 전반에 걸친 전문성 개발과 평가를 안내하는 데 사용된다. 따라서 이러한 고급 기준은 전문 지식 체계를 발전시키는 원동력으로 간주될 수 있다. 인증accreditation, 면허 발급licensing, 자격 인증certification 기준은 성숙한 전문직의 품질 보증 체계를 지탱하는 '세 발 의자three-legged stool'를 구성한다.NCTAF, 1996

그러나 역사적으로 교직에서 이 세 발 의자는 상당히 불안정했는데, 이는 품질 보증 기능의 각 요소들이 다른 전문직에 비해 훨씬 덜 발전했기 때문이다. 최근까지는 전문 자격 인증 시스템을 구축하는 국가 기관이 없었다. 또 다른 한편으로는, 주에서는 교사교육 프로그램의 면허 발급 및 승인 관리를 매우 다양한 기준과 일반적으로 약한 집행 도구를 사용하여 관리해 왔다. 더욱이, 이러한 기능 각각의 유용성은 다양한 이념적·정치적 근거로 교직 내외에서 격렬하게 논쟁되어 왔다. 최근 몇 년 동안 이러한 논쟁들은 면허 발급, 인증, 자격 인증이 교사의 질, 교사의 학습, 그리고 교사의 분포에 어떤 영향을 미치는지에 대한 실증적 연구들로 이어졌다. 이러한 현상은 주로 교육 분야에서만 발생하는 독특한 현상인데, 왜냐하면 성숙한 전문직들은 그들의 결과에 의문을 제기하지 않으며 그러한 전문성의 질을 통제하는 수단들을 채택해왔기 때문이다.

국가 교원 전문성 표준 위원회

교수 표준을 설정하기 위한 일련의 노력은 1987년 설립된 독립적인 기관인 국가 교원 전문성 표준 위원회NBPTS; the National Board에 의해 주도되었다. 이 위원회는 주로 교실 교사들classroom teachers로 구성된 최초의 전문 기관으로, 뛰어난 성과를 보인 교사들의 고급 자격 인증 표준을 설정하기 위해 설립되었다. 위원회의 임무는 다음과 같다.

> 뛰어난 교사들이 알아야 할 것과 할 수 있어야 하는 것에 대해 수준 높고 엄격한 기준을 세우고, 이러한 기준을 충족하는 교사들을 평가하고 인증하는 자발적인 국가 시스템을 개발 및 운영하며, 관련된 교육 개혁을 추진하는 것—이 모든 것은 학생 학습 개선을 목적으로 한다.Baratz-Snowden, 1990, p.19

국가 교원 전문성 표준 위원회에서 개발한 기준은 교수와 학습에 대한 지식을 통합하며, 교수 행위를 복잡하고 상호적인 관점에서 바라본다. 그것은 학생들의 필요와 교육 목표에 따라 달라지며, 학습 상황에 대한 학생들의 반응에 의해 지속적으로 형성되고 재구성된다는 관점이다. 새로운 표준과 평가 방식은 다문화적이고 다언어적인 학생 집단과 다양한 학습 접근 방식을 포함하는 학생들의 특성에서 비롯된 교육적 도전 과제를 명시적으로 고려한다. 이 기준은 1990년대에 전국 전문 협회들에 의해 명확히 규정된 새로운 교과 표준, 학습자의 다양성 요구, 그리고 교사들이 성공하기 위해 동료와 학부모와 협력해야 한다는 기대를 반영하여, 교직을 교과목과 학생들을 고려하여 대응하는 동료적이고 전문적인 활동으로 정의한다. 학습의 관점에서 교수를 검토함으로써, 이 표준은 효과성에 대한 고려를 실천의 중심에 놓는다. 이러한 관점은 이전 교사 훈련 및 평가의 '기술주의technicist' 시대와 대비된다. 그 시대에는 교직이 고정된 루틴과 행동 공식을 실행하는 것으로 보았으며, 학생이나 교육 목표의 독특한 속성에 반응하지 않았다.

새로운 표준의 또 다른 중요한 특징은 성과 기반performance-based이라는 점이다. 즉, 이 표준은 교사들이 알아야 할 것, 갖추어야 할 자질, 그리고 할 수 있어야 하는 것들을 기술하며, 면허를 받기 위해 교사가 수강해야 하는 과목들을 나열하지 않는다. 이 성과 기반 표준 설정으로의 전환은 다른 전문직에서 채택한 면허 발급 접근 방식과 일치하며, 이미 여러 주에서 이루어지는 변화들과도 부합한다. 이 접근 방식은 역량을 결정하는 기준을 명확히 하며, 교사들이 강의를 이수한 시간보다 실질적인 역량 개발에 중점을 둔다.

전문 교사 자격증National Board Certification을 취득하려면 교사 후보자들이 엄격한 2단계 평가를 마쳐야 한다. 이 평가에는 학교 현장에서 교사가 완성하는 포트폴리오가 포함되며, 여기에는 학생 작업 샘플, 교실 수업 녹화, 그리고 이러한 자료를 기반으로 한 광범위한 서면 분석 및 성찰이 포함된다. 포트폴리오는 교사들이 자신이 가르치는 학생들의 특정한 요구와 교사가 근무하는 학교의 특수한 맥락에 의해 형성된 자신의 교육 실천을 보여줄 수 있도록 설계되었다. 또한, 이 평가는 지역 평가 센터에서 진행되는 일련의 과제를 포함하는데, 후보자는 교육 상황을 분석하고, 교과 내용에 대한 질문에 답변하며, 교육 자료를 평가하거나 수업 계획을 작성하는 등의 과제를 통해 교과 지식과 내용 교수 지식을 모두 시연해야 한다.

위원회의 영향

2009년까지, 국가 교원 전문성 표준 위원회는 82,000명 이상의 뛰어난 교사들에게 고급 자격증을 부여했다. 이는 미국 교직 인력의 약 2%에 해당하며, 자격증 신청자의 약 40%에 해당하는 수치이다. 그러나 위원회는 자격증을 취득한 교사의 수를 넘어서는 훨씬 큰 영향을 미쳤다. 많은 주와 교육구에서 자격증을 취득한 교사들에게 급여를 인상함으로써, 교사가 입증된 실력에 따라 보상받을 수 있다는 개념이 확립되었다.

아마도 가장 중요한 것은, 뛰어난 교수accomplished teaching를 정의하려는 최초의 전문적인 노력으로서, 국가 교원 전문성 표준 위원회National Board가 초임 교사 면허 발급, 교사교육 프로그램, 교사 평가, 직무 평가, 그리고 교사들의 전문성 개발에 대한 기준 설정에서 미국 전역에 걸쳐 상당한 영향을 미쳤다는 점이다. 여러 교육구에서는 교사 평가 과정, 보상 체계, 그리고 교사들에게 새로운 역할과 책임을 부여하는 경력 사다리에 전문 교사 자격증을 통합하여 수석 교사나 멘토 교사 등의 직위에 교사를 임명한다.

국가 교원 전문성 표준 위원회가 수행한 표준 설정 작업은 주 간 신임 교사 평가Interstate New Teacher Assessment를 통해 초임 교사 면허 발급에 대한 국가 기준 설정에 영향을 미쳤다. 이러한 기준은 대부분의 주에서 면허 발급 기준의 일부로 채택되거나 조정되었으며, 교사교육 인증 위원회National Council for Accreditation of Teacher Education; NCATE의 기준에도 통합되었다. 이후 NCATE는 대학들과 협력하여 교수 실천 개발에 중점을 두고 전문 교사 표준을 중심으로 조직된 고급 석사학위 프로그램을 설계하도록 지원하기 시작했다.

이러한 통합된 노력의 결과로, 교사들이 알고 실천할 수 있는 것을 평가하는 면허 발급 및 인증 시스템이 점차 전통적인 강의 이수 시간을 기준으로 삼는 방법을 대체하고 있다. 또한, 이 세 가지 기준은 실질적으로 연결되어 있으며 교사 경력 전반에 걸쳐 지속적인 발전의 연속체를 형성하기 때문에, 교사들이 자신의 교수 활동을 개선하기 위해 노력할 수 있는 주요 차원을 개념화한다. 특정 영역에서 고품질 수업에 대해 생생한 설명을 함으로써, 일부 분석가들은 "[이 기준들은] 전문직이 구성원들에게 더 나아지길 기대하는 사항을 명확히 하며… 전문직이 정의한profession-defined 기준은 전문성 개발과 책임성에 대한 의제를 수립하고 기대치를 설정하는 기초를 제공한다"라고 주장한다.Ingvarson, 1997, p.1

이러한 기준과 표준 위원회의 평가 과정은 교사교육에서 실천 기준에 중점을 둔 강의와 포트폴리오를 활용한 교수 평가를 중심으로 한 활동을 촉진했다. 교사교육 전반에, 또한 교사 평가와 교사 개발 프로젝트에서도 포트폴리오 평가의 확산을 문서화한 노나 라이언스Nona Lyons는 실천의 기록에 중점을 둔 수행 평가로의 전환을 국가 교원 전문성 표준 위원회의 공으로 돌린다. 또한, 라이언스는 포트폴리오가 교수의 질을 다양한 방식으로 지원하는 '새로운 전문성new professionalism'의 씨앗을 품고 있다고 주장한다.

포트폴리오 평가 시스템은 엄격함과 탁월함의 기준을 제시
하며, 효과적인 학습의 증거를 요구하고, 자신의 준비 상태를
고양시키며, 자신의 학습을 스스로 주도하도록 한다. 또한, 협
력을 교수 행위의 새로운 규범으로 만들고, 교사 학습자들이
자신을 비판적으로 검토할 수 있는 협력적이고 해석적인 공동
체를 형성하며, 오늘날의 복잡한 학교와 학습자의 세계에서 효
과적인 교수법으로 간주되는 것을 밝혀내고 공개한다.[1998, p.21]

교사 자격증을 취득한 교사들의 효과성

전문 교사 자격증Board Certification 과정이 확산함에 따라, 정책 입
안자들과 연구자들은 이 과정이 교사 학습에 미치는 효과와, 교사 효
과성을 측정하는 도구로서의 타당성을 증명할 증거를 찾기 시작했다.
여러 연구에서 전문 교사 자격증 평가 과정이 자격증 취득에 실패한
교사들보다 학생 성취도를 높이는 데 더 효과적인 교사들을 선별한다
는 결과를 발견했다.[Bond, Smith, Baker, & Hattie, 2000; Cavaluzzo, 2004; Goldhaber
& Anthony, 2005; Smith, Gordon, Colby, & Wang, 2005; Vandevoort, Amrein-Beardsley, &
Berliner, 2004]

마찬가지로 중요한 점은 많은 연구에서 교사들이 국가 교원 전문성
표준 위원회 과정에 참여하는 것이 그들의 전문적 학습을 지원하고 교
수 실천에 변화를 가져온다는 것을 발견했다. 교사들은 기준에 비추어
자신과 학생들의 학습을 분석하는 과정이 학생 학습을 평가하고 자신
의 행동이 미치는 영향을 평가하는 능력을 향상시키며, 기준과 평가에
서 요구되는 새로운 실천을 채택하게 한다고 이야기한다.[Athaneses, 1994;
NBPTS, 2001a; Sato, 2000; Tracz, Sienty, & Mata, 1994; Tracz et al., 1995] 교사들은 평
가된 각 영역—계획, 설계, 수업 전달, 교실 관리, 학생 학습 진단 및 평
가, 교과 지식 활용, 학습 공동체 참여—에서 자신의 지식과 성과가 크

게 향상되었다고 보고했으며, 관찰 연구들은 이러한 변화가 실제로 발생한다는 것을 보여주었다.Lustick & Sykes, 2006; Sato, Chung Wei, & Darling-Hammond, 2008 데이비드 헤인스David Haynes의 다음과 같은 진술은 많은 교사의 경험을 대변한다.

> 초기 청소년/일반 인증 포트폴리오를 완성하는 것은 단순히 말해 내 경력에서 가장 강력한 전문성 개발 경험이었다. 나는 아이들과 함께 하는 일과 그 이유에 대해 그렇게 깊이 생각해 본 적이 없다. 나 자신의 실천을 비판적으로 검토하며 이를 높은 기준에 따라 평가했다. 일상 업무에서 나는 종종 목표를 재고하고, 방향을 수정하며, 새로운 방향으로 나아가는 나 자신을 발견했다. 나는 평가 이전의 내가 아니다. 그리고 내 경험은 일반적일 것이다.1995. p.60

자신의 교사 행위에 대한 개선을 보고한 유사한 결과를 나타낸 설문 조사에 따르면, 자격증 취득 과정을 거친 교사들 대부분(80%)이 이 과정이 다른 전문성 개발 경험보다 더 생산적이었다고 느꼈다. 평가자로 참여한 교사들의 거의 80%가 또한 평가자로서의 역할이 유용한 전문성 개발 활동이었다고 느꼈다.

유사한 개선 효과를 보고한 설문 조사에 따르면, 자격증 취득 과정을 거친 교사들 대부분(80%)이 이 과정이 다른 전문성 개발 경험보다 생산적이었다고 생각했다. 평가자로 참여한 교사들의 거의 80%가 또한 평가자로 활동한 경험이 유익한 전문성 개발 활동이었다고 생각했다. 전문 교사 자격증을 취득한 교사들과 평가자들 대다수는 이러한 경험이 자신의 교수법에 강력한 영향을 미쳤다고 생각했다.NBPTS, 2001b

전문 교사 자격증을 취득한 교사들과 평가자들 대다수는 이러한 경험이 자신의 교수법에 강력한 영향을 미쳤다고 생각했다.NBPTS, 2001b 교사들은 자신의 수업을 비디오로 녹화하고 학생들의 학업을 분석하는 과정이 교수와 학습 과제를 조직하는 방법, 학생 학습을 분석하는 방법, 그리고 필요할 때 개입하고 수업 방향을 바꾸는 방법에 대해 더 잘 인식하게 해주었다고 언급했다.

초임 교사에 대한 성과 평가

최근에는 초임 교사와 예비 교사, 그리고 그들을 준비시키는 프로그램의 효과성을 평가하기 위해 수행 평가performance assessment가 개발되고 있다. 대부분의 주에서는 교사교육 프로그램에 입학하거나 초기 교사 면허initial license를 발급받기 위해 기본 기술, 교과 지식, 그리고/또는 교육학적 지식을 평가하는 시험을 요구하지만, 이 시험들은 일반적으로 교사가 실제 교실에서 성공할 가능성을 예측하는 데 비교적 낮은 정확도를 보이는 것으로 드러났다.Ayers, 1988; Haney, Madaus, & Kreitzer, 1987; Haertel, 1991; Mitchell, Robinson, Plake, & Knowles, 2001 이러한 단점을 보완하기 위해, 국가 교원 전문성 표준 위원회의 평가를 모델로 한 수행 평가가 개발되어 교사교육 과정에는 초기 면허 추천의 기초로(캘리포니아, 콜로라도, 켄터키, 오리건), 교사 입문 기간에는 수습 면허에서 전문 면허로 전환하는 기초로(코네티컷) 사용되고 있다.

이 평가들은 교사들에게 수업 단위 계획과 수업 진행 과정을 문서화하고, 수업을 녹화하여 분석하며, 학생 학습의 증거를 수집하고 평가할 것을 요구한다. 국가 교원 전문성 표준 위원회의 수행 평가와 마찬가지로, 코네티컷의 BEST 평가에서 초임 교사들의 평가 점수는 주 독해 시험state reading test에서 학생들의 부가가치value-added 성취도를 유의미하게 예측하는 것으로 나타났다.^{Wilson, Hallam, Moss, & Pecheone, 2007}

한편, 캘리포니아에서는 주 의회가 모든 전통적 및 대안 교사 준비 프로그램이 교사 수행 평가를 통해 후보자를 평가하게 한다. 이 평가는 교사 면허 발급을 결정하는 데 사용되며, 점수가 집계되면 프로그램 인증 평가에도 사용된다. 캘리포니아 교사 수행 평가Performance Assessment for California Teachers; PACT는 캘리포니아 주 내 33개 교사교육 프로그램에서 사용되며, 신뢰성과 타당성이 입증되었고, 교사 역량과 프로그램 품질을 향상시키는 강력한 도구로 평가된다.^{Pecheone & Chung, 2006} 코네티컷의 BEST 평가와 마찬가지로, PACT의 초기 타당성 연구에서도 교사들이 평가에서 받은 점수가 이후 정규 교사가 되었을 때 그들의 부가가치 효과성과 긍정적으로 연관되어 있음을 발견했다.^{Newton, 2010} 이러한 수행 평가는 초임 교사들이 평가 경험 후에도 지속적으로 자신의 실천을 개선하는 데 도움을 준다.^{Chung, 2008; Pecheone & Chung, 2006}

교수진과 감독관들은 표준화된 평가 기준rubrics을 사용하여 훈련을 마친 후 조정된 세션에서 이러한 포트폴리오를 평가하며, 기준을 조정하기 위한 감사 절차를 거친다. 교수진들은 PACT 결과를 활용하여 교육과정을 수정한다. 국가 교원 전문성 표준 위원회의 평가와 마찬가지로, 이러한 평가는 평가하는 자와 평가받는 자 모두의 학습을 통해 시스템 전반에 더 넓은 영향을 미칠 수 있는 학습 효과를 가져올 것으로 기대된다.^{Darling-Hammond, 2006} 아래는 참여자들의 진술 사례다.

> 나에게 가장 가치 있었던 것은 수업의 순서를 정하고, 수업을 진행하며, 이이들이 무엇을 이해하고 있는지, 무엇을 이해하지 못하고 있는지를 평가하고, 그것을 다음 수업에 반영하는 과정이었다. … 즉, '가르치기-평가-가르치기-평가-가르치

기-평가' 과정이다. 그래서 계속 변화를 시도하게 된다. 계획이나 틀이 있을 수 있지만, 그것이 유연해야 하고, 그날 아이들이 배운 것에 따라 유연하게 조정되어야 한다는 것을 알게 된다. _예비 교사

이 [평가] 경험으로 교사 평가에서 진정으로 중요한 것이 무엇인지 다시 묻게 되었다. 그것은 결과적으로 교사 준비 과정에서 진정으로 중요한 것이 무엇인지에 대한 질문을 다시 숙고하게 한다. _교사교육 교수진

[평가 과정]은 '좋은 가르침good teaching'이 무엇인지, 그것이 어떻게 보이고 어떻게 들리는지 명확히 할 것을 요구한다. 이 과정은 자신의 교수 실천을 새로운 관점에서 비판적으로 바라보게 한다. _협력 교사

입문 프로그램 코디네이터로서, 교사 자격증 소지자들이 우리에게 무엇을 가져올 것이며, 그들이 무엇을 해야 할지에 대해 훨씬 명확한 그림을 갖게 되었다. 우리는 이를 기반으로 발전시킬 수 있다. _입문 프로그램 코디네이터

이 작업을 바탕으로 최근 20개 주가 미국 교원양성대학 협회 American Association of Colleges of Teacher Education와 주교육감 협의회Council of Chief State School Officers의 후원 아래 교사 성과 평가 컨소시엄Teacher Performance Assessment Consortium을 결성하여, 전국적으로 활용할 수 있는 공통 초기 면허 평가를 만들었다. 이 평가는 교사 효과성을 예측하고, 교사 준비와 면허 발급을 성과 기반

performance-based으로 전환하는 데 기여한다. 이 조치가 교직 진입 경로 중 어떤 것이 더 효과적인지에 대한 논쟁을 해결하고, 다양한 준비 접근법의 효율성에 대한 정보를 제공하는 공통 기준을 확립함으로써 교직 진입 과정의 일관성을 마련하는 데 기여할 것으로 기대된다.

교사교육 인증을 위한 표준

전문성 기준의 마지막 요소는 교원양성대학을 평가하기 위해 이러한 표준과 수행 평가를 점점 더 많이 사용하는 것이다. 최근까지 교원양성대학에 대한 프로그램 승인 과정은 일반적으로 주 교육부에 의해 조정되었으며, "개인이 어떤 학습 상황에 노출되었는지와 그 상황에서 보낸 시간"을 평가하는 데 중점을 두었고, "개인이 실제로 무엇을 배웠는지"에 대해서는 덜 고려했다.Goertz, Ekstorm, & Coley, 1984, p.4 20세기에는 주에서 승인한 프로그램을 졸업한 개인을 실무에 입문시키는 관행이 면허 발급의 일반적인 접근 방식이었다. 이 방식은 프로그램의 품질이 주에 의해 잘 정의되고 모니터링될 수 있으며, 프로그램이 모든 학생에게 효과적일 것이며, 주에서 요구하는 과정을 이수하는 것이 유능한 실무자 양성에 충분하다는 생각을 기반으로 했다. 또한, 주 승인 시스템은 교사 시장이 지역적이라는 가정을 기반으로 했다. 즉, 특정 주의 학교에서 필요한 거의 모든 교사는 해당 주 내 대학에서 배출될 것이라는 전제였으며, 시간이 지남에 따라 이 전제는 점점 현실과 동떨어지게 되었다.

대부분의 주에서는 교사교육 프로그램이 매우 다른 종류와 수준의 준비 과정을 제공함에도, 거의 모든 교사교육 프로그램을 별다른 제한 없이 승인해왔다.Goodlad, Soder, & Sirotnik, 1990; NCTAF, 1996; Tom, 1997 많은 주의 교육 주체들은 높은 기준을 시행하는 데 필요한 집중적인 프로그램

검토를 지원할 예산과 인력이 부족하다.David, 1994; Lusi, 1997 주 교육 주체들이 부실한 프로그램을 발견하더라도, 정치적 압력 때문에 이를 폐지하는 것은 어렵다. 교사교육 프로그램은 대학과 지역 사회에 상당한 수익을 가져다주며, 준비가 부족하더라도 교사 후보자가 존재하는 것은 교사 급여를 상대적으로 낮게 유지하는 데 기여하기 때문이다. 데니슨Dennison은 "일반적으로 최소한의 주 규정 기준은 지역 및 주의 정치적 영향, 주 내 경제적 여건 그리고 변화를 어렵게 만드는 역사적 요인의 영향을 받는다"고 지적한다.1992, p. A40

그러나 1990년대 이후, 각 주는 뛰어난 교사를 위한 국가 교원 전문성 표준 위원회의 표준과 초임 교사를 위한 INTASC 표준과 연계된 공통 인증 및 교사 준비 표준으로 전환하고 있다. 이러한 움직임은 국가 인증에 관한 관심의 증가로 촉진되었다. 1989년, NCATE는 교원양성대학에 대한 전문적인 검토를 각 주의 자체 검토와 통합하는 새로운 주 파트너십 프로그램을 시작했다. 파트너십의 수는 1990년에 19개에서 2000년에 48개로 증가했다.

이러한 주 파트너십의 중요한 결과 중 하나는 주 표준과 전문 표준의 일치다. 또 다른 결과는 수행 기반performance-based 인증으로의 전환이 진행되면서 교사교육 결과를 더 중시하게 되었다. 이러한 전환은 프로그램이 예비 교사가 단순히 교육과정을 이수했다는 것을 보여주는 것이 아니라, 예비 교사들의 유능한 수행을 입증할 증거를 제공하도록 한다. 일부 연구에 따르면 NCATE의 검토 과정은 부실한 교육 프로그램에 상당한 변화를 가져왔으며예: Altenbaugh & Underwood, 1990; Williams, 2000, 이는 전문성 인증이 프로그램 개혁 노력을 촉진할 수 있음을 보여준다. 그러나 표준과 증거의 사용이 광범위한 교사교육의 개선을 어떻게 지원할 수 있는지는 여전히 많은 연구가 필요하다.

결론

교사교육 정책에 대한 논쟁은 어떤 자격과 준비가 교사 효과성을 예측하는지 그리고 교사 선발과 학습 기회를 안내하는 원칙이 무엇이어야 하는지에 대한 기술적·정치적 견해차에서 비롯되었다. 이러한 논쟁의 근간에는 모든 학생이 동등하게 질 높은 교사로부터 배울 권리가 있는지, 그리고 어떤 자격 요건과 교육이 가장 중요한지를 묻는 질문이 자리 잡고 있다. 현재 연구에 따르면, 교사 효과성을 예측하는 데 다양한 교사 특성과 능력이 결합하여 중요한 역할을 한다는 점을 시사한다. 특히, 교사들이 양질의 일반 교육, 심화된 교과 내용과 교육학적 지식, 교육 경험, 그리고 전문성 개발과 평가를 통해 특정한 교수 실천을 개발할 기회가 충분할 때 효과성이 크게 높아진다. 이러한 사실은 교사교육을 강화하기 위해 정책 개발에서 다각적인 접근이 필요함을 시사한다. 연구에 따르면, 잘 교육받은 교사 후보자들을 양질의 준비 프로그램에 모집하고, 교과 내용과 교수법을 학습할 충분한 기회를 보장하며, 효과적인 교수 실천에 초점을 맞춘 지속적인 학습을 시원하는 교육정책이 시행된다면, 전체적인 교육의 질은 상당히 높아질 것으로 기대된다.

이러한 정책에는 교사를 필요한 지역에 모집, 유지, 배치하기 위한 효과적인 인센티브예: Darling-Hammond & Sykes, 2003 참조와 함께, 교육대학이 교사의 역량과 효과성을 높이는 연계된 강의와 실습 경험을 채택하도록 장려하는 인증, 면허 발급, 고급 자격증과 관련된 전문 정책이 포함되어야 한다.

특히 유명한 정책 대안으로는 교사 평가 전략에 대한 지원이다. 예를 들어, NBPTS 및 PACT와 같은 기준 기반standards-based 교사 평가와 평가는 교수의 효과성과 관련된 특징을 측정할 뿐만 아니라, 실제로 교사의 효과성을 동시에 개발하는 것으로 나타났다. 특히 유용한 접근법은 참여자들에게 더 높은 수준의 교수 기술과 이해를 동시에 개발하게 하고, 이들의 수행을 멘토링하거나 평가하는 사람들에게도 도움을 줄 수 있는 접근법이다. 이러한 접근법은 프로그램 개선 및 교사가 학생 학습에 미치는 영향을 측정하는 데 이바지함으로써, 교직 전체의 교수 질을 향상시키는 동력으로 작용할 수 있다. 따라서 정책 투자 대상으로 특히 가치가 있을 것이다.

<u>주석</u>

1. 여기서 언급된 일곱 개 기관은 다음과 같다. 위스콘신 주 밀워키의 알베르노 칼리지(Alverno College), 뉴욕시의 뱅크 스트리트 칼리지(Bank Street College), 텍사스 주 샌안토니오의 트리니티 칼리지(Trinity College), 캘리포니아 대학교 버클리 캠퍼스(University of California at Berkeley), 버지니아 주 샬러츠빌의 버지니아 대학교(University of Virginia), 서던 메인 대학교(University of Southern Maine), 매사추세츠주 보스턴의 휠록 칼리지(Wheelock College).

2. 미국 교육에서 'certification'이라는 용어는 전통적으로 각 주 정부가 교직 진입을 승인하는 절차를 의미하는 데 사용되어 왔으며, 이는 다른 전문직에서 일반적으로 'licensing'이라고 불리는 개념과 유사하다. 현재는 경력이 풍부하고 탁월한 교사들에게는 국가 교원 전문성 표준 위원회(National Board for Professional Teaching Standards)에서 고급 자격증을 부여한다. 전문 기구(국가위원회)의 인증 행위와 주 정부의 면허 부여 행위를 혼동하지 않기 위해, 여기서는 일반 전문직에서 사용되는 용어 방식에 따라 'licensing'은 초임 교사로서의 실무 진입을 주에서 승인하는 절차를, 'certification'은 국가위원회가 숙련된 실천 능력을 공식적으로 인증하는 행위를 가리키는 데 사용한다.

8장

세계의 교사교육
-국제적인 실천 사례에서 우리는
무엇을 배울 수 있는가?

린다 달링-해몬드Linda Darling-Hammond
앤 리버맨Ann Leiberman

21세기 학습에서 교사의 질이 중요한 요소라는 점에 국가들은 대체로 동의하지만, 이를 어떻게 발전시킬지에 대해서는 견해가 다양하다. 이 책은 아시아, 아메리카, 유럽의 크고 작은 국가들을 다루며, 각국은 서로 문화가 다르다. 더 중요한 점은 각국이 양질의 교사 양성을 지원하는 방식에도 주요한 차이를 보인다는 것이다.

먼저 우리는 가 국가가 교사교육 정책 및 실천에 대해 어떻게 생각하고 있는지를 조명한다. 그리고 교사의 채용, 양성, 교직 유도, 지속적인 전문성 개발, 공동 실천의 향상과 관련된 각국의 실천 사례를 기술한다. 마지막으로 변화하는 제도에 맞추어 정책과 실천이 실행될 때 불가피하게 발생하는 도전과 장애물에 대해 논의한다.

교사의 질 정의하기: 서로 경합하는 세계의 관점들

이 책에서 소개된 국가 중에서 국제 학업 성취도 평가PISA와 같은 국제적인 평가에서 최상위 국가는 핀란드, 싱가포르, 캐나다이며, 그 뒤를 네덜란드와 호주가 잇고 있다. 영국은 이보다 처지고, 미국은 일반적으로 가장 낮은 순위를 기록하고 있다. 이러한 순위는 각국이 교직 teaching을 얼마나 강력한 전문 직업으로 조직하고 지원했는지를 뚜렷하게 보여주며, 이는 지식과 기술에 대한 광범위한 투자의 결과다.

홍콩은 이러한 사례 중에서 예외적인 경우다. 최근 중국에 편입된 홍콩은 중국 본토와 크게 다르며, 지난 20년 동안의 독특한 역사가 있다. 중국과의 합병 합의가 이루어졌을 당시 생겨난 불안으로 교사들의 이탈 현상이 발생했으며, 이는 주요한 부작용 중 하나로 나타났다. 그 후 몇 년 동안, 교사를 전문직으로 만들려는 열망과 교사 이탈로 인한 교사 수 부족 문제에 대한 우려가 맞물려 경쟁하는 양상을 보였다. 이후 논의하겠지만, 홍콩의 이러한 맥락은 매우 복잡하다.

핀란드와 싱가포르, 캐나다는 강력한 교사 양성 시스템 구축을 위한 명확한 목표와 방향을 설정해 왔다. 그러나 이 책에서 다루는 나머지 국가들은 교사교육과 교직의 전문성과 관련하여 크고 작은 경합적인 영향력을 경험해 왔다. 한편으로는 교직을 전문화하고 교사의 질을 높이겠다는 많은 수사rhetoric가 존재하며, 각 관할지jurisdiction에서 교직을 위한 강력한 준비 과정을 제공하는 프로그램과 계획도 일부 존재한다. 다른 한편으로는 대안적 경로와 같이 교직의 기준과 준비 과정을 실질적으로 낮추는 반복적인 정책들도 있다. 예를 들어, 영국과 미국에서는 교사의 질에 대한 우려가 기준을 강화하려는 노력과 기준을 완화하려는 움직임 사이에서 갈등을 빚고 있다.

교직이 전문직으로 간주되는 곳에서는 교육의 공평한 기회를 제공하려는 지식 기반 교육 시스템에 대한 강력한 사명도 명확히 존재한다. 예를 들어 공평하게 양질의 교육을 제공하려는 핀란드의 강력한 노력은 지난 30년 동안 국가 전반의 문화를 변화시켰다. 한 세대 만에 핀란드는 교육 수준이 상대적으로 낮은 국가에서 21세기 교육 강국으로 도약했으며, 현재는 96%의 문해율, 높은 졸업률 및 대학 진학률, 그리고

PISA 평가의 모든 영역에서 최상위 점수를 기록하고 있다.

교육의 기회를 크게 확장하는 과정에서 핀란드는 정교한 교직 전문성을 창조했다. 핀란드의 모든 교사는 풍부한 교과 지식과 교육학적 전문성을 갖춘 석사학위를 필수로 하며, 이는 연구와 실천의 통합에 초점을 맞춘다. 교직은 의학 다음으로 가장 선호되는 전문직이 되었으며, 교사는 높은 존중과 지원을 받는다. 모든 교사는 정부와 협력해서 교사 학습과 학교 개선을 지원하는 조합에 가입되어 있다. 핀란드의 많은 교사는 박사학위 취득 후에도 교직에 남는다. 분명히 핀란드는 교직을 교사들이 지도자 위치로 성장하고 전문성을 지속적으로 개발할 수 있는 장기적인 전문직으로 여긴다.

마찬가지로, 싱가포르는 단순히 교사를 확보하는 것에서 질 높은 교사를 제공하는 방향으로 전환했다. 1997년에 '생각하는 학교, 배우는 국가Thinking Schools, Learning Nations'라는 이름으로 추진된 교육개혁을 통해 교사의 역할을 분명하게 재정의했다. 당시 고촉통Gok 총리는 이렇게 선언했다.

> 모든 학교는 학습 조직의 모델이 되어야 한다. 교사와 교장은 늘 새로운 아이디어와 실천 사례를 찾고, 자신의 지식을 끊임없이 새롭게 할 것이다. 교직은 미래의 다른 지식 기반 전문직처럼 학습하는 전문직이 될 것이다.

이 개혁은 교사의 채용, 준비, 보상, 지위, 전문성 개발을 개혁하는 데 기름을 부었다. 핀란드의 경우처럼 싱가포르의 교원 양성 과정 승인 기준도 엄격하며, 여기에는 높은 수준의 증명된 학업 능력과 가르침에 대한 열정이 포함된다. 또한 핀란드와 마찬가지로, 예비교사 양성 과정은 정부가 전액 지원하며, 훈련생은 월급도 받는다. 교사 양성 과정은 잘 설계되어 있으며, 강력한 신임교사 적응교육과 전문성 개발로 이어진다. 교직에 대한 보상은 다른 직업에 비해 높다. 어떠한 교사도 철저한 준비 과정 없이 교직에 진입할 수 없으며, 이러한 지원을 받지 못하는 사람도 없다. 싱가포르는 전 생애에 걸친 경력 개발 과정에서 다양한 종류의 지도자 지위를 제공할 수 있는 경력 사다리를 마련했다.

이러한 선도국에 비해서는 다소 덜 관대하지만, 캐나다의 지방 정부들 또한 교사 훈련 과정(대체로 대학원 수준) 동안 교사에게 재정적인 지원을 하고, 합리적인 보상을 해준다. 가끔 논쟁이 벌어지기도 하지만, 대체로 교사들은 잘 양성된다고 평가되며, 특히 온타리오 주에서는 교사에게 경력 전반에 걸쳐 매우 많은 학습 기회를 제공한다. 최근 몇 년간 호주에서는 교직에 대한 논쟁의 목소리가 있긴 했지만, 교사 양성은 대체로 잘 지원받고 있으며, 대다수 교사는 철저한 준비 과정을 거쳐 교직에 들어서며 이후에도 지속적인 지원을 받는다. 또한, 영국 본토의 정책 혼란에도 불구하고, 웨일스와 스코틀랜드 정부는 최근 몇 년간 대학원 수준에서의 대학 기반 교사 양성 과정을 유지하고 강화했으며, 강력한 교직 전문성 개발을 위해 노력해 왔다.

이와 대조적으로 잉글랜드, 미국, 네덜란드, 홍콩은 편차는 있지만, 다양한 차원에서 '시장 주도형' 교직 진입 경로를 개발했다. 이들 국가에서는 교사 지원자들이 교직에 진입할 수 있는 다양한 대안을 선택할 수 있다. 지원자는 다양한 유형의 예비교사 준비 모델에 참여하거나, 일반적으로 대학원 프로그램을 통해 '현장 훈련on-the-job training'을 제공받는 경로를 택할 수도 있다. 일부 교사는 어떠한 훈련도 받기 전에 가르칠 수 있는 허가를 받기도 한다. 서류상으로는 발전된 기준이 마련되어 있지만, 이 기준이 보편적으로 적용되는 것은 아니다. 이러한 정부들이 자격을 갖춘 교사가 어떤 모습이어야 하며, 어떤 조건을 충족해야 한다고 생각하는지는 불분명하다.

대부분의 정부가 교직에 입문하려는 개인에게 강력한 재정 지원을 하지 않는다는 점 또한 주목할 만하다. 네덜란드 학생은 일반적으로 조건부 상환 면제 대출forgivable loans 지원을 받지만, 이들을 교직으로 유인하는 특별한 정책은 없다. 영국 학생들 또한 스스로 교사 준비를 해야 한다. 홍콩이나 미국 대부분 지역에서는 대안적 경로를 통해 현장 훈련을 받으며 교직에 진입하는 사람들에게 더 많은 보조금이 제공된다. 반면, 정식 예비교사 프로그램을 선택한 이들에게는 상대적으로 적은 지원이 이루어진다. 미국에서는 학교 재정, 교사 급여, 지속적인 지원의 불평등으로 인해, 준비되고 자격 있는 교사는 다양한 사회·경제적 배경을 지닌 학생에게 고르게 배치되지 못한다. 더 가난한 지역에서 가르치는 교사는 지속적인 전문성 개발 기회를 얻을 가능성이 작다. 이에 따라 학생들이 양질의 교육을 받을 기회가 더욱 불평등해지고 있다.

교직에 관한 논쟁의 성격

분석가들은 미국에서 교사에 대한 비난의 물결이 일고, 영국에서 '교사들에 대한 전쟁'이 벌어지고 있다고 하지만, 교직에 대한 뚜렷한 전문적 이상을 가진 국가들은 의도적으로 교사, 교수teaching, 그리고 교육을 기념하고 있다. 이러한 차이는 매우 뚜렷하다. 예를 들어, 지난 30년 동안 영국과 미국의 보수당 정부는 교직이 지식 기반을 가지고 있다는 생각에 도전해왔고, 대학이 교사 양성에서 맡는 역할에 의문을 제기했으며, 교직에 들어오는 사람을 다른 직업에 종사하는 사람보다 덜 지적이고 덜 유능하다고 묘사해 왔다. 이는 종종 반대되는 증거가 있음에도 지속되었다.

이들 정부는 교사 준비과정을 '장벽'으로 간주하며 이를 우회하는 교직 진입 경로를 장려해 왔고, 교직에 대한 유인이 적은 지역—더 많은 도움이 필요한 학생들, 낮은 급여, 근무 환경이 열악한 지역—에 진입하는 교사에 대해서는 기준을 낮추는 것을 지지해 왔다. 미국의 티치 포 아메리카Teach for America나 영국의 티치 퍼스트Teach First 같은 프로그램은 최소한의 훈련만 받은 채 2년간만 교직에 머무를 것을 약속한 지원자들을 미화하는데, 이는 교직을 '진짜 직업'으로 가기 전에 잠시 머무는 경유지쯤으로 여기는 태도와 맞닿아 있다. 이러한 정부들은 교직을 장기적인 경력으로 삼고자 하는 예비교사 프로그램보다 이러한 단기 프로그램에 더 많은 예산을 투입해 왔다.

부분적으로 이러한 영어권 국가들로부터 영향을 받아, 호주에서도 최근 몇 년간 논쟁이 벌어지고 있다. 호주는 교직의 질을 개선하려는 의지를 표명하며 상당한 작업을 진행하고 있지만, 연방 정부의 새로운 제안들은 교직의 전문화를 촉진하는 정책과 비전문화 정책이 혼재된 혼란스러운 구성을 보인다. 교사 질 국가 파트너십Teacher Quality National Partnership; TQNP 프로그램은 양질의 교사와 학교 리더를 유치, 양성, 배치, 개발, 유지하고 교육의 질을 향상시키는 것을 목표로 설계되었다.

한편으로 개혁안에 교사 등록에 대한 새로운 국가 기준과 교사교육 개선이 포함되어 있으며, 이는 호주 교수 및 학교 리더십 연구소 Australian Institute for Teaching and School Leadership를 통해 시행될 예정이다. 다른 한편으로는, 훈련 기간을 축소한 대안적 경로를 통해 새로운 지원자를 교직에 유치하려는 노력과 더불어, 교직을 단기 여행junket으로 묘사하며 도시와 농촌의 빈곤층 학생들을 가르치는 교사를 공급하는 티치 포 오스트레일리아Teach for Australia 같은 프로그램도 포함되어 있다.

교사의 질은 정책 논의에서 중요한 개념으로 언급되지만, 그 의미는 다양하게 해석되고 있다. 정치적 논쟁은 대학 기반의 교직 전문성 훈련의 탈규제화 및 시장화, 그리고 종종 교육과정과 교수법에 대한 중앙집권적 통제를 요구하는 주장과 학문적 기반에 뿌리를 둔 전문직주의를 옹호하려는 입장 간의 대립으로 나타난다. 탈규제를 주장하는 사람들은 현재의 교사교육 방식이 교육 실천에 기여한다는 점을 뒷받침하는 유효한 증거가 거의 없다고 하며, 전통적인 교사교육 경로를 대체할 규제 기준과 성과 지표를 요구한다.

네덜란드에서도 유사한 논쟁이 나타나는데, 교사 준비를 위한 권장사항이 구체화되는 가운데 교사 부족 문제가 대두되고 있다. 2007년경부터 교사의 질에 대한 대중의 신뢰가 감소함에 따라, 더 높은 기준을 요구하는 목소리와 함께 다른 직업에서 일하던 사람이 교사 훈련을 받으면서 교사로 일할 수 있게 하는 대안적 경로를 마련하라는 요구가 등장했다. 이러한 경로는 2000년 인턴 교사법Intern Teacher Act을 통해 마련되었으며, 빠르게 성장하여 3,000여 명 이상의 초중등학교 교사를 양성했다. 그러나 연구에 따르면 이러한 경로를 통해 진입한 교사들은 교직을 떠나는 비율이 높은 것으로 나타났다.

홍콩은 최근 몇 년 동안 전문적인 교직 인력을 육성해야 한다는 주장이 강화되어 왔으며, 교사 자질 논란에 대한 소모적인 논쟁에는 휘말리지 않았다. 그러나 교사가 전문적인 자격을 갖추어야 한다는 명시적인 선호에도 불구하고, 정식 자격을 갖추기 전에 교직에 진입하여 가르치면서 교육받는 방식in-service initial teacher education route이 주를 이룬다. 이로 인해 학생들이 교직 훈련을 제대로 받지 않은 교사들에게 교육받는 상황이 빈번하게 발생한다. 이는 홍콩에서 교직이 단순한 교과 지식을 넘어서는 전문적인 지식과 기술을 요구하는 직업으로 얼마나 인정받고 있는지에 대한 의문을 불러일으키며, 정부의 많은 공식 입장과 모순되는 현실이다.

이에 반해, 핀란드나 싱가포르 같은 국가는 교직을 매력적인 평생 직업으로 만들었으며, 교직 지원자를 충분히 확보하기 위해 기준을 낮추는 대신 인센티브를 늘렸다. 예를 들어, 싱가포르에서는 총리와 주요 관료들이 연설, 공공 행사, 미디어, 국가 대회와 장학금 제도, 교직 수여식 같은 전통과 의례, 그리고 인터넷 등을 통해 교사의 업무와 업적을 강조하며, 교사가 국가 복지에 미치는 중요성을 자주 언급한다. 이러한 노력은 급여, 양성 훈련, 그리고 교직 경력 전반에 걸친 전문 학습 지원을 위한 풍부한 자원 배정과 함께 이루어지고 있다. 핀란드 정부는 역시 조용히 비슷한 종류의 지원을 제공하며, 교사에 대한 존중을 행동을 통해 강화한다. 두 국가 모두 수십 년 전의 국가 교육 개혁의 일환으로, 교직 전문성에 지지가 부족했던 과거의 분위기를 변화시켰다.

캐나다의 온타리오 주는 최근 새로운 정부가 교사를 비난하던 분위기를 뒤집고, 전문직으로서 교직과 교사에 대한 대중의 존중을 되살리려는 명확한 목표를 설정하면서 상황을 변화시켰다. 2003년 선출된 새로운 온타리오 주지사와 교육부 장관은 학생 성과를 개선하는 핵심 요소를 공교육과 교직 전문성으로 보고 이를 강화하겠다는 강력한 의지를 가지고 취임했다. 이들은 교사와 학교 지도자들이 지식에 접근할 기회를 확대함으로써, 증거 기반의 실천을 교실과 학교 전반에 확산시키고자 했다. 이러한 교육 개선과 역량 형성에 초점을 맞춘 접근은 빠르게 성과를 보였다. 2007년까지 졸업률을 포함한 모든 학생 성과 지표가 실질적으로 향상되었으며, 교직 이탈률도 극적으로 감소했다. 이러한 흐름은 지금까지 계속되며, 강력한 기반 위에 지속적인 개선이 가능하다는 점을 보여준다.

전문성 구축의 전략으로서 교수에 대한 기준

교사의 질을 향상시키는 방안에 대한 논쟁 속에 여러 국가에서 등장한 전략 중 하나는 교사가 학습해야 할 내용과 수행할 수 있는 역량에 대한 명확한 기준을 마련하는 것이다. 이 전략의 이론적 기반은 이러한 기준이 교사 자격증 발급 또는 인증, 프로그램 인증에 활용될 경우, 교사의 학습을 안내하고 교직 분야로의 진입, 지속, 또는 인정을 좌우할 수 있다는 것이다.

이 분야에서 미국은 선도적인 역할을 하고 있다. 1987년 국가 교원 전문성 표준 위원회National Board for Professional Teaching Standards를 설립하여, 뛰어난 교수teaching를 평가하기 위한 기준을 명확히 하고 평가 도구를 개발했을 뿐만 아니라, 전국 신임 교사 평가 및 지원 연합Interstate New Teacher Assessment and Support Consortium; INTASC을 통해 신임 교사 자격증 발급과 양성 기준을 개정하는 데도 기여했다. 연구에 따르면, 국가 교원 전문성 표준 위원회의 기준을 충족한 경력 교사는 그렇지 않은 교사보다 더 효과적이며, 위원회 인증Board-certified 과정을 거치는 것이 교사가 자신의 실력을 향상시키는 데 도움을 준다고 한다. 최근에는 신임 교사를 평가하기 위한 성과 평가performance assessment가 도입되어, 현재 20개 이상의 주가 협력하여 초기 자격증 발급에 참고할 수 있는 국가적 평가 버전을 개발하고 교사 양성 과정 개선에 활용하고 있다. 이와 같은 고품질 성과 평가가 개발되고 교사의 효과성을 예측할 수 있는 타당성을 입증한다면, 다양한 전통적 경로와 대안적 경로의 질에 대한 소모적인 논쟁을 매듭짓고, 모든 프로그램과 지원자가 충족해야 할 의미 있는 입문 기준을 제시할 수 있을 것이다.

교직 기준을 설정하는 전략은 최근 전 세계적으로 중요한 관심사가 되었다. 싱가포르는 '연구 기반 증거에 기초한 교육과정'을 강조하며, 교육 혁신에 발맞추기 위해 다른 국가들의 사례를 연구하고 있다. 따라서 싱가포르가 전국 신임 교사 평가 및 지원 연합INTASC 기준을 도입하여 이를 가치, 기술, 지식Values, Skills, and Knowledge; VSK 기준으로 변환하여 2005년 신임 교사 양성 프로그램을 재설계한 것은 놀라운 일이 아니다. 생각하는 학교, 배우는 국가Thinking Schools, Learning Nation의 목표와 부합하게, VSK 모델은 '혁신, 독립적 학습, 비판적 사고, 헌신, 봉사'를 강조한다. 마찬가지로, 2004년 네덜란드 의회는 모든 수준(초등 및 중등)에서 교사가 "단순히 자격을 갖추는 것뿐 아니라 역량을 갖추어야 한다"는 것을 요구하는 법안을 통과시켰고, 이후 모든 교사가 충족해야 할 6가지 핵심 역량을 정의했다.

홍콩에서는 2003년 교사교육 및 자격 자문위원회Advisory Committee on Teacher Education and Qualifications가 역량 체제를 개발했다. 이 체제는 전문 역량과 핵심 가치를 개괄하며, 교사의 전문적 실천 네 가지 영역—교수 및 학습, 학생 발달, 학교 발전, 전문적 관계—에 걸쳐 초임 교사를 위한 세 가지 수준의 역량 수행을 명시한다. 이 체계는 학생들이 배울 수 있다는 믿음, 학생들에 대한 사랑과 관심, 다양성에 대한 존중, 직업에 대한 헌신과 열정, 협력과 팀 정신, 지속적인 학습과 탁월함에 대한 열정이라는 여섯 가지 핵심 가치를 기반으로 한다. 또한 각 전문 영역과 각 역량 수준에 대해, 교사 역할의 복잡성을 인정하고 강조하는 세부적인 실천 지침이 마련되었다. 이러한 지침은 개혁 방향에 따라 아동과 청소년의 전인적 성장을 돕는 것을 목표로 한다. 현재 이 역량 체계는 학교 실습과 그 평가 기준으로 점차 활용되며, 이를 통해 교사 양성과 교수에 대해 보다 일관된 기준과 기대를 형성할 가능성이 있다.

가장 최근에 호주 교사 규제 당국Australasian Teacher Regulatory

Authorities; ATTRA—호주와 뉴질랜드 전역의 교사 등록 및 인증 기관들에 의해 설립된 단체—이 교사를 위한 새로운 국가 전문성 기준 프레임워크를 개발하고 있다. 이 프레임워크는 TQNP 프로그램의 핵심 기반으로 간주되며, 교사들이 모든 수준의 책임에서 전문적 지식, 전문적 실천, 전문적 참여 영역에 걸쳐 알고 실천해야 할 것을 명시한다. 이는 미국의 국가 교원 전문성 표준 위원회National Board for Professional Teaching Standards 프레임워크와 유사하게 일반적, 전문적, 교과 영역별 기준이 체계적으로 개발되기 위한 구조를 제공한다.

교사 기준을 설정하려는 움직임이 나타나는 곳에서 핵심적인 질문은, 이 기준이 어떻게 활용되고, 얼마나 널리 적용될 수 있으며, 교직 전체에서 더 나은 학습 기회와 공통된 지식, 기술, 그리고 헌신을 어떻게 촉진할 수 있느냐는 점이다. 아무리 엄격한 기준이라도 약하게 적용된다면, 다른 전문직처럼 후보자와 기관이 충족해야 하는 필수 기준으로 활용될 때만큼의 영향력을 발휘하지 못할 가능성이 크다.

교직으로의 진입

모집

교직을 강력한 전문직으로 만들려는 국가들은 기준, 교사 양성 그리고 지원 체계가 상호 연관되어 있음을 잘 이해하고 있다. 이런 국가들은 교사 양성 비용을 보조하기 위해 상당한 재정 지원을 하며, 이를 통해 지원자들을 엄격히 선발하고, 모든 지원자가 철저하고 포괄적인 준비 과정을 거치도록 할 수 있다. 예를 들어, 핀란드에서는 교사 양성 과정이 정부에 의해 전액 지원되며, 예비 교사들은 훈련 중 생계비나 급여를 받는다. 모든 지원자는 균일하게 높은 수준의 양성 교육을 받는다. 핀란드에서는 교직이 젊은 세대에게 가장 인기 있는 직업 중 하나로 여겨지며, 선발 경쟁이 매우 치열하다. 교사 양성 과정 지원자 중 전체적으로 4명 중 1명만 합격하며, 초등학교 교사 양성 과정에서는 10명 중 1명만 선발된다.

싱가포르에서도 예비 교사를 위해 풍부한 지원을 한다. 월급, 학비, 도서비, 노트북 구매비 등을 합하면 연간 30,000달러 정도가 지원된다. 이 지원은 정부와의 계약 조건으로, 지원자는 프로그램 유형에 따라 3~5년간 교직에 종사해야 한다. 이러한 의무 복무 조건을 충족하지 못할 경우, 해당 지원금을 반환해야 한다. 이러한 구조는 체계적인 교사 적응 프로그램과 함께 교사 채용을 활성화하고 이탈률을 낮추는 데 기여한다. 또한, 싱가포르 교사의 급여 수준은 공학, 법률, 경영과 같은 다른 전문직과 견줄 만하다.

호주와 캐나다에서는 교사 양성 비용의 주요 부분을 정부가 부담한다. 흥미롭게도, 교사를 더 확실히 지지하려는 캐나다의 개혁은 교직 이탈률을 극적으로 낮추었을 뿐만 아니라, 교사 채용의 필요성도 줄였다. 2004년 이전에는 높은 교사 이직률로 인해 온타리오 주가 대학 교사교육 과정에 추가 정원을 배정했지만, 2008년 이후로는 많은 신규 교직 자리가 생겼음에도 교사가 과잉 공급되어 추가 정원이 필요하지 않게 되었다.

네덜란드는 고등교육을 받는 모든 학생을 위한 국가 장학금 제도 national stipend system를 운영한다. 대학 신입생들은 학비를 충당하기 위한 대출을 받으며, 시험을 제때 통과하면 이 대출은 장학금으로 전환된다. 그러나 예상보다 오래 걸려 과정을 마치거나 시험에 실패하면, 이 대출은 장학금으로 전환되지 않는다. 이 제도는 일반적으로 고등교육에 진입하게 하는 강력한 동기로 작용할 수 있지만, 교직을 직업으로 선택하는 결정은 다른 요인들에 달려 있다.

교사 부족에 대한 우려는 한편으로는 경력 전환자들을 위한 새로운 경로를, 다른 한편으로는 일부 연구 중심 대학에서 학부생들이 6개월간의 과정을 이수하면 특별 교사 자격증을 취득하여 중학교 저학년에서 전공과목을 가르칠 수 있게 하는 프로그램을 도입하게 했다. 그러나 이러한 선택지는 예비 교사 훈련에 대한 기대를 낮추는 결과를 초래하고 있다.

홍콩과 미국에서는 교사들이 교직 교육 비용을 스스로 부담해야 하는 경우가 많으며, 정부 보조를 받는 대안 경로를 선택하지 않는 한 이러한 부담은 대부분 개인이 진다. 홍콩의 경우, 전문 훈련 비용은 정부가 일부 지원하며, 모든 교사 양성 경로에 대해 유료 정원을 설정한다. 전일제 학생들은 학부 및 대학원 수준의 수업료를 지불해야 하며, 보조금이나 생계비 지원은 제공되지 않는다. 반면, 저녁 시간에 시간제로 공부하며 낮에는 교사 또는 교사 보조로 일하는 학생들은 근무에서 얻은 소득으로 학비를 부담하며 근무 시간에 비례한 수업료를 지불한다. 미국에서는 1960~1970년대에 교사 채용의 주요 도구였던 연방 서비스 장학금 및 상환 면제 대출이 1980년대에 급격히 축소되거나 중단되었으며, 현재 연방 지원은 특정 부족 분야의 소수 교사에게만 제한적으로 비용의 일부를 지원한다.

일반적으로 교사 급여가 다른 직업에 비해 낮은 국가에서는 임금의 불리함을 보완하기 위해 더 많은 채용 지원이 제공되리라 생각할 수 있다. 그러나 최근 OECD 보고서에서 교사 급여와 다른 대학 졸업자의 급여를 비교한 결과를 보면, 교사 급여가 높은 국가일수록 교사 훈련에 대한 지원도 더 많음을 알 수 있다. 이 보고서는 우리가 연구한 4개국을 포함한다. 급여 순위의 최상위에는 호주와 핀란드가 있었으며, 이들 국가에서 교사 급여는 평균적으로 다른 대학 졸업자의 급여와 거의 동등하다. 그 뒤를 네덜란드가 따르는데, 네덜란드에서는 교사 급여가 다른 대학 졸업자 급여의 약 80% 수준으로 책정되어 있다. 반면, 조사에서 가장 낮은 비율 중 하나인 미국은 60%에 불과하다.^{OECD, 2011, p.13}

초기 교사 양성

핀란드에서는 모든 교사가 교직에 진입하기 전에 2~3년 동안 석사학위를 이수해야 하며, 이를 통해 공통적이고 높은 수준의 교사 양성을 명확한 목표로 삼고 있다. 반면, 우리가 조사한 다른 국가들에서는 교직 진입 경로가 더 다양하고, 양성 과정의 질도 큰 차이가 있는 것으로 나타났다. 대부분의 국가는 학부 과정과 대학원 과정을 조합해, 학업 중 다양한 시점에서 교직에 진입하는 지원자들을 위한 프로그램을 제공한다. 일부 국가에서는 지원자가 훈련을 받는 동안에도 교직 업무를 수행할 수 있는 경로를 제공한다. 이러한 경로는 호주에서는 소수의 지원자에게만 제한적으로 제공되지만, 영국, 네덜란드, 미국, 홍콩에서는 훨씬 많은 지원자에게 활용되고 있다.

캐나다, 호주, 미국에서는 교사 자격증 또는 등록 기준과 프로그램 인증 기준이 도입되어, 대학 기반의 예비교사 양성 프로그램 간에 일정한 일관성을 유지하고 있다. 이는 다른 진입 경로들이 각기 다른 수준과 유형의 준비 과정을 제공하더라도 적용된다.

준비 과정의 종류와 질은 국가마다 차이가 있지만, 우리가 연구한 모든 지역에는 양질의 준비 과정을 제공하며 흥미로운 방식으로 혁신을 이루고 있는 훌륭한 프로그램들이 있다. 본 절에서는 이러한 프로그램의 특징 중 일부를 여러 국가에 걸쳐 조명한다. 거의 모든 국가에서 개선을 위해 반복적으로 언급되는 주제는 이론과 실천의 연결을 강화하는 것, 그리고 이민이 증가하고 교사에 대한 기대가 높아지는 상황에서 다양한 학습자를 가르칠 수 있는 교사 역량을 개발하는 것이다.

핀란드의 교사교육은 교사의 개인적 역량과 전문적 역량을 균형 있게 발전시키는 것을 목표로 한다. 특히, 교사가 진단의 방식으로 교수 과정을 관리하고, 연구를 기반으로 하며, 실행 연구action research를 지침으로 삼을 수 있게 하는 교육학적 사고 능력을 구축하는 데 주의를 기울인다. 학생들은 아동 발달, 학습, 교과 영역의 교육학을 학습하는 것 외에도, 실제적 문제를 심층적으로 연구하는 석사 논문을 반드시 작성해야 한다. 또한, 학습에 어려움을 겪는 학생들을 효과적으로 가르치는 역량을 개발하는 데 강한 초점이 맞춰져 있다. 이는 교사가 이러한 학생들의 고유한 요구를 이해하고 이에 응답할 수 있으면 모든 학생을 성공적으로 가르칠 수 있으리라는 이론에 기반한다.

임상 학습Clinical learning은 대학이 관할하는 특별한 교사 훈련 학교Teacher Training Schools에서 이루어진다. 이 학교들은 일반 공립학교와 유사한 교육과정과 운영 방식이 있지만, 초임 교사 양성에 전념하며, 교수 기술로 특별히 선발된 교사들로 구성되어 있다. 이들 교사는 감독, 교사 전문성 개발, 평가 전략에 대해 잘 준비되어 있다. 교사 훈련 학교는 교사교육학과Department of Teacher Education와 때로는 교사교육에 참여하는 학문적 학부들과 협력하여 연구 및 개발 역할도 해야 한다. 따라서 이러한 학교들은 교육 실습생들에게 대안적인 교육과정을 제공할 수 있다. 일부 일반 공립학교(지역 현장 학교Municipal Field Schools라고 불림)도 같은 목적을 수행한다. 이러한 학교들은 더 높은 수준의 전문 인력을 요구하며, 감독 교사는 교육 실습생들과 협력할 수 있는 역량을 입증해야 한다.

싱가포르는 예비 교사들에게 고품질의 평등한 교육을 제공하기 위해 크게 노력하고 있으며, 이러한 양성 과정은 국가 유일의 교사 훈련 기관인 국립교육원에서 학부 과정과 대학원 과정을 통해 운영된다. 입학 기준과 양성 과정의 유지 요건은 두 경로 모두 엄격하며, 교과목과 현장 실습 역시 마찬가지로 높은 수준을 유지한다. 교사 양성 과정은 학문적 내용과 내용 교수법content pedagogy을 깊이 이해하는 데 중점을 두며, 관련 과목들은 서로 연계되고 동시에 이수되도록 설계되어 상호 보완적인 학습을 지원한다. 기술 통합, 프로젝트 기반 학습, 협업을 중시하는 21세기 교육과정을 전파하려는 국가적 노력을 반영하여, 모든 예비교사는 '의미 있는 학습을 위한 상호작용 컴퓨터 기술Interactive Computer Technology for Meaningful Learning'이라는 과목을 반드시 이수해야 한다. 또한, 또 다른 과목에서는 동료들과 협력하여 20시간의 직접적인 지역사회 봉사와 함께 프로젝트 설계, 계획, 발표를 요구하는 집단 협력 기반 서비스 학습Group Endeavors in Service Learning, GELS 프로젝트를 완료해야 한다.

파트너 학교는 임상 실습을 위한 장소로 점점 더 개발되고 있다. 학교와 대학 간 협력은 예비교사에 대한 공동 의사결정을 통해 이루어지며, 교사가 국립교육원National Institute of Education; NIE에서 근무할 기회를 제공받거나, 교수진이 '학교 연계school attachment' 기회를 통해 학교에서 근무할 기회를 갖는 방식으로도 이루어진다.

네덜란드의 교사교육은 계층화된 시스템을 반영한다. 응용과학대학에서 제공하는 4년제 교사교육 프로그램은 학생들을 초등 및 중등 교육, 직업 교육을 가르칠 수 있도록 준비시키지만, 고등 일반 중등 교육과 대학 준비 교육VWO의 상급 학년에서 가르칠 수 있는 자격은 부여하지 않는다.

이 상급 학년은 연구중심대학 졸업생에게만 허용되며, 이들은 학교 교과목과 관련된 학문 분야의 석사학위를 취득한 후 1년간의 교사교육 프로그램을 이수한다. 이 프로그램 졸업생들은 1급 교사 자격증first level teaching qualification을 받으며, 이를 통해 중등 및 직업 교육의 모든 학년을 가르칠 수 있다. 반면, 교사 대학 졸업생들은 2급 교사 자격증을 받는다.

두 유형의 기관(응용과학대학과 연구중심대학) 모두 교사 양성 과정에서 임상 실습과 이론 수업을 효과적으로 결합하여 교사들이 교실에서의 교육 현실에 대비할 수 있게 하는 데 중점을 둔다. 핀란드에서처럼, 일부 대학은 예비 교사들을 '훈련 학교opleidingsscholen'에 배치하며, 이 학교들은 현장에서 예비 교사들을 지도할 추가 자원을 제공받는다. 이 학교들은 학교 기반 교사 교육자가 대학의 감독관과 협력하여 예비 교사를 장학하며, 이 과정에서 실질적인 지원을 한다. 훈련 학교는 교사교육 활동을 위해 교육부에 보조금을 신청할 수 있으며, 학교는 대학 기반 교사교육 기관이 학교 교직원들에게 제공하는 전문성 개발 기회를 활용할 수도 있다. 최근 들어, 이러한 학교 기반 교사 교육자를 위한 기준과 등록 절차를 마련하려는 노력이 진행되고 있다.

라이덴 대학교 같은 곳에서 제공되는 1년제 석사학위 프로그램은 스탠퍼드 대학교와 컬럼비아 대학교 사범대학Teacher's College 같은 미국 대학의 학사 후 프로그램과 형식과 내용이 유사하다. 이 모델에서, 예비 교사들은 프로그램 첫 주부터 협력 교사의 교실에서 현장 실습을 시작하며, 학년말까지 이를 지속한다. 이들은 긴밀하게 연계된 이론 수업도 병행한다.

라이덴 대학교의 흥미로운 혁신 중 하나는 교육 기초Foundations 및 교수법Methods 같은 전통적인 과목을 새 교사들이 6가지 핵심 교수 역할을 개발할 수 있도록 설계된 모듈 세트로 대체한 것이다. 교과 교사, 교실 운영자, 청소년 심리 전문가, 학교 조직의 일원, 동료, 전문가로 구성된 이 6가지 역할은 네덜란드 교수 기준에 기술된 핵심 역량과 관련된다.

예비 교사들은 각 모듈을 진행하며, 차례로 이 역할들 각각에 대한 학업과 임상 실습에 집중한다. 프로그램 시작부터 학생들은 각 역할에서의 역량을 명확히 설명하는 루브릭을 제공받아, 자신의 진전을 추적하고 평가할 수 있다. 이를 통해, 학생들은 능동적으로 학습하는 반성적 전문가로서 성장할 수 있는 역량을 개발한다. 각 모듈은 일반적으로 이 분야의 전문가가 진행하는 관련 이론 소개 강의로 시작된다. 이 강의는 종종 분석의 기초 자료로서 수업 영상을 광범위하게 활용하고, 참조의 틀 즉 '언어'를 학생에게 제공하여 교실에서 자기 경험에 대해 생각하고 이야기하도록 한다. 또한, 특정 교수 접근법과 학생들의 학습, 동기 부여 및 기타 결과 간 연관성에 대한 연구결과가 제시된다.

교실 현장에서 배운 내용을 적용하는 것 외에도 예비 교사들은 역할놀이role-playing 활동에 참여하여 교실 상황에 대한 전략과 대처 방안을 연습하고 시험해 볼 수 있다. 학생들은 각 역할을 개발해 가는 동안 관련된 과제를 완성하며, 이 과제들은 교사로서의 발전을 보여주는 최종 포트폴리오로 수집된다. 이러한 과제는 예비 교사들이 교실에서 학습한 내용을 적용하는 데 도움을 주며, 자신의 교수 활동과 그 결과에 대한 데이터와 증거 수집을 돕는다. 이 과정에서 자신의 수업 영상, 학생 작업과 학습의 증거, 학생 설문조사 등을 포함한 자료를 사용하며, 이 증거들을 최선의 교육 실천에 관한 연구와 연계하여 분석한다.

우트레흐트 대학교Utrecht University에서는 교사 교육자들이 이른바 교사교육의 현실적 접근법realistic approach to teacher education을 개발했으며, 이는 많은 교사가 첫 교직 경험에서 느끼는 '현실 충격reality shock'의 요소를 프로그램에 포함하려는 것이다. 이 접근법은 교사들이 관련 이론을 활용하여 이러한 부담스럽고 이해하기 어려운 문제들에 대처할 수 있도록 돕고자 한다. 예비 교사들은 독립적으로 수업을 시작하는 중요한 단계를 경험하는 동안, 교사 교육자들과 학교의 지도 교사들로부터 지원을 받는다.

암스테르담 교육대학Amsterdam School of Education 같은 학부 과정
에서는 실질적 학습authentic learning을 중점적으로 다루며, 4년간의 교
사 양성 과정 동안 전문적 역할과 활동을 점진적으로 맡는 매우 신중
한 과정을 진행한다. 학생들은 매년 실습 비중을 점차 늘려가며, 반성
reflection과 메타인지metacognition를 지속적으로 지원받는다. 마지막
학년 동안 학생들은 '수습 교사Teacher-in-Training' 계약을 체결하고,
독립적인 교사로서 모든 책임을 맡아 가르친다. 때로는 학교로부터 급
여를 받기도 하며, 멘토는 원격으로 지원을 제공한다.

암스테르담 교육대학의 교사 양성 과정 일부는 교사들이 문화적 역
량을 갖추는 데 필요한 교육을 직접 다룬다. 네덜란드 인구의 20%가
인종적/민족적 소수 집단인 상황에서 다문화 교육에 관심이 늘고 있
기 때문이다. 학생들은 교실에서 다양한 문화와 언어를 이해하는 것
을 목표로 한 프로젝트를 수행한다. 프로젝트 진행 중, 교수진은 다양
한 문화에 대한 배경 지식, 교실에서 언어의 역할, 그리고 문화 간 소
통intercultural communication에 대해 예비 교사들이 학습할 수 있도록
돕는 강의를 한다. 이 강의는 이후 학생 교사늘이 언어 사용과 포용적
인 교수 접근법에 중점을 둔 수업을 설계하고, 다문화 학교에서 발생하
는 딜레마를 중심으로 작은 사례 연구를 작성하는 데 기초 자료로 활
용된다. 프로젝트는 학생들이 암스테르담의 학교들이 보여주는 다문화
적 환경을 발표하고, 자신들의 사례 연구 결과를 공유하는 행사로 마
무리된다.

이러한 사례에서 알 수 있듯, 최근 전 세계 여러 지역에서는 예비 교
사들이 초기 교사 양성 프로그램 동안 학교 현장에서 보내는 시간이
10·20년 전에 비해 크게 늘고 있다. 학교 현장에서 보내는 시간이 늘
어나면서, 이러한 실습 경험의 질을 높이기 위한 노력이 따르고 있다.
여기에는 협력 교사의 선발 기준의 질, 그들이 해당 역할을 수행하기

위한 훈련, 그리고 프로그램의 임상 단계 동안 의도적으로 구성된 경험과 학습, 즉 임상 교육과정clinical curriculum과 비슷한 무언가의 창조가 포함된다.

미국에서는 임상 실습 개발과 평가에 더 많은 관심을 쏟고 있으며, 초임 교사를 위한 구조화된 수행 평가structured performance assessments가 전문성 기준professional standards과 연계, 개발되고 있다. 이러한 평가는 교사교육 프로그램에서 개인 학습과 기관 학습 모두를 강화하는 수단으로 사용되고 있다. 호주에서도 이러한 전략에 대한 관심이 높아지며, 초임 교사의 교수 역량을 평가하기 위한 포트폴리오와 수행 평가가 더 큰 비중을 차지한다.

임상 실습에 대한 관심이 높아진 것이 교사 양성에 전반적으로 긍정적인 영향을 미쳤다는 데 대부분 동의할 것이다. 영국에서는 교사교육 개혁의 주요 방향으로 학교 중심의 실습을 크게 강화했으며, 예비 교사들이 교실에서 보내는 시간이 눈에 띄게 늘었다. 그러나, 이 책 4장에서 맥비스가 지적했듯이, 학교 중심 실습을 강조한 결과 교사 양성의 다른 중요한 요소들이 약화될 위험이 있다. 그는 대학들이 임상 실습에 대한 학교의 기여를 보상하기 위해 지불하는 높은 비용이 대학의 교사 양성 기관들의 인력 구조를 불안정하게 만들었다고 언급한다. 이론과 실천의 적절한 균형을 찾고, 양성 과정을 진정으로 통합적으로 설계하며, 이 작업을 위한 적절한 자원을 확보하는 일은 앞으로도 많은 프로그램에서 과제가 될 것이다.

교직에 계속 종사하기

교사가 교직 준비 과정을 마친다고 해서 교사의 학습이 완성되는 것은 아니다. 여러 측면에서 가장 강력한 학습은 교사가 교실에 처음 배치되는 순간부터 시작된다. 그리고 여러 나라에서 교사들이 교직에 입문하고 나서 현직에 재직하는 동안 훨씬 체계적인 지원을 하기 시작했다.

입문 프로그램

아마도 가장 포괄적인 신임 교사 지원은 싱가포르에서 제공된다. 이곳에서는 경력 사다리career ladder를 통해 인정받고 보상받는 멘토 교사들이 신임 교사를 지원하는 명확한 임무를 지닌다.

신임 교사들은 멘토링, 현직 교육 과정, 그리고 버디 시스템buddy system을 포함한 다양한 지원 프로그램을 제공받는다. 모든 학교에서 운영되는 이 체계적인 적응 교육 프로그램은 신임 교사들이 첫 2년간 이수해야 하는 네 가지 핵심 과정을 포함한다. 이 과정들은 교실 관리, 기본 상담, 학부모와의 협력, 반성적 실천reflective practice을 다룬다. 숙련된 멘토 교사 외에도, 신임 교사들에게는 같은 과목을 가르치는 동료 교사(버디)와 감독관(보통 학과장이 맡음)이 배정되어 신임 교사가 학습하고 적응하는 데 도움을 준다.

온타리오 주에서는 2003년 시작된 개혁을 통해 예비 교사보다는 현직 교사 지원에 더 중점을 두었다. 교사교육이 철저하며, 유능하고 잘 준비된 신임 교사가 충분히 공급되고 있다고 평가되었기 때문이다. 다만, 입직 이후의 지원 체계는 미흡했고, 새로 출범한 정부는 모든 신임 교사를 대상으로 고품질 적응 교육 프로그램을 도입했다. 이 프로그램은 첫해 교사들에게 추가 수업 면제 시간, 목표 지향적 전문성 개발, 그리고 멘토링을 제공하며 교사들의 안정적인 교직 적응을 돕는 데 중점을 두었다. 이로 인해 교사들의 이탈률이 크게 줄고, 교사 유치율이 개선되는 성과를 거두었다.

호주에서는 승인된 교사 양성 프로그램을 졸업한 후, 대부분의 주에서 교사들에게 임시 등록provisional registration 자격을 부여하며, 12~18개월이 지나면 정식 등록full registration을 허용한다. 이 기간에 초임 교사는 정식 등록에 필요한 전문적 실천 기준standards of professional practice을 달성했다는 증거를 제공해야 한다. 이 기간은 보통 학교 기반의 멘토링, 워크숍, 기타 전문 학습 기회를 포함하는 입문 프로그램을 포함한다. 적응 교육 프로그램은 주 정부나 고용주가 운영하며, 멘토 교사들에게는 멘토링 역할을 할 수 있도록 수업 면제 시간이 제공되기도 한다.

미국에서도 이제 이와 유사한 2단계 인증two-stage certification 구조가 일반화되었으며, 대부분의 주에서는 초임 교사들에게 멘토링을 포함한 형태의 적응 교육induction을 첫 1~2년 동안 의무적으로 요구한다. 현재 약 75%의 초임 교사들이 적응 교육 지원을 받지만, 정기적인 코칭 및 멘토링, 공동 계획 시간shared planning time, 그리고 수업 부담 경감을 포함하는 종합적인 지원을 받는 교사는 5%에 불과하다. 이는 다른 몇몇 국가에서는 흔히 제공되는 지원 방식이다.Wei, Darling-Hammond, & Adamson, 2010

홍콩에서는 2008년 도입된 입문 제도가 ACTEQ 역량 프레임워크를 기반으로 운영되며, 이는 신임 교사의 적응을 지원하는 동시에 지속적인 전문성 개발에도 활용되고 있다. 정부는 신임 교사들의 필요와 고민을 반영해, 멘토링을 포함한 학교 차원의 지원 체계 구축을 돕는 '도구 키트'를 개발했다. 이 제도는 교직원 개발 지원, 공유를 위한 네트워크, 연구 및 우수 실천 사례의 보급도 제공한다.

전 세계적으로 많은 교사가 10년 전보다 나은 환경에서 교직 경력을 시작한다.

지속적인 전문성 개발

교사가 계속 성장하고, 배우며, 자신의 일에 흥미를 느끼게 하는 것은, 지속적으로 제공되는 고품질의 학습 기회와 다양한 방식으로 자신의 전문 지식을 공유할 수 있는 경력 기회에 달려 있다. 전 세계적으로, 업무와 밀접하게 연계된 형태의 전문 학습job-embedded professional learning이 점점 더 자리 잡고 있으며, 이는 종종 협력적 계획을 통한 교육과정 개발, 다양한 유형의 수업 연구lesson study와 실행 연구를 중심으로 조직된다. 또한, 교사들이 서로의 전문 지식을 공유할 기회도 점점 늘고 있다.

교사의 본질적 업무와 역할에 학습 탑재하기

핀란드에서는 교사들이 교육과정과 평가 개발을 자신의 전문적 역할의 주요 부분으로 책임지고 있다. 국가 교육과정은 매우 간결한 지침만 제공하며, 외부 표준화 시험이 없기에, 교사들은 학교 차원에서 이루어지는 작업을 공동으로 개발해야 한다. 이는 지속적인 학습의 한 원천이다. 또한, 교사들은 계속 학업을 이어가도록 권장받고 지원받으며, 대부분은 학교 기반 및 대학 기반 학습 기회에 참여한다. 많은 핀란드 교사가 교육학 분야에서 박사학위를 취득하고 교실에서 교직을 계속 이어간다.

싱가포르에서는 교사들이 협력적으로 수업을 계획하고 실행할 수 있도록 충분한 업무 연계 시간job-embedded time을 제공하며, 싱가포르 국립교육원NIE은 교사들이 실행 연구를 배우고 실천하도록 지원한다. 수업 연구와 같은 협력적 도구와 함께 실행 연구는 주로 학년별 팀과 학과 팀에서 이루어지며, 교사 간 협력 강화와 교육과정 개선에 활용된다. 또한, 정부는 매년 약 100시간(12일 이상)의 전문성 개발 시간을 지원한다.

또한, 싱가포르는 교사들에게 교실 안팎에서 리더십을 발휘할 기회를 제공하는, 아마도 최고로 잘 설계된 경력 사다리career ladder를 갖추고 있다. 광범위한 피드백을 제공하는 체계적으로 개발된 평가 과정을 통해, 교사들은 교수 기술뿐만 아니라 협업 및 리더십 기술도 평가받으며, 자신의 관심사와 재능을 발전시키도록 권장받는다. 정부의 추가적인 훈련과 보상 지원을 통해, 교사들은 멘토와 코치 역할을 하는 수석 교사master teacher, 교육과정 및 평가 개발 업무에 참여하는 전문가specialist, 또는 학교 행정직으로 진출하여 학교, 지역, 교육부에서 일할 수 있는 학교 리더school leader의 경로를 선택할 수 있다.

경력 사다리라는 개념은 영국에서도 지속적인 전문성 개발을 자극하는 역할을 한다. 학교 차원의 협력 시간을 넘어, 정부는 교사들에게 연간 다섯 번의 전문성 개발의 날을 제공한다. 잉글랜드에서 교사들을 위한 대학 기반의 전문 학습은 전문 연구 자격증Certificate of Professional Studies: CfPS에서 시작해 교육학 석사Master of Education: MEd 학위로 이어지는 자격 사다리ladder of qualifications 형태로 제공되는 경향이 있다.

경력 사다리는 웨일스와 스코틀랜드에서도 지속적인 전문성 개발의 중요한 요소로 자리 잡고 있으며, 특히 전문 교사Chartered Teacher 경로가 추가되어 있다. 이 경로는 뛰어난 교사가 행정직으로 승진하지 않고도 교실에 머물며 우수한 성과를 인정받고 보상받을 수 있도록 설계되었다. 스코틀랜드의 전문 교사 기준Standards for Chartered Teacher 가이드라인에서는 이 역할을 "실천을 검토하고, 개선점을 모색하며, 새로운 통찰을 얻기 위해 독서와 연구에 몰두하고, 이를 교실과 학교에 적용하는 것"이라고 설명한다. 전문 교사는 자신의 업무에서 "더 정교한 비판적 검토, 자가 평가 역량 향상, 그리고 혁신적이며 융통성 있는 접근 방식을 확실하게 보여줄 것"이 기대된다.

전문 교사 프로그램은 각 모듈이 약 150시간의 학습을 포함하는 12개 모듈로 구성된다. 이 모듈들은 대학에서 제공되며, 최종적으로 교육학 석사학위를 수여한다. 영국에서는 추가 대학원 과정을 통해 자격 사다리qualifications ladder를 올라가는 것이 증가하는 추세이며, 2008년 노동당 정부는 모든 교사가 교수 및 학습 분야에서 정부 지원을 받는 석사학위를 의무적으로 취득하고, 이를 5년마다 갱신해야 한다는 새로운 교사 면허 규정 아이디어를 담은 백서White Paper를 발표했다. 이는 많은 논평가에 의해 정부의 사고와 정책에서 중요한 전환점으로 간주되었다. BBC는 2009년 7월 보도에서 "30년간 교사에 대한 불신을 바탕으로 한 정책에서 벗어나, 교육 정책의 새로운 시대를 여는 신호일 수 있다"라고 전했다.

교사들과의 신뢰를 회복하려는 또 다른 노력의 일환으로, 캐나다 온타리오 주는 2003년 새로 출범한 정부가 교직을 전문화하려는 의제의 일환으로 교원 노조에 손을 내밀었다. 주 정부는 노조가 교사의 전문성을 높이는 데 중요한 역할을 한다는 점을 인정하고 이를 강화하기 위해, 교사를 대상으로 전문성 개발 세션을 제공할 수 있도록 상당한 재정 지원을 했다. 한 예로, 교원 연맹federations은 '교사 리더 학습 프로그램teacher leader learning program'을 개발했으며, 이 프로그램은 학교 내외의 교사 리더들이 선도적인 전문가 및 서로와 협력하여 교수 실천을 강화하도록 장려했다.

온타리오 주의 광범위한 전문성 개발 노력은 학교와 학군에 초점을 맞추었으며, 단발성 워크숍을 피하고 코칭, 멘토링, 기타 전략을 통한 업무와 연계된 학습job-embedded learning 방식을 선호했다. 이를 위해 학교 일정에 두 번의 전문성 개발의 날을 추가하고, 각 학군이 교육부와 협의하여 해당 날을 자신들의 목표와 전략을 지원하는 데 가장 적합한 방식으로 사용할 것을 요구했다. 모든 초등학교와 학군은 문해력과 수리력을 위한 리더십 팀을, 모든 중등학교와 학군은 학생 성공을 위한 리더십 팀을 구성했다. 이 리더십 팀들은 교장과 협력하여 지역 수준의 개선 전략을 수립하고 지원한다.

지속적인 전문성 학습을 개인의 과업이 아닌 집단적 노력의 일부로 개념화하는 것은 교사 학습, 나아가 학교 리더의 학습에서 새롭게 떠오르는 지평이다. 다음 절에서 설명하겠지만, 몇몇 정부는 교직 전체를 대상으로 한 전문성 학습에 뿌리를 둔 학교 개선의 새로운 개념을 개발하고 있다.

실천의 집단적 개선을 위한 교직 차원의 접근법

핀란드와 싱가포르를 포함한 여러 국가에서 교사와 리더들은 다른 학교를 방문하여 실천 사례를 관찰하고 공유하도록 권장받는다. 영국과 호주에서는 문해력과 수리력 향상을 위한 이니셔티브의 일환으로 학교 간 학습을 지원하는 학교 네트워크가 형성되었다. 이 접근 방식에 대한 가장 광범위한 투자는 캐나다 온타리오 주에서 이루어진 것으로 보인다. 온타리오 주는 교직 전문성을 시스템 전체로 확대하는 아이디어를 채택하여, 교실, 학교, 그리고 시스템 전체에서 지식이 확산되도록 투자했다.

이에 대해 벤 레빈은 다음과 같이 설명했다.

우리는 온타리오 주에 있는 약 5,000개 학교 중에서 우리가 필요로 하는 거의 모든 우수 사례가 이미 실행되고 있다고 확신했다. 우리가 우수 사례를 찾아내어 공유할 수 있다면, 교

육자들이 주도하는 유기적인 개선 과정을 만들 수 있을 것이
며, 이는 지속 가능성을 위해 필수적이다.

집단적 실천 개선은 다양한 형태를 띠었다. 교사와 교장을 대상으로
한 전문성 개발 외에도, 이 전략에는 학군과 학교가 합리적이면서도 도
전적인 목표를 설정하고 이를 향해 노력하도록 돕는 것, 주 전역에서 사
례와 결과를 공유하기 위해 학습 네트워크를 구성하고 지원하는 것, 학
교들이 쉽게 지식을 얻을 수 있도록 교육과정 지원 문서, 웹캐스트, 우
수 사례 DVD와 같은 지적 자원을 제공하는 것이 포함되었다.

성공적인 등대 학교Lighthouse Schools는 홍보되고 추가 자금을 받
아 다른 학교와 우수 사례를 공유한다. 온타리오 집중 개입 프로그램
Ontario Focused Intervention Program은 어려움을 겪고 있거나 정체된
학교에 추가적인 지원과 조언을 하며, 이러한 학교들은 더 큰 성공을 거
둔 유사한 학교들과 네트워크를 구성해 상호 학습의 기회를 제공받는
다. 정부는 고등학교 졸업률을 개선하기 위해 모든 학군에 학생 성공
리더Student Success Leaders를 지원했으며, 이 리더들은 정기적으로 만
나 학습 내용을 공유한다.

결과를 내고도 쉽게 사라지는 시범 프로젝트pilot projects를 반복적
으로 지원하지 않기 위해, 온타리오 주는 다양한 학교에서 학습 프로
젝트에 자금을 지원하여 개선을 위한 다양한 접근 방식을 실험할 수
있도록 했다. 그 후, 새로운 프로젝트 수를 점진적으로 줄이고, 가장 효
과적인 것으로 입증된 접근 방식을 널리 적용하는 방향으로 전환했다.
벤 레빈은 이를 다음과 같이 설명한다. "실험 목표는 학습이며, 배운 것
을 시스템 전체에 활용하는 것이다. 그러나 안타깝게도 이 접근 방식은
많은 지역의 교육에 결여되어 있다." 이 접근 방식은 일부 미국 교육 지
도자들이 말하는 "상향식 개혁을 위한 하향식 지원top down support

for bottom-up reform"의 좋은 사례로 꼽힌다.

온타리오 주 교육부는 학군의 요청에 응하여, 원주민 학생들의 학업 성과를 개선하기 위해 협력하고자 하는 20개 학군 네트워크를 지원했다. 또한, 온타리오 주의 교육 국장들(지역 교육감)은 교사들이 더욱 다양한 배경을 지닌 학생들과 효과적으로 협력할 수 있는 역량을 키우고, 이를 통해 특수교육으로의 학생 추천 비율을 줄이기 위한 주요 노력을 교육부 자금 지원을 받아 주도했다.

주 정부 전략의 한 요소는 온타리오 주 학교 전반에 걸쳐 연구 활용을 증대시키는 것이었다. 교육부는 모든 주요 전략에 연구 요소를 포함시켰으며, 고품질 연구를 대중에게 공개하고, 연구 역량을 높이며, 연구자·학군·학교 간 파트너십 강화를 위한 교육 연구 전략을 시행했다.

한 예로, 2005년 시작된 온타리오 교육 연구 심포지엄Ontario Education Research Symposium은 이러한 파트너들이 모두 모이는 자리로, 현재는 연례 교육 행사 중 가장 참가 신청이 많은 행사 중 하나가 되었다. 늘 적정 규모를 유지하기 위해 참가자를 제한해야 할 정도다. 이 심포지엄은 몇몇 대학에서 지역 단위로도 복제되며, 이는 그 성공과 영향력을 입증하는 사례로 평가된다. 결국, 교육자와 연구자가 협력하여 학습을 발전시키고 실천을 개선하는 것은 잘 조직된 전문직이 지향해야 할 궁극적인 목표다.

선도적 실천 사례와 과제

다양한 사례를 종합해 보면, 교사 학습과 교수법 개선에 효과적인 몇 가지 유망한 실천 방안이 눈에 띈다. 주요 내용은 다음과 같다.
- 핀란드와 싱가포르의 사례처럼, 경쟁력 있는 급여, 훈련에 대한 재

정적 보조, 그리고 양성 과정 설계 및 질의 표준화를 통해 우수한 인재를 양질의 교사 양성 프로그램으로 유도하는 것.

• 체계적인 강의 설계와 양질의 임상 실습을 결합하여 이론과 실제를 연결하는 방식이 주목받고 있다. 이러한 접근은 우수한 교육 실천이 이루어지는 환경에서 진행되며, 핀란드와 네덜란드, 그리고 미국 일부 교육 기관들은 종종 '훈련 학교training schools'에서 새로운 교생 실습 모델을 도입하고 있다.

• 미국, 호주, 홍콩, 네덜란드, 싱가포르에서 보이듯, 전문적 교수 기준professional teaching standards을 활용하여 중요한 지식, 기술, 태도의 학습과 평가에 초점을 맞추는 것.

• 전문적 기준에 기반하여 학생 학습과 교실 수업의 연계를 강조하는 교사 수행 평가teacher performance assessments를 구안하는 것. 이것은 미국에서 개발되었고 호주에서 도입 중이며, 교사 후보자의 역량 강화와 프로그램 개선 모두에 영향을 미친다.

• 숙련된 멘토링, 협력적 계획, 그리고 현직 세미나에 참여하고 신중하게 교수법 레퍼토리를 구축할 수 있는 시간을 제공하는 수업 부담 경감을 통해 초임 교사를 지원하는 입문 모델induction models을 확립하는 것.

• 싱가포르, 호주, 캐나다의 사례처럼, 교사들이 학교와 대학 안팎에서 서로 배우고 협력하며 성장할 수 있게 돕는 체계적인 전문성 개발professional development 프로그램을 지원하는 것.

• 싱가포르와 영국처럼, 교사들이 교수, 멘토링, 교과 과정 개발, 리더십 분야에서 전문성을 개발하고 이를 공유할 수 있게 하는 경력 사다리career ladders를 운영하는 것.

• 온타리오 주에서 진행 중인 것처럼, 연구와 우수 사례를 광범위하게 공유할 전략을 세우고, 교실과 학교의 성공적인 실천 사례를 발

굴하고, 숙련된 교사와 교장이 시스템 전반에 리더십을 발휘할 수 있게 하는 교직 전체의 역량 강화profession-wide capacity building 를 지원하는 것.

교직 전문성 구축의 도전 과제

교사교육은 국가별로, 그리고 역사적으로 각기 다른 시점에서 다른 방식으로 접근되어 왔다. 매릴린 코크란-스미스Marilyn Cochran-Smith 는 미국, 영국, 호주, 캐나다 같은 국가에서 교사교육이 처음에는 '훈련 문제training problem', 그다음에는 '학습 문제learning problem', 최근에 는 '정책 문제policy problem'로 인식되어 왔다고 지적한다.Cochran-Smith & Fries, 2005

이 중 첫 단계에서는 교사교육이 교사 양성 기관에 의해 자율적으로 운영되었다. 두 번째 단계에서는 교사교육 거버넌스가 점점 성과에 초 점을 맞추게 되었다. 이는 전통적인 대학 기반 프로그램이 교사들이 실 제 교육 현장에서 성공적으로 가르칠 준비를 제대로 하지 못한다는 문 제를 제기하며, 다양한 양성 기관의 출현을 촉진했다. 또한, 일부 국가 에서는 교사들이 필요한 지식을 제대로 갖췄는지 확인하기 위해 교사 자격시험을 도입하기도 했다. 이러한 성과 중심 접근은 교사교육이 학 생 학습에 실제로 기여하는지 의문을 불러일으켰다. 교사교육을 정책 문제로 보는 가장 최근에는 교사교육이 어디서 어떻게 이루어져야 하 는지를 포함해서, 가장 적절한 교사교육 정책이 무엇인지는 학생 성취 에 대한 교사교육 효과를 측정하는 경험적 증거에 따라 결정되어야 한 다는 주장이 제기되었다.

이러한 논쟁적인 상황에서 정치인, 관료, 기업계, 대중과 지역사회 대표들, 그리고 교직 구성원들조차도 교사들의 전문적 준비와 관련하여 점점 더 많은 질문을 제기하고 있다. 예를 들어, 교사교육의 가치는 무엇인가, 초임 교사와 경력 교사가 무엇을 알아야 하고 무엇을 할 수 있어야 하는가, 교수 실천의 질을 어떻게 판단할 수 있는가 같은 질문들이 있다. 이처럼 우리는 잘 준비된 교사가 무엇을 의미하는지, 그리고 이를 달성하기 위해 사용할 수 있는 전략에 대해 상충하는 가치들이 존재한다는 것을 목격해 왔다.

일부는 교직 진입을 탈규제화deregulate하고, 교사 양성을 규제가 없는 시장에 맡기자는 주장을 편다. 이는 종종 학생들의 표준화 시험 점수를 기준으로 교사의 역량을 평가하자는 제안과 연계되며, 결과적으로 교육과정과 교수법, 평가를 중앙집권화하고 범위를 축소하는 결과를 초래할 수 있다. 이 접근은 교사교육과 교직으로 진입하는 문턱을 낮추어 규제를 줄이는 대신, 교수 활동 자체에 대한 통제를 강화하자는 것이다. 반면, 더 포괄적이고 엄격한 준비 과정을 통해 교직의 전문성을 높이고, 이를 통해 교사들이 더 많은 자율성과 전문적 자기 규제self-regulation를 누릴 수 있도록 해야 한다는 주장도 있다. 아마도 교육자들이 직면한 핵심 과제는 자기 규제를 위한 수단을 충분히 강력하게 만들어 대중의 신뢰를 얻는 것이다.

시스템적인 성격을 띤 어떤 변화도 이 책에 소개된 국가들에서 언급된 과제를 회피하거나 무시할 수 없다. 교사 급여와 지원이 부족한 지역에서는 교사 부족 문제를 해결하기 위해 교직 진입 문턱을 낮춰 교실에 사람 머릿수만 채우는 방식으로 해결하는 경우가 많다. 이는 교직의 전문성을 훼손할 뿐만 아니라, 교육 시스템의 불평등을 심화시키며, 그 결과는 가장 취약한 학생들에게 큰 영향을 미친다. 또한, 교사의 전문성 개발에 대한 투자가 부족하게 되면 다양한 교육, 문화, 언어적 요구를 지닌 다양한 배경의 이민자 출신 학생들의 요구를 충족시킬 수 있는 교사와 사회의 역량이 약화될 것이다.

　이러한 전 세계적 도전 과제를 해결할 수 있는 강력한 교직을 구축하려면, 서로 다른 환경에서 무엇이 중요하고, 어떤 방식이 효과적인지를 서로 배워야 한다. 이를 위해 교사 학습 기회를 획기적으로 개선하기 위한 가능하며 다양한 전략을 깊이 이해하고, 이를 실현할 수 있는 명확한 변화 전략이 필요하다. 이러한 가능성을 탐구할 때, 동일한 목표에 도달하는 다양한 길이 있음을 잊지 말아야 한다. 그러나 학생과 교사 모두를 위한 강력하고 공정한 학습 시스템을 구축하는 데 집중하는 것이 무엇보다 중요하다.

Chapter 1:
The most wanted: Teachers and teacher education in Finland

Aho, E., Pitkänen, K., & Sahlberg, P. (2006). *Policy development and reform principles of basic and secondary education in Finland since 1968.* Washington, DC: World Bank.

Darling-Hammond, L. (2006). *Powerful teacher education: Lessons from exemplary programs.* San Francisco: Jossey-Bass.

European Commission (2004). *Common European principles for teacher competences and qualifications.* Brussels: Directorate-General for Education and Culture. Available at: http://www.see-educoop.net/education_in/pdf/01-en_principles_en.pdf.

Häivälä, K. (2009). Voice of upper secondary school teachers: Subject teachers' perceptions of changes and visions in upper secondary schools. *Annales Universitatis Turkuensis* C 283 (in Finnish). Turku: University of Turku.

Helsingin Sanomat (2004). Ykkössuosikki: Opettajan ammatti [Top favorite: teaching profession]. February 11.

Helsingin Sanomat (2008). Millä ammatilla pääsee naimisiin? [Which profession to marry?] Koulutusliite, February 27, pp.4-6.

Jakku-Sihvonen, R., & Niemi, H. (Eds.) (2006). *Research-based teacher education in Finland: Reflections by Finnish teacher educators.* Turku: Finnish Educational Research Association.

Jokinen, H., & Välijärvi J. (2006). Making mentoring a tool for supporting teachers' professional development. In R. Jakku-Sihvonen, & H. Niemi (Eds.), *Research-based Teacher education in Finland: Reflections by Finnish teacher educators* (pp.89-101). Turku: Finnish Educational Research Association.

Jussila, J., & Saari, S. (Eds.) (2000). *Teacher education as a future-molding factor: International evaluation of teacher education in Finnish universities.* Helsinki: Higher Education Evaluation Council. Available at: http://www.kka.fi /?l=en&s=4.

Kim, M., Lavonen, J., & Ogawa, M. (2011). Experts' opinion on the high achievement of scientific literacy in PISA 2003: A comparative study in Finland and Korea. *Eurasia Journal of Mathematics, Science & Technology Education, 5*(4), 379-393.

Kivi, A. (2005). *Seven brothers.* [Seitsemän veljestä, first published in 1870, trans. R. Impola]. Beaverton: Aspasia Books, Inc.

Kumpulainen, T. (Ed.) (2008). *Opettajat Suomessa 2008* [Teachers in Finland 2008]. Helsinki Opetushallitus.

Lavonen, J., Krzywacki-Vainio, H., Aksela, M., Krokfors, L., Oikkonen, J., & Saarikko, H. (2007). Pre-service teacher education in chemistry, mathematics and physics. In E. Pehkonen, M. Ahtee, & J. Lavonen (Eds.), *How Finns learn mathematics and science.* (pp.49-68). Rotterdam: Sense Publishers.

Ministry of Education (2007). *Opettajankoulutus 2020* [Teacher education 2020]. Committee Report 2007: 44. Helsinki: Ministry of Education.

Ministry of Education (2009). *Ensuring professional competence and improving opportunities for continuing education in education.* Committee Report 2009: 16. Helsinki: Ministry of Education.

Niemi, H. (2002). Active learning: A cultural change needed in teacher education and in schools. *Teaching and Teacher Education, 18*(7), 763-780.

OECD (2005). *Teachers matter: Attracting, developing and retaining effective teachers.* Paris: OECD.

OECD (2008). *Education at a glance: Education indicators.* Paris: OECD.

OECD (2011). *Education at a glance: Education indicators.* Paris: OECD.

Pechar, H. (2007). "The Bologna Process": A European response to global competition in higher education. *Canadian Journal of Higher Education, 37*(3), 109-125.

Piesanen, E., Kiviniemi, U., & Valkonen, S. (2007). *Opettajankoulutuksen kehittämisohjelman seuranta ja arviointi. Opettajien täydennyskoulutus 2005 ja seuranta 1998-2005 oppiaineittain ja oppialoittain eri oppilaitosmuodoissa* [Follow-up and evaluation of the teacher education development program: Continuing teacher education in 2005 and its follow-up 1998-2005 by fields and teaching subjects in different types of educational institutions]. Jyväskylä: University of Jyväskylä, Institute for Educational Research.

Saari, S., & Frimodig, M. (Eds.) (2009). Leadership and management of education. evaluation of education at the University of Helsinki 2007-2008. *Administrative Publications 58.* Helsinki: University of Helsinki.

Sahlberg, P. (2007). Education policies for raising student learning: The Finnish approach. *Journal of Education Policy, 22*(2), 147-171.

Sahlberg, P. (2011). *Finnish lessons: what can the world learn from educational change in Finland?* New York: Teachers College Press.

Statistics Finland (2009). Education. Retrieved May 8, 2009 from http://www.stat.fi /til/kou_en.html.

Välijärvi, J., & Sahlberg, P. (2008). Should a "failing" student repeat a grade? Retrospective response from Finland. *Journal of Educational Change, 9*(4), 385-389.

Westbury, I., Hansen, S-E., Kansanen, P., & Björkvist, O. (2005). Teacher education for research-based practice in expanded roles: Finland's experience. *Scandinavian Journal of Educational Research, 49*(5), 475-485.

Zgaga, P. (2007). *Looking out: The Bologna Process in a global setting. on the "external dimension" of the Bologna Process.* Oslo: Norwegian Ministry of Education and Research.

Chapter 2:
Quality teachers, Singapore style

Akiba, M., LeTendre, G. K., & Scribner, J. P. (2007). Teacher quality, opportunity gap, and national achievement in 46 countries. *Educational Research, 36*(7), 369-387.

Buchberger, F., Campos, B. P., Kallos, D., & Stephenson, J. (2000). *Green paper on teacher education in Europe.* Umea, Sweden: Thematic Network of Teacher Education in Europe.

Cochran-Smith, M., & Zeichner, K. (2005). *Studying teacher education: The report of the AERA panel on research and teacher education.* Mahwah, NJ: Erlbaum.

Darling-Hammond, L. (2001). *The research and rhetoric on teacher certification: A response to "Teacher certification reconsidered."* Retrieved June 15, 2006 from: http://www.nctaf.org/documents/nctaf/abell_response. pdf.

Darling-Hammond, L., & Bransford, J. (Eds.) (2005). *Preparing teachers for a changing world.* San Francisco: Jossey-Bass.

Darling-Hammond, L., & Youngs, P. (2002). Defining "highly qualified teachers": What does "scientifically-based research" actually tell us? *Educational Researcher, 31*(9), 13-25.

Duncan, A. (2009). Teacher preparation: Reforming the uncertain profession. Speech delivered at Teachers College, Columbia University, New York, October 22.

Goh, C. B., & Gopinathan, S. (2008). The development of education in Singapore since 1965. In S. K. Lee, C. B. Goh, B. Fredriksen, & J. P. Tan (Eds.), *Toward a better future: Education and training for economic development in Singapore since 1965* (pp.12-38). Washington, DC : The World Bank.

Goh, C. B., & Lee, S. K. (2008). Making teacher education responsive and relevant. In S. K. Lee, C. B. Goh, B. Fredriksen, & J. P. Tan (Eds.), *Toward a better future: Education and training for economic development in Singapore since 1965* (pp.96-113). Washington, DC: The World Bank.

Goh, C. T. (1997). Shaping our future: Thinking schools, learning nation. Speech delivered at the 7th International Conference on Thinking, Singapore. June 2. Retrieved October 20, 2009 from http://www.moe.gov. sg/media/speeches/1997/020697.htm.

Goodwin, A. L., Genishi, C., Asher, N., & Woo, K. (1997). Voices from the margins: Asian American teachers' experiences in the profession. In D. M. Byrd, & D. J. McIntyre(Eds.), *Research on the education of our nation's teachers: Teacher education yearbook V* (pp.219-241). Thousand Oaks, CA: Corwin Press.

Goodwin, A. L., & Oyler, C. (2008) Teacher educators as gatekeepers: Deciding who is ready to teach. In M. Cochran-Smith, S. Feiman-Nemser, & J. McIntyre (Eds.), *Handbook of research on teacher education: Enduring questions in changing contexts* (3rd ed., pp.468-490). New York: Routledge.

Gopinathan, S. (2007). Globalisation, the Singapore developmental state and education policy: A thesis revisited. *Globalisation, Societies and Education, 5*(1), 53-70.

Hogan, D., & Gopinathan, S. (2008). Knowledge management, sustainable innovation, and pre-service teacher education in Singapore. *Teachers & Teaching, 14*(4), 369-384.

INTASC (Interstate New Teacher Assessment Standards). (2007). Retrieved September 17, 2009 from: http://www.ccsso.org/Projects/interstate_new_teacher_assessment_and_support_consortium/.

International Alliance of Leading Education Institutes. (2008). *Transforming teacher education: Redefined professionals for 21st century schools.* Singapore: NIE.

International Reading Association. (2008). *Status of teacher education in the Asia-Pacific region.* New York: UNESCO.

Luke, A., Freebody, P., Shun, L., & Gopinathan, S. (2005). Towards research-based innovation and reform: Singapore schooling in transition. *Asia Pacifi c Journal of Education, 25*(1), 5-28.

Ministry of Education (MOE). (2007). *Mission and vision statement.* June 29. Retrieved October 12, 2009 from http://www3.moe.edu.sg/corporate/mission_statement.htm#vision.

Ministry of Education (MOE). (2008). *Education in Singapore.* Singapore: MOE.

Ministry of Education (MOE). (2009a). *Education statistics digest.* Singapore: MOE.

Ministry of Education (MOE). (2009b). *Teaching as a career.* Retrieved October 12, 2009 from http://www.moe.gov.sg/careers/teach/.

Ministry of Education (MOE). (n.d.a). *Teachers network.* Retrieved November 30, 2009 from http://sam11.moe.gov.sg/tn/index.htm.

Ministry of Education (MOE). (n.d.b). *The teachers' pledge.* Retrieved October 12, 2009 from http://www3.moe.edu.sg/purposeofteaching/teacherPledge.html.

National Center for Education Statistics (NCES). (n.d.). *Trends in International Mathematics and Science Study (TIMSS).* Retrieved October 10, 2009 from http://nces.ed.gov/timss/results07.asp.

National Institute of Education (NIE). (2009). *TE21: A teacher education model for the 21st Century.* Singapore: NIE.

National Institute of Education (NIE). (n.d.a). *Foundation programmes.* Retrieved October 15, 2009 http://www.nie.edu.sg/nieweb/programmes/load.do?id=Foundation.

National Institute of Education (NIE). (n.d.b). *Office of Education Research.* Retrieved October 15, 2009 from http://www.nie.edu.sg/nieweb/research/load.do?id=Office of Education Research.

National Institute of Education (NIE). (n.d.c). *Practicum office.* Retrieved November 15, 2009 from http://eduweb.nie.edu.sg/practicum/.

Peng, H. (2009). Singapore education system at an inflexion point. Speech delivered at the 2009 Teachers' Mass Lecture, Singapore. August 26.

Retrieved December 10, 2009 from http://sam11.moe.gov.sg/tn/Teachers Vision/messages.htm.

Shulman, L. S. (1986). Those who understand: Knowledge growth in teaching. *Educational Researcher, 15*(2), 4-14.

Singapore Department of Statistics. (2009). Population trends 2009. Singapore: Singapore Department of Statistics.

Singapore Education Milestones, 2004-2005. Retrieved October 25, 2009 from http://www.moe.gov.sg/about/yearbooks/2005/teach.html.

Statistics Singapore. (2009). Retrieved December 5, 2009 from http://www.singstat.gov.sg/stats/keyind.html.

Tan, C. (2005). Driven by pragmatism: Issues and challenges in an ability-driven education. In J. Tan, & P. T. Ng (Eds.), *Shaping Singapore's future: Thinking schools, learning nation,* (pp.5-21). Singapore: Prentice-Hall/Pearson.

Walsh, K. (2001). *Teacher certifi cation reconsidered: Stumbling for quality.* Baltimore, MD: Abell Foundation.

World Bank. (2008). *2005 International comparison program: Tables of final results.*

Washington, DC: World Bank. Retrieved October 20, 2009 from http://www.finfacts.ie/biz10/globalworldincomepercapita.htm#.

Yip, J. S. K., Eng, S. P., & Yap, J. Y. C. (1997). 25 years of education reform. In J. Tan, S. Gopinathan, & W. K. Ho (Eds.), *Education in Singapore: A book of readings* (pp.3-32). Singapore: Prentice-Hall.

Chapter 3:
Teacher preparation in the Netherlands: Shared visions and common features

Boyd, D., Grossman, P., Hammerness, K., Lankford, H., Loeb, S., McDonald, M., Reininger, M., Ronfedlt, M., & Wyckoff, J. (2008). Surveying the landscape of teacher preparation in New York City: Constrained variation and the challenge of innovation. *Educational Evaluation and Policy Analysis, 30*(4), 319-342.

Boyd, D., Grossman, P., Lankford, H., Loeb, S., & Wyckoff, J. (2006). Complex by design: Investigating pathways into teaching in New York City Schools. *Journal of Teacher Education, 57*(2), 155-166.

Bransford, J., Brown, A. L., & Cocking, R. R. (Eds.). (2000). *How people learn: Brain, mind, experience, and school* (Expanded ed.). Washington, DC: National Academy Press.

Britzman, D. (1986). Cultural myths in the making of a teacher: Biography and social structure in teacher education. *Harvard Educational Review, 56*(4), 442-456.

Brouwer, N. (2007). Alternative teacher education in the Netherlands 2000-2005: A standards-based synthesis. *European Journal of Teacher Education, 30*(1), 21-40.

Brouwer, N., & Korthagen, F. A. (2005). Can teacher education make a difference? *American Educational Research Journal, 42*(1), 153-224.

Centraal Bureau voor de Statistiek (2009). Participation rate Dutch youth in education above European average Retrieved December 15, 2009, from http://www.cbs.nl/en-GB/menu/themas/onderwijs/publicaties/artikelen/archief/2009/2009-2907-wm.htm.

Central Bureau for the Statistics (CBS). (2011). *Statline*. Retrieved October 25, 2011, from: http://statline.cbs.nl.

Comiteau, L. (2007). Why Dutch kids are happier than yours. *Time Magazine*, July 11.

Commissie Parlementair Onderzoek Onderwijsvernieuwing (2008). [*Parliamentary investigation on educational innovation*] Parlementair Onderzoek Onderwijsvernieuwingen. Amsterdam: SDU.

Commissie Toekomst Leraarschap (CTL) (1993) *Een beroep met perspectief: de toekomst van het leraarschap* [A profession with perspective: the future of teaching]. Zoetermeer, Ministerie van OC&W.

Darling-Hammond, L. (Ed.) (2000). *Studies of excellence in teacher education* (3 vols). Washington, DC: American Association of Colleges for Teacher Education.

Darling-Hammond, L. (2006). *Powerful teacher education: Lessons from exemplary programs*. San Francisco: Jossey-Bass.

ECHO (2009). Welcome to ECHO. Available at: http://www.echo-net.nl/. (accessed December 11, 2009).

Ericsson, K. A. (2006). The influence of experience and deliberate practice on the development of expert performance. In K. A. Ericsson, N. Charness, P. J. Feltovich, & R. R. Hoffman (Eds.), *The Cambridge handbook of expertise and expert performance* (pp. 683-704). New York : Cambridge University Press.

Evertson, C. M., & Weinstein, C. S. (2006). Classroom management as a field of inquiry. In C. M. Evertson, & C. S. Weinstein (Eds.), *Handbook of classroom management: Research, practice, and contemporary issues* (pp.3-16). Mahwah, NJ: Lawrence Erlbaum Associates.

Grossman, P., Compton, C. et al. (2009a). Teaching practice: a cross-professional perspective. *Teachers College Record, 111*(9).

Grossman, P., Hammerness, K., & McDonald, M. (2009b). Redefining teaching, reimagining teacher education. *Teachers and Teaching: Theory and Practice, 15*(2): 273-289.

Hammerness, K. (2006). From coherence in theory to coherence in practice. *Teachers College Record, 108*(7), 1241-1265.

Hammerness, K. (under review). The relationship between teacher education program visions and teacher's visions: an examination of three programs.

Hammerness, K., & Darling-Hammond, L. (2002). Meeting old challenges and new demands: the redesign of the Stanford Teacher Education Program. *Issues in Teacher Education, 11*(1), 17-30.

Hammerness, K., Darling-Hammond, L. with Rust, F., Grossman, P., & Shulman, L. (2005). The design of teacher education programs. In J. Bransford, L Darling-Hammond, P. LePage, K. Hammerness, & H. Duffy

(Eds.). *Preparing teachers for a changing world* (pp.390-441). San Francisco: Jossey-Bass.

Hatch, T. (2009). *Managing to change: How schools can survive* (and sometimes thrive) in turbulent times. New York: Teachers College Press.

Janssen, F., De Hullu, E., & Tigelaar, D. E. H. (2008). Positive experiences as input for reflection by student teachers. *Teachers and Teaching: Theory and Practice, 14*(2), 115-127.

Kennedy, M. M. (2006). Knowledge and vision in teaching. *Journal of Teacher Education, 57*(3), 205-211.

KNAW (2009). *Mathematics in primary education: Analysis and keys for improvement* [Rekenonderwijs op de basisschool: Analyses en sleutels tot verbetering]. Amsterdam: Koninklijke Nederlandse Academie voor Wetenschappen.

Koetsier, C. P., & Wubbels, T. (1995). Bridging the gap between initial teacher training and teacher induction. *Journal of Education for Teaching, 21*(3), 333-345.

Korthagen, F., & Kessels, J. (1999). Linking theory and practice: Changing the pedagogy of teacher education. *Educational Researcher, 28*(4), 4-17.

Korthagen, F. A. J., Kessels, J., Koster, B., Lagerwerf, B., & Wubbels, T. (2001). *Linking theory and practice: The pedagogy of realistic teacher education.* Mahwah, NJ: Lawrence Erlbaum Associates.

Koster, B. & Dengerink, J. J. (2008). Professional standards for teacher educators: How to deal with complexity, ownership and function. Experiences from the Netherlands. *European Journal of Teacher Education, 31*(2), 135-149.

Ladson-Billings, G. (1995). Multicultural teacher education: Research, practice, and policy. In J. Banks and C. M. Banks. (Eds.) *Handbook of research on multicultural education.* (pp.747-759). New York : Simon & Schuster Macmillan.

Ladson-Billings, G. (2001). *Crossing over to Canaan: The journey of new teachers in diverse classrooms.* San Francisco: Jossey-Bass.

LePage, P., Darling-Hammond, L., & Akar, H. (with Guttiérez, C., Jenkins-Gunn, E., and Rosebrock, K). (2005). Classroom management. In J. B. L. Darling-Hammond, P. LePage, K. Hammerness, & H. Duffy. (Eds.) *Preparing teachers for a changing world.* (pp.327-357). San Francisco: Jossey-Bass.

Maandag, D. W., Deinum, J. F. et al. (2007). Teacher education in schools: An international comparison. *European Journal of Teacher Education, 30* (2), 151-173.

Meesters, M. (2003). *Attracting, developing and retaining effective teachers: Country background report for The Netherlands.* Paris: OECD.

Ministry of Education, Culture and Science (2008). *Working in Education 2008: The Netherlands.* The Hague, Ministry of Education, Culture and Science in the Netherlands.

Ministry of Education, Culture, and Science (1999a). *Maatwerk voor morgen: Het perspectiefvan een open onderwijsmarkt* [Tailor-made for tomorrow:

The perspective of an open labor market in education]. The Hague: SDU-servicecentrum.

Ministry of Education, Culture, and Science (1999b). *Maatwerk 2: Vervolgnota over een open onderwijsmarkt* [Tailor-made for tomorrow 2: A follow-up on an open labor market in education]. The Hague: SDU-servicecentrum.

Mullis, I. V. S., Martin, M. O., Kennedy, A. M. & Foy, P. (2007). *IEA's Progress in International Reading Literacy Study in Primary School in 40 Countries*. Chestnut Hill, MA: TIMSS & PIRLS International Study Center, Lynch School of Education, Boston College.

NRC (2006). Think first before acting [Eerst denken dan pas doen]. 8 April.

NRC (2007). Students protest against "New Learning" [Scholierenprotest tegen "nieuweleren"]. 27 January.

OECD (2007). *PISA 2006: Science Competencies for Tomorrow's World: Executive Summary*. Paris Author.

OECD (2010). *PISA 2009 Results: Executive Summary*. Paris: Author.

Simons, P. R. J. (2000). Towards a constructivistic theory of self-directed learning. In G. A. Straka (Ed.), *Conceptions of self-directed learning* (pp.155-170). New York: Waxman.

Simons, P. R. J. (2006). How to kill a caricature of new learning [Hoe je een karikatuur van het nieuwe leren om zeep helpt]. *Pedagogische Studieën, 83*(1), 81-85.

Simons, P. R. J., van der Linden, J., & Duffy, T. (2000). New learning: Three ways to learn in a new balance. In P. R. J. Simons, J. van der Linden, & T. Duffy (Eds.), *New Learning* (pp.191-208). Dordrecht: Kluwer Academic Publishers.

Snoek, M., & van der Sanden, J. (2005). Teacher educators matter. Amsterdam: Dutch Association of Teacher Educators (VELON).

Snoek, M. & Wielenga, D. (2003). Teacher education in The Netherlands: change of gear. In L. Barrows (Ed.), *Institutional approaches to teacher education in the Europe region: Current models and developments*. Bucharest: UNESCO-CEPES.

Stokking, K., Leenders, F., et al. (2003). From student to teacher: reducing practice shock and early dropout in the teaching profession. *European Journal of Teacher Education, 26*(3), 329-350.

Terwindt, S., & Wielenga, D. (2000). Learning practices in Amsterdam. In D. Willis et al. (Eds.), *Proceedings of Society for Information Technology & Teacher Education International Conference 2000* (pp.1326-1327). Chesapeake, VA: AACE.

Tigchelaar, A., & Korthagen, F. A. J. (2004). Deepening the exchange of student teaching experiences: implications for the pedagogy of teacher education of recent insights into teacher behaviour. *Teaching and Teacher Education, 30*(4), 665-679.

UNICEF (2007). *Child poverty in perspective: An overview of child well-being in rich countries*. Innocenti Report Cards, No. 7. Florence: Innocenti Research Centre.

van der Werf, G. (2006). Old or new learning? Or rather just learning? [Oud of nieuw leren? Of liever gewoon léren?]. *Pedagogische Studieën, 83*(1), 74-81.

van Tartwijk, J., den Brok, P., Veldman, I., & Wubbels, T. (2009). Teachers' practical knowledge about classroom management in multicultural classrooms. *Teaching and Teacher Education, 25*(3), 453-460.

van Veen, K., Sleegers, P., & van de Ven, P. (2005). One teacher's identity, emotions, and commitment to change: A case study into the cognitive-affective processes of a secondary school teacher in the context of reforms. *Teaching and Teacher Education, 21*(8), 917-934.

Veenman, S. (1984). Perceived problems of beginning teachers. *Review of Educational Research, 54*(2), 143-178.

Verloop, N. & T. Wubbels (2000). Some major developments in teacher education in the Netherlands and their relationship with international trends. In J. H. H. S. G. M. Willems, & W. Veugelers. *Trends in Dutch Teacher Education*. (pp.19-32). Leuven-Apeldoorn, Garant.

Vermeulen, A. & Koopman, P. (2000). *De begeleiding van beginnende teraren* [The Guidance of Beginning Teachers]. Zoetermeer, Ministerie van OC&W.

Villegas, A.M. (2008). Diversity and teacher education. In M. Cochran-Smith, S. Feiman-Nemser & D. J. McIntyre, & K. Demers (Eds.). *Handbook of research on teacher education: Enduring questions in changing contexts*. (pp.551-558). New York: Routledge.

Wubbels, T., Brekelmans, M., den Brok, P., & van Tartwijk, J. (2006). An interpersonal perspective on classroom management in secondary classrooms in the Netherlands. In C.

Evertson, & C. Weinstein (Eds.), *Handbook of classroom management: Research, practice, and contemporary issues* (pp.1161-1191). Mahwah, NJ: Lawrence Erlbaum Associates.

Zeller, J. T., (2007). Children, let me tell you about a place called Amsterdam. *New York Times*, February 14, 2007.

Chapter 4:
Teacher training, education or learning by doing in the UK

Baker, K. (1993). *The turbulent years: My life in politics*. London: Faber and Faber.

Bangs, J., Galton, M., & MacBeath, J. (2010). *Re-inventing schools: And now for something completely different?* London: Routledge.

Barber, M. (2007). *Instruction to deliver: Fighting to transform Britain's public services*. London: Methuen.

Bridges, D. (2007). *Education and the possibility of outsider understanding*. Cambridge: Von Hugel Institute, St. Edmund's College, Cambridge.

Brighouse, T., & Woods, D. (1999). *How to improve your school*. London: Routledge.

Campbell, A. A. (1993). Dream at conception: a nightmare at delivery. In R. J. Campbell (Ed.), *Breadth and balance in the primary curriculum*. London: Falmer.

Claxton, G. (2006). Expanding the capacity to learn: a new end for education? Keynote address, British Educational Research Association, Warwick, 6 September.

Cordingley, P., Bell, M., Evans, D., & Firth, A. (2003). *What do teacher impact data tell us about collaborative CPD?* London: DfES/EPPI/CUREE.

Cullingford, C., & Daniels, S. (1999). *The effects of Ofsted inspection on school performance.* Huddersfi eld: University of Huddersfield.

Department for Children, Schools and Families (2008). *21st century schools: A world class education for every child.* London: DCSF.

Department for Education and Skills (2005). *A new relationship with schools: School improvement partners' brief.* London: DfES.

Elmore, R. (2005). *Agency, reciprocity, and accountability in democratic education.* Cambridge, MA: Harvard Consortium for Policy Research in Education.

Frost, D. (2005). Resisting the juggernaut: building capacity through teacher leadership in spite of it all. *Leading and Managing, 10*(2), 70-87.

Furlong, J. (2003). Ideology and reform in teacher education in England. *Educational Researcher, 31*(6), 23-25.

Galton, M. (2007) *Learning and teaching in the primary classroom.* London: Sage Publications.

Galton, M. & MacBeath, J. (2002). *A life in teaching?* Cambridge: National Union of Teachers.

Galton, M., & MacBeath, J. (2008). *Teachers under pressure.* London: Sage.

Galton, M., & MacBeath, J. (2010). *Re-inventing schools, reforming teaching: From political visions to classroom practice.* London: Routledge.

Giroux, H. (1992). *Border crossings.* London: Routledge.

James, M., Black, P., Carmichael, P., Fox, A., Frost, D., Honour, L., MacBeath, J., McCormick, R., Marshall, B., Pedder, D., Procter, R., Swaffi eld, S. and Wiliam, D. (2007). *Improving learning how to learn: Classroom, schools and networks.* London: Routledge. Jones, S., Beale V., Kogan, M., & Maden, M. (1999). *The Ofsted system of school inspection: An independent evaluation.* London: Centre for the Evaluation of Policy and Practice, Brunel University.

Learmonth, J. (2000). *Inspection: What's in it for schools?* London: Routledge.

Lieberman, A., & Friedrich, L. (2007). Changing teachers from within: teachers as leaders. In J. MacBeath, & Y.C. Cheng (Eds.), *Leadership for learning: International perspectives.* Amsterdam: Sense Publishers.

MacBeath, J. (2006). *School inspection and self-evaluation: Working with the new relationship.* London: Routledge.

MacBeath, J., & Dempster, N. (2008) *Leadership for learning: Making the connections.* London: Routledge.

MacBeath, J., & Galton, M. (2006). *A life in secondary teaching?* Cambridge: National Union of Teachers.

MacBeath, J., & Galton, M. with S. Steward, & C. Page (2008). *The costs of inclusion.* London: National Union of Teachers.

MacBeath, J., & Mortimore, P. (Eds.). (2001). *Improving school effectiveness.* Buckingham: Open University Press.

McCrone, T., Rudd, P., & Blenkinsop, S. (2007). *Evaluation of the impact of Section 5 inspections*. Research report, NFER, April.

National Foundation for Educational Research (2007). *Evaluation of the impact of Section 5 Inspections*. Slough: NFER.

National Foundation for Educational Research (2009) *Teacher resignation and recruitment survey*. London: NFER.

Office for Standards in Education (2004). *A new relationship with schools*. London: Ofsted.

Office for Standards in Education (2006). The first term of the new arrangements. Available at: http://www.ofsted.gov.uk/news/almost-60-of-schools-judged-outstanding-or-goodfirst-two-terms-of-new-style-ofsted-inspections.

Rosenthal, L. (2000). *The cost of regulation in education: Do school inspections improve school quality?* Keele: Department of Economics, University of Keele.

Scottish Executive (2002). *Standards for Chartered Teacher*. Edinburgh: Scottish Executive.

Swaffield, S. (2007). Light touch, critical friendship. *Improving Schools, 10*(3), 205-219.

Waterhouse, J., Gronn, P., & MacBeath, J. (2008). Mapping leadership practice: focused, distributed or hybrid? Paper delivered at the British Education Association Annual Conference, Edinburgh, 3-6 September.

Wenger, E. (1999) *Communities of practice: Learning, meaning and identity*. Cambridge: Cambridge University Press.

Woodhead, C. (2002). *Class wars*. London: Little, Brown.

Chapter 5:
Hong Kong: Professional preparation and development of teachers in a market economy

Advisory Committee on Teacher Education and Qualifications (ACTEQ). (2003). *Towards a learning profession: The teacher competencies framework and the continuing professional development of teachers*. Hong Kong: Government Logistics Department.

Advisory Committee on Teacher Education and Qualifications (ACTEQ). (2006). *Towards a learning profession: Interim report on teachers' continuing professional development*. Hong Kong: Government Logistics Department.

Advisory Committee on Teacher Education and Qualifications (ACTEQ). (2008). http://www.acteq.hk/category.asp?lang=en&cid=301&pid=237.

Advisory Committee on Teacher Education and Qualifications (ACTEQ). (2009). *Towards a learning profession: Third report on teachers' continuing professional development*. Hong Kong : Government Logistics Department.

Ball, S. (1987). *The micro-politics of the school*. London: Methuen.

Bolam, R. (2000). Emerging policy trends: some implications for continuing professional development. *Journal of In-Service Education, 26*(2), 267-

289.

Bray, M. (2007). *The shadow education system: Private tutoring and its implications for planners* (2nd ed.). Paris: UNESCO, International Institute for Educational Planning.

Burns, T., & Stalker, G. M. (1961). *The management of innovation*. Oxford: Pergamon.

Chan, R. M. C., & Lee, J. C. K. (2009). Teachers' continuing professional development in Hong Kong: are we on the right track? In J. C. K. Lee, & L. P. Shiu (Eds.), *Developing teachers and developing schools in changing contexts* (pp.71-99). Oxford: Oxford University Press.

Cheng, Y. C., Tam, W. M., & Tsui, K. T. (2002). New conceptions of teacher effectiveness and teacher education in the new century. *Hong Kong Teachers' Centre Journal, 1*, 1-19.

Chinese University of Hong Kong (2008). http://www.fed.cuhk.edu.hk/handbook/doc-2008.pdf.

Corcoran, T. B. (2006). Helping teachers teach well: transforming professional development. In P. R. Villa (Ed.), *Teacher change and development* (pp.1-100). New York : Nove Science Darling-Hammond, L., & Bransford, J. (2005). *Preparing teachers for a changing world*. San Francisco: Jossey-Bass.

Day, C., & Sachs, J. (2004). *International handbook on the continuing professional development of teachers*. Maidenhead: Open University Press.

Draper, J., Chan, R. M C., & Cheung, C. (2008). Teachers' work life balance in Hong Kong: is there space for effective CPD? Paper given at APERA, Singapore, November.

Draper, J., & Forrester, V. (2009). The induction of beginning teachers in Scotland and Hong Kong: getting it right? *Journal of Comparative and International Education, 4*(1), 74-86.

Education Bureau (EDB). (2011). Ratio of Graduate teacher posts. Press release LCQ4. http://www.info.gov.hk/gia/general/201111/23/P201111230296.htm.

Education Commission. (1992). *The teaching profession*. Report no. 5. Hong Kong: Government Logistics Printer.

Education Commission. (2000). *Learning for life, Learning through Life: Reform proposals for the twenty-first century*. Hong Kong: Government Logistics Printer.

Education Commission. (2006a). *Progress report on the education reform*. http://www.ec.edu.hk/eng/reform/progress004_pdf_eng.htm.

Education Commission. (2006b). *Education statistics*. Hong Kong: Hong Kong Government Logistics Printer.

EPPI: Evidence for Policy and Practice Information. (2003, 2005a, 2005b). http://eppi.ioe.ac.uk/cms/Default.aspx?tabid=159 (accessed November 19 2009).

Forrester, F., & Draper, J. (2005). The professional formation of teachers in Hong Kong: a dim-sum model? *Teacher Development, 9*(3), 413-428.

Hargeaves, A. (1994). *Changing teachers, changing times*. London: Cassell.

Hong Kong University. (2011). http://web.edu.hku.hk/programme/pgde/docs/ PGDE_Handbook_2011-12.pdf.

Joint Consultation Service Team. (2007). *Provision of consultation service: Revamp of the teachers' IT training framework*. http://www.edb.gov.hk/FileManager/EN/ Content_4833/revamp2007_eng.pdf (accessed Nov. 17, 2009).

Leung, F-S. K. (2003). Issues concerning teacher education in the East Asian region. *Asia Pacific Journal of Teacher Education and Development, 6*(2), 5-21.

Li, S-P.T., & Kwo, W-Y.O. (2004). Teacher education. In M. Bray, & R. Koo (Eds.), *Education and society in Macao and Hong Kong* (2nd edn.). Hong Kong: Kluwer and Comparative Education Research Centre, Hong Kong University.

Llewellyn, J. et al. (1982). *A perspective on education in Hong Kong* ('The Llewellyn Report'). Hong Kong: Government Logistics Printer.

Louie, K. (1984). Salvaging Confucian education (1949-1983). *Comparative Education, 20*(1), 27-38.

Ma, H.-T.W. (1999). Higher education and the labour force. In M. Bray & R. Koo (Eds.), (2005) *Education and society in Hong Kong and Macau* (pp.127-139). Dordrecht: Springer.

Morris, P. (2004). Teaching in Hong Kong: professionalization, accountability and the state. *Research Papers in Education, 19*(1): 105-121.

Scottish Office (2000). *A teaching profession for the 21st century*. Vol. 1: the report. (The 'McCrone Report'). Edinburgh: Her Majesty's Stationery Office.

Singapore Ministry of Education. (2009). http://www.moe.gov.sg/media/speeches/ 2009/10/16/thailand-conference-learning-teaching.php.

Sweeting, A. (2004). *Education in Hong Kong, 1941-2001*. Hong Kong: Hong Kong University Press.

Tung, C. H. (1997). *Policy Programme: The 1997 Policy Address*. Hong Kong: Government Logistics Printer.

Wu, G., & Kwo, W-Y. O. (2003). Teachers' time on teaching and professional development: a comparison of Hong Kong, Macau, Beijing and Shanghai. *Education Research Journal* (Hong Kong), *18*(1), 117-136 (in Chinese).

Chapter 6:
Rethinking teacher education in Australia: The teacher quality reforms

AERA, APA, NCME. (1999). *Standards for educational and psychological testing*. Washington, DC: American Psychological Association.

Arends, R. I. (2006a). Performance assessment in perspective: History, opportunities, and challenges. In S. Castle, & B. D. Shaklee (Eds.), *Assessing teacher performance: Performancebased assessment in teacher education* (pp.3-22). Lanham, MD: Rowman and Littlefi eld.

Arends, R. I. (2006 b). Summative performance assessments. In S. Castle & B. D. Shaklee (Eds.), *Assessing teacher performance: Performance-based assessment in teacher education* (pp.93-123). Lanham, MD: Rowman and Littlefield.

Australian Association of Mathematics Teachers. (2006). *Standards for Excellence in Teaching Mathematics in Australian Schools.* Adelaide, SA: The Australian Association of Mathematics Teachers Inc.

Australian Council of Deans of Education. (1998). *Preparing a profession: Report of the national standards and guidelines for initial teacher education project.* Canberra: Australian Council of Deans of Education.

Australian Institute of Teaching and School Leadership (2011a). *National Professional Standards for Teachers. February 2011.* Carlton, Victoria: Ministerial Council for Education, Early Childhood Development and Youth Affairs (MCEECDYA).

Australian Institute of Teaching and School Leadership (2011b). *Accreditation of initial teacher education programs in Australia: Standards and Procedures. April 2011.* Carlton, Victoria: Ministerial Council for Education, Early Childhood Development and Youth Affairs (MCEECDYA).

Australian Science Teachers Association. (2002). *National Professional Standards for Highly Accomplished Teachers of Science.* Canberra: Australian Science Teachers Association.

Black, P., & Wiliam, D. (1998). Inside the black box: Raising standards through classroom assessment. *Phi Delta Kappan, 80,* 139-148.

Cochran-Smith, M., & Fries, M. (2005). Researching teacher education in changing times: politics and paradigms. In M. Cochran-Smith, & K. Zeichner (Eds.), *Studying teacher education: The report of the AERA panel on research and teacher education.* Mahwah, NJ: Lawrence Erlbaum Publishers.

Darling-Hammond, L. (1989). Accountability for professional practice. *Teachers College Record, 91*(1), 59-80.

Darling-Hammond, L. (2000). Teacher quality and student achievement: a review of state policy evidence. *Education Policy Analysis Archives, 8*(1), Retrieved August 2005 from http://epaa.asu.edu/epaa/v2008n2001.html.

Darling-Hammond, L., & Youngs, P. (2002). Standard setting in teaching: Changes in licensing, certification, and assessment. In V. Richardson (Ed.), *Handbook of research on teaching* (4th ed.) (pp.751-776). Washington, DC: American Educational Research Association.

Education and Training Committee. (2005). *Step up, step in, step out: Report on the inquiry into the suitability of pre-service teacher training in Victoria.* Melbourne: Parliament of Victoria.

Goldhaber, D., & Brewer, D. (2000). Does teacher certification make a difference? Highschool teacher certification status and student achievement. *Educational Evaluation and Policy Analysis, 22*(2), 129-145.

Grimmett, P. (2009). Legitimacy and identity in teacher education: A micro-political struggle constrained by macro-political pressures. *Asia Pacific Journal of Teacher Education, 37*(1), 5-26.

House of Representatives Standing Committee on Education and Vocational Training. (2007). *Top of the class: Report on the inquiry into teacher education*. Canberra: The Parliament of the Commonwealth of Australia.

Ingvarson, L., Elliot, A., Kleinhenz, E., & McKenzie, P. (2006). *Teacher education accreditation: A review of national and international trends and practices*. Melbourne: Australian Council for Educational Research.

Masters, G. (2009). *A shared challenge: Improving literacy, numeracy and science learning in Queensland primary schools*. Melbourne: ACER.

Mayer, D. (2005). Reviving the 'Policy Bargain' discussion: the status of professional accountability and the contribution of teacher performance assessment. *The Clearing House, 78*(4), 177-181.

Mayer, D. (2006). Research funding in the US: implications for teacher education research. *Teacher Education Quarterly, 33*(1), 5-18.

Mayer, D. (2009). *Conceptualising a voluntary certifi cation system for highly accomplished teachers*. Canberra: Teaching Australia-Australian Institute for Teaching and School Leadership Limited.

Ministerial Council on Education Employment Training and Youth Affairs. (2003). *National Framework for Professional Standards for Teaching*. Melbourne: MCEETYA.

Monk, D. H. (1994). Subject area preparation of secondary mathematics and science teachers and student achievement. *Economics of Education Review, 13*, 125-145.

National Board for Professional Teaching Standards. (1989). *Toward high and rigorous standards for the teaching profession*. Detroit, MI: Author.

Pecheone, R., & Chung, R. R. (2006). Evidence in teacher education: The performance assessment for California teachers. *Journal of Teacher Education, 57*, 22-36.

Rice, J. K. (2003). *Teacher Quality: Understanding the effectiveness of teacher attributes*. Washington, DC : Economic Policy Institute.

Rivkin, S., Hanushek, E., & Kain, J. (2005). Teachers, schools, and academic achievement. *Econometrica, 73*(2), 417-458.

Rockoff, J. E. (2004). The impact of individual teachers on students' achievement: evidence from panel data. *American Economic Review, 94*(2), 247-252.

Sanders, W. L., & Rivers, J. C. (1996). *Research project report: Cumulative and residual effects of teachers on future student academic achievement*. Knoxville: University of Tennessee Value-Added Research and Assessment Center.

St Maurice, H., & Shaw, P. (2004). Teacher portfolios come of age: a preliminary study. *NAASP Bulletin, 88*(639), 15-25.

Standards for Teachers of English Language and Literacy in Australia (STELLA). (2002). Retrieved from http://www.stella.org.au/statements.jsp.

Teaching Australia. (2008). *National professional standards for advanced teaching and for principals: Second consultation paper*. Canberra: Teaching Australia.

The Business Council of Australia. (2008). *Teaching talent: The best teachers for Australia's classrooms*. Melbourne: BCA.

US Department of Education. (2004). *Meeting the highly qualified teacher challenge: The Secretary's third annual report on teacher quality*. Washington, DC: US Department of Education.

Wenglinsky, H. (2003). Using large-scale research to gauge the impact of instructional practices on student reading comprehension: an exploratory study. *Education Policy Analysis Archives, 11*(19), 1–19.

Wilkerson, J. R., & Lang, W. S. (2003). Portfolios, the pied piper of teacher certification assessments: legal and psychometric issues. *Education Policy Analysis Archives, 11*(45). Retrieved on August 30, 2008 from http://epaa. asu.edu/epaa/v11n45.

Wilson, S. M., Floden, R. E., & Ferrini-Mundy, J. (2001). *Teacher preparation research: Current knowledge, gaps and recommendations. A research report prepared for the US Department of Education*. Washington, DC: Center for the Study of Teaching and Policy.

Yinger, R. J., & Hendricks-Lee, M. S. (2000). The language of standards and teacher education reform. *Educational Policy, 14*(1), 94–106.

Chapter 7:
Teacher preparation and development in the United States: A changing policy landscape

Abdal-Haqq, I. (1998). *Professional development schools: Weighing the evidence*. Thousand Oaks, CA: Corwin Press.

Altenbaugh, R. J. & Underwood, K. (1990) The evolution of normal schools. In J. I. Goodlad, R. Soder, & K. Sirotnik (Eds.), *Places where teachers are taught* (pp.136–186). San Francisco: Jossey-Bass.

Andrew, M., & Schwab, R. L. (1995). Has reform in teacher education influenced teacher performance? An outcome assessment of graduates of eleven teacher education programs. *Action in Teacher Education, 17*(3), 43–53.

Angrist, J. D., & Lavy, V. (2001). Does teacher training affect pupil learning? Evidence from matched comparisons in Jerusalem public schools. *Journal of Labor Economics, 19*, 343–369.

Athanases, S. Z. (1994). Teachers' reports of the effects of preparing portfolios of literacy instruction. *Elementary School Journal, 94*, 421–439.

Ayers, J. B. (1988). Another look at the concurrent and predictive validity of the National Teacher Examinations. *Journal of Educational Research, 81*, 133–137.

Baker, T. (1993). A survey of four-year and five-year program graduates and their principals. *Southeastern Regional Association of Teacher Educators Journal, 2*(2), 28–33.

Baratz-Snowden, J. (1990). The NBPTS begins its research and development program, *Educational Researcher, 19*(6), 19–24.

Barber, B. R. (2004). Taking the public out of education: The perverse notion that American democracy can survive without its public schools. *School Administrator, 61*(5), 10–13.

Begle, E. G. (1979). *Critical variables in mathematics education: Findings from a survey of the empirical literature*. Washington, DC: Mathematical

Association of America; Reston, VA: National Council of Teachers of Mathematics.

Bond, L., Smith, T., Baker, W., & Hattie, J. (2000). *The certifi cation system of the National Board for Professional Teaching Standards: A construct and consequential validity study.* Greensboro, NC: Center for Educational Research and Evaluation.

Boyd, D., Grossman, P., Lankford, H., Loeb, S., & Wyckoff, J. (2006). How changes in entry requirements alter the teacher workforce and affect student achievement. *Education Finance and Policy, 1,* 178-216.

California State University. (2002a). *First system wide evaluation of teacher education programs in the California State University: Summary Report.* Long Beach, CA: California State University.

California State University. (2002b). *Preparing teachers for reading instruction (K-12): An evaluation brief by the California State University.* Long Beach, CA: California State University.

Cavaluzzo, L. (2004). *Is National Board Certifi cation an effective signal of teacher quality?* (National Science Foundation No. REC-0107014). Alexandria, VA: The CNA Corporation.

Chung, R. R. (2008). Beyond assessment: Performance assessments in teacher education. *Teacher Education Quarterly, 35*(1), 7-28.

Clotfelter, C., Ladd, H., & Vigdor, J. (2007). How and why do teacher credentials matter for student achievement? NBER Working Paper 12828. Cambridge, MA: National Bureau of Economic Research.

Conant, J. B. (1963). *The education of American teachers.* New York: McGraw-Hill.

Darling-Hammond, L. (Ed.). (1994). *Professional development schools: Schools for developing a profession.* New York : Teachers College Press.

Darling-Hammond, L. (2000). Teacher quality and student achievement: A review of state policy evidence. *Educational Policy Analysis Archives, 8*(1). Retrieved June 10, 2008, from http://epaa.asu.edu/epaa/v8n1.

Darling-Hammond, L. (2006). *Powerful teacher education: Lessons from exemplary programs.* San Francisco : Jossey-Bass.

Darling-Hammond, L., & Ball, D. L. (1997). Teaching for high standards: What policymakers need to know and be able to do. Paper prepared for the National Education Goals Panel, Washington, DC.

Darling-Hammond, L., & Bransford, J. (Eds.). (2005). *Preparing teachers for a changing world: What teachers should learn and be able to do.* San Francisco: Jossey-Bass.

Darling-Hammond, L., Chung, R., & Frelow, F. (2002). Variation in teacher preparation: How well do different pathways prepare teachers to teach? *Journal of Teacher Education, 53*(4), 286-302.

Darling-Hammond, L., Holtzman, D. J., Gatlin, S. J., & Heilig, J. V. (2005). Does teacher preparation matter? Evidence about teacher certification, Teach for America, and teacher effectiveness. *Education Policy Analysis Archives, 13*(42). Retrieved June 10, 2008, from http://epaa.asu.edu/epaa/v13n42/.

Darling-Hammond, L., & Sykes, G. (2003). Wanted: A national teacher supply policy for education: The right way to meet the "highly qualified teacher" challenge. *Educational Policy Analysis Archives, 11*(33). Retrieved June 10, 2008, from http://epaa.asu.edu/epaa/v11n33/.

Darling-Hammond, L., & Wei, R. C. (2009). Teacher preparation and teacher learning: a changing policy landscape. In G. Sykes (Ed.), *The handbook of education policy research* (pp.613-636). Washington, DC: American Education Research Association.

David, J. L. (1994). *Transforming state education agencies to support education reform*. Washington, DC : National Governors' Association.

Dennison, G. M. (1992). National standards in teacher preparation: A commitment to quality. *The Chronicle of Higher Education, 39*(15), A40.

Denton, J. J. (1982). Early field experiences' influence on performance in subsequent coursework. *Journal of Teacher Education, 33*(2), 19-23.

Denton, J. J., & Lacina, L. J. (1984). Quantity of professional education coursework linked with process measures of student teaching. *Teacher Education and Practice, 1*, 39-64.

Denton, J. J., Morris, J. E., & Tooke, D. J. (1982). The influence of academic characteristics of student teachers on the cognitive attainment of learners. *Educational and Psychological Research, 2*(1), 15-29.

Denton, J. J., & Peters, W. H. (1988). *Program assessment report: Curriculum evaluation of a non-traditional program for certifying teachers*. College Station: Texas A&M University.

Denton, J. J., & Tooke, J. (1981-82). Examining learner cognitive attainment as a basis for assessing student teachers. *Action in Teacher Education, 3*, 39-45.

Druva, C. A., & Anderson, R. D. (1983). Science teacher characteristics by teacher behavior and by student outcome: A meta-analysis of research. *Journal of Research in Science Teaching, 20*, 467-479.

Ebmeier, H., & Good., T. L. (1979). The effects of instructing teachers about good teaching on the mathematics achievement of fourth grade students. *American Educational Research Journal, 16*, 1-16.

Feiman-Nemser, S. (1990). Teacher preparation: Structural and conceptual alternatives. In W. R. Houston (Ed.), *Handbook for research on teacher education* (pp.212-233). New York: Macmillan.

Feiman-Nemser, S., & Buchmann, M. (1985). Pitfalls of experience in teacher preparation. *Teachers College Record, 87*, 53-65.

Feistritzer, C. E. (2005). *Profile of alternate route teachers*. Washington, DC: National Center for Alternative Certification.

Ferguson, P., & Womack, S.T. (1993). The impact of subject matter and education coursework on teaching performance. *Journal of Teacher Education, 44*(1): 55-63.

Fischetti, J., & Larson, A. (2002). How an integrated unit increased student achievement in a high school PDS. In I. N. Guadarrama, J. Ramsey, & J. L. Nath (Eds.), *Forging alliances in community and thought: Research in professional development schools* (pp.227-258). Greenwich, CT: Information Age Publishing.

Frey, N. (2002). Literacy achievement in an urban middle-level professional development school: A learning community at work. *Reading Improvement, 39*(1), 3-13.

Gill, B., & Hove, A. (1999). *The Benedum collaborative model of teacher education: A preliminary evaluation*. Santa Monica, CA: RAND Corporation.

Glaeser, B. C., Karge, B. D., Smith, J., & Weatherill, C. (2002). Paradigm pioneers: A professional development school collaborative for special education teacher education candidates. In I. N. Guadarrama, J. Ramsey, & J. L. Nath (Eds.), *Forging alliances in community and thought: Research in professional development schools* (pp.12-152). Greenwich, CT: Information Age Publishing.

Goertz, M. E., Ekstrom, R. B., & Coley, R. J. (1984). *The impact of state policy on entrance into the teaching profession*. Princeton, NJ: Educational Testing Service.

Goldhaber, D., & Anthony, E. (2005). *Can teacher quality be effectively assessed?* Seattle: University of Washington and the Urban Institute.

Goodlad, J. I, Soder, R., & Sirotnik, K. A. (Eds.). (1990). *Places where teachers are taught*. San Francisco : Jossey-Bass.

Goodman, J. (1985). What students learn from early field experiences: A case study and critical analysis. *Journal of Teacher Education, 36*(6), 42-48.

Gray, L., Calahan, M., Hein, S., Litman, C., Severynse, J., Warren, S. et al. (1993). *New teachers in the job market: 1991 update*. Washington, DC: U.S. Department of Education.

Haertel, E. H. (1991). New forms of teacher assessment. In G. Grant (Ed.), *Review of research in education, 17* (pp.3-29). Washington, DC: American Educational Research Association.

Hammerness, K., & Darling-Hammond, L. (2002). Meeting old challenges and new demands: The redesign of the Stanford Teacher Education Program. *Issues in Teacher Education, 11*(1), 17-30.

Haney, W., Madaus, G., & Kreitzer, A. (1987). Charms talismanic: Testing teachers for the improvement of American education. In E. Z. Rothkopf (Ed.), *Review of research in education*, vol. 14 (pp.169-238). Washington, DC: American Educational Research Association. Haynes, D. D. (1995). One teacher's experience with National Board assessment. *Educational Leadership, 52*(8), 58-60.

Henke, R. R., Chen, X., & Geis, S. (2000). *Progress through the teacher pipeline: 1992-1993 College graduates and elementary/secondary school teaching as of 1997*. Washington, DC: U.S. Department of Education, National Center for Education Statistics.

Henke, R. R., Geis, S., Giambattista, J., & Knepper, P. (1996). *Out of the lecture hall and into the classroom: 1992-1993 College graduates and elementary/secondary school teaching*.
Washington, DC: U.S. Department of Education, National Center for Education Statistics.

Henry, M. (1983). The effect of increased exploratory fi eld experiences upon the perceptions and performance of student teachers. *Action in*

Teacher Education, 5(1-2), 66-70.

Holmes Group. (1986). *Tomorrow's teachers: A report of the Holmes Group.* East Lansing, MI : Holmes Group.

Holmes Group. (1990). *Tomorrow's schools: Principles for the design of professional development schools: A report of the Holmes Group.* East Lansing, MI: Holmes Group.

Houston Consortium of Professional Development. (1996). *ATE Newsletter*, April, p.7.

Houston, W. R., Clay, D., Hollis, L. Y., Ligons, C., Roff, L., & Lopez, N. (1995). *Strength through diversity: Houston Consortium for Professional Development and Technology Centers.* Houston, TX: University of Houston, College of Education.

Howey, K. R., & Zimpher, N. L. (1993). *Patterns in prospective teachers: Guides for designing preservice programs.* Columbus: Ohio State University.

Hunter-Quartz, K. (2003). "Too angry to leave:" Supporting new teachers' commitment to transform urban schools. *Journal of Teacher Education, 54*, 99-111.

Ingvarson, L. (1997). *Teaching standards: Foundations for professional development reform.* Melbourne, Australia: Monash University.

Jett-Simpson, M., Pugach, M. C., & Whipp, J. (1992). Portrait of an urban professional development school. Paper presented at the annual meeting of the American Educational Research Association, San Francisco, April.

Judge, H., Carrideo, R., & Johnson, S. M. (1995). *Professional development schools and MSU: The report of the 1995 review.* East Lansing : Michigan State University.

Kane, T. J., Rockoff, J. E., & Staiger, D. O. (2006). What does teacher certification tell us about teacher effectiveness? Evidence from New York City, NBER Working Paper No. 12155. Cambridge, MA: National Bureau of Economic Research.

Kenreich, T., Hartzler-Miller, C., Neopolitan, J. E., & Wiltz, N. W. (2004). Impact of teacher preparation on teacher retention and quality. Paper presented at the meeting of the American Educational Research Association, San Diego, CA, April.

Kentucky Institute for Education Research. (1997). *The preparation of teachers for Kentucky Schools: A survey of new teachers.* Frankfort: Kentucky Institute for Education Research.

Knowles, J. G., & Hoefler, V. B. (1989). The student-teacher who wouldn't go away: Learning from failure. *Journal of Experiential Education, 12*(2), 14-21.

Koerner, J. (1963). *The miseducation of American teachers.* Baltimore, MD: Penguin Books.

Koerner, M., & Rust, F., Baumgartner, F. (2002). Exploring roles in student teaching placements. *Teacher Education Quarterly, 29*(2), 35-58.

Laboskey, V. K., & Richert, A. E. (2002). Identifying good student teaching placements: A programmatic perspective. *Teacher Education Quarterly, 29*(2), 7-34.

Lanier, J., & Little, J. (1986). Research on teacher education. In M. C. Wittrock(Ed.), *Handbook of research on teaching* (3rd ed., pp.527-569). New York: Macmillan.

Latham, N. I., & Vogt, W. P. (2007). Do professional development schools reduce teacher attrition? Evidence from a longitudinal study of 1000 graduates. *Journal of Teacher Education, 58*(2), 153-167.

Lawrenz, F., & McCreath, H. (1988). Integrating quantitative and qualitative evaluation methods to compare two teacher inservice training programs. *Journal of Research in Science Teaching, 25*(5), 397-407.

Levine, A. (2006). Educating school teachers. Washington, DC: The Education Schools Project. Lusi, S. F. (1997). *The role of state departments of education in complex school reform*. New York: Teachers College Press.

Lustick, D., & Sykes, G. (2006). National Board Certification as professional development: What are teachers learning? *Education Policy Analysis Archives, 14*(5). Retrieved June 10, 2008, from http://epaa.asu.edu/epaa/v14n5/.

Lyons, N. P. (1998). Portfolio possibilities: Validating a new teacher professionalism.

In N. P. Lyons (Ed.), *With portfolio in hand: Validating the new teacher professionalism* (pp.247-264). New York: Teachers College Press.

Mantle-Bromley, C. (2002). The status of early theories of professional development school potential. In I. Guadarrama, J. Ramsey, & J. Nath (Eds.), *Forging alliances in community and thought: Research in professional development schools* (pp.3-30). Greenwich, CT : Information Age Publishing.

Mitchell, K. J., Robinson, D. Z., Plake, B. S., & Knowles, K. T. (2001). *Testing teacher candidates: The role of licensure tests in improving teacher quality*. Washington, DC: National Academy Press.

Monk, D. H. (1994). Subject area preparation of secondary mathematics and science teachers and student achievement. *Economics of Education Review, 13*(2), 125-145.

Monk, D. H., & King, J. A. (1994). Multilevel teacher resource effects on pupil performance in secondary mathematics and science: The case of teacher subject-matter preparation. In R. G. Ehrenberg (Ed.), *Choices and consequences: Contemporary policy issues in education* (pp.29-58). Ithaca, NY: ILR Press.

National Board for Professional Teaching Standards (NBPTS). (2001a). *"I am a better teacher:" What candidates for National Board certifi cation say about the assessment process*. Arlington, VA: NBPTS.

National Board for Professional Teaching Standards (NBPTS). (2001b). *The impact of National Board Certification on teachers: A survey of National Board certified teachers and assessors*, Arlington, VA: NBPTS,

National Center for Education Statistics (NCES). (1996). *NAEP 1992, 1994 National Reading Assessments, Data Almanac, Grade 4*. Washington, DC: NCES.

National Center for Education Statistics (NCES). (2010). *The condition of education, 2010.* Indicator 28, Tables A-28-1, pp.244-247. Retrieved on November 26, 2010 at http://nces.ed.gov/programs/coe/2010/pdf/28_2010. pdf.

National Commission on Teaching and America's Future (NCTAF). (1996). *What matters most: Teaching for America's future.* Washington, DC: Author.

National Commission on Teaching and America's Future (NCTAF). (2003). *No dream denied: A pledge to America's children.* Washington, DC: NCTAF.

Neubert, G. A., & Binko, J. B. (1998). Professional development schools: The proof is in the performance. *Educational Leadership, 55*(5), 44-46.

Newton, S. (2010) *Preservice performance assessment and teacher early career effectiveness: Preliminary findings on PACT.* Stanford, CA: Stanford Center for Assessment, Learning and Equity.

Orland-Barak, L. (2002). The impact of the assessment of practice teaching on beginning teaching: Learning to ask different questions. *Teacher Education Quarterly, 29,* 99-122.

Pecheone, R., & Chung, R. R. (2006). Evidence in teacher education: The performance assessment for California teachers. *Journal of Teacher Education, 57,* 22-36.

Pecheone, R., & Stansbury, K. (1996). Connecting teacher assessment and school reform. *Elementary School Journal, 97,* 163-177.

Rice, J. (2003). *Teacher quality: Understanding the effectiveness of teacher attributes.* Washington, DC: Economic Policy Institute.

Rodriguez, Y., & Sjostrom, B. (1995). Culturally responsive teacher preparation evident in classroom approaches to cultural diversity: A novice and an experienced teacher. *Journal of Teacher Education, 46,* 304-311.

Ross, S. M., Hughes, T. M., & Hill, R. E. (1981). Field experiences as meaningful contexts for learning about learning. *Journal of Educational Research, 75,* 103-107.

Sandholtz, J. H., & Dadlez, S. H. (2000). Professional development school trade-offs in teacher preparation and renewal. *Teacher Education Quarterly, 27*(1), 7-27.

Sato, M. (2000). The National Board for Professional Teaching Standards: Teacher learning through the assessment process. Paper presented at the annual meeting of the American Educational Research Association, New Orleans, LA, April.

Sato, M., Chung Wei, R., & Darling-Hammond, L. (2008). Improving teachers' assessment practices through professional development: The case of National Board Certification. *American Educational Research Journal, 45,* 669-700.

Schalock, D. (1979). Research on teacher selection. In D. C. Berliner (Ed.), *Review of research in education, Vol. 7* (pp.364-417). Washington, DC: American Educational Research Association.

Shin, H. S. (1994). Estimating future teacher supply: An application of survival analysis. Paper presented at the annual meeting of the American Educational Research Association, New Orleans, LA, April.

Shroyer, G., Wright, E., & Ramey-Gassert, L. (1996). An innovative model for collaborative reform in elementary school science teaching. *Journal of Science Teacher Education, 7,* 151-168.

Smith, T., Gordon, B., Colby, S., & Wang, J. (2005). *An examination of the relationship between the depth of student learning and National Board certification status.* Boone, NC: Appalachian State University, Office for Research on Teaching.

Stallings, J., Bossung, J., & Martin, A. (1990). Houston Teaching Academy: Partnership in developing teachers. *Teaching and Teacher Education, 6,* 355-365.

Sumara, D. J., & Luce-Kapler, R. (1996). (Un)Becoming a teacher: Negotiating identities while learning to teach. *Canadian Journal of Education, 21,* 65-83.

Sunal, D. W. (1980). Effect of fi eld experience during elementary methods courses on preservice teacher behavior. *Journal of Research in Science Teaching, 17,* 17-23.

Sykes, G., Anagnostopoulos, D., Cannata, M., Chard, L., Frank, K., McCrory, R., et al. (2006). *National Board of Certified Teachers: An Organizational resource: Final report to the National Board for Professional Teaching Standards.* Washington, DC: NBPTS.

Thomas B. Fordham Foundation. (1999). *The teachers we need and how to get more of them.* Washington, DC: Thomas B. Fordham Foundation.

Tom, A. R. (1997). *Redesigning teacher education.* Albany: State University of New York Press.

Trachtman, R. (1996). *The NCATE professional development school study: A survey of 28 PDS sites.* Washington, DC: National Council for the Accreditation of Teacher Education

Tracz, S. M., Sienty, S., & Mata, S. (1994). *The self-reflection of teachers compiling portfolios for National Certification.* Paper presented at the annual meeting of the American Association of Colleges for Teacher Education, Chicago, February.

Tracz, S., Sienty, S., Todorov, K., Snyder, J., Takashima, B., Pensabene, R. *et al.* (1995).

Improvement in teaching skills: perspectives from National Board for Professional Teaching Standards fi eld test network candidates. Paper presented at the annual meeting of the American Educational Research Association, San Francisco, April.

U.S. Department of Education (2002). *Meeting the highly qualified teachers challenge: The secretary's annual report on teacher quality.* Washington, DC: Author. Retrieved from: http://www.ed.gov/news/speeches/2002/06/061102.html.

Vandevoort, L. G., Amrein-Beardsley, A., & Berliner, D. C. (2004). National Board certified teachers and their students' achievement. *Education Policy Analysis Archives, 12*(46), 117.

Walsh, K. (2001) *Teacher certification reconsidered: Stumbling for quality.* Baltimore, MD: The Abell Foundation.

Weiner, L. (2007). A lethal threat to U.S. teacher education. *Journal of*

Teacher Education, 58, 274-286.

Williams, B. C. (Ed.). (2000). *Reforming teacher education through accreditation: Telling our story.* Washington, DC: National Council for the Accreditation of Teacher Education and American Association of Colleges for Teacher Education.

Wilson, M., Hallam, P. J., Moss, P., & Pecheone, R. (2007). *Using Student Achievement Test scores as evidence of external validity for indicators of teacher quality: Connecticut's Beginning Educator Support and Training program.* Stanford: SCALE.

Wilson, S. M., Floden, R. E., & Ferrini-Mundy, J. (2001). *Teacher preparation research: Current knowledge, gaps, and recommendations: A research report prepared for the U.S. Department of Education.* Seattle: Center for the Study of Teaching and Policy.

Wiseman, D. L., & Cooner, D. (1996). Discovering the power of collaboration: The impact of a school-university partnership on teaching. *Teacher Education and Practice, 12*, 18-28.

Yerian, S., & Grossman, P. L. (1997). Preservice teachers' perceptions of their middle level teacher education experience: A comparison of a traditional and a PDS model. *Teacher Education Quarterly, 24*(4), 85-101.

Chapter 8:
Teacher education around the world: What can we learn from international practice?

Cochran-Smith, M., & Fries, M. (2005). Researching teacher education in changing times: politics and paradigms. In M. Cochran-Smith, & K. Zeichner (Eds.), *Studying teacher education: The report of the AERA panel on research and teacher education.* Mahwah, NJ: Lawrence Erlbaum Publishers.

Organization for Economic Cooperation and Development (OECD) (2011). *Building a teaching profession: Lessons from around the world.* Paris: OECD.

Wei, R. C., Darling-Hammond, L., & Adamson, F. (2010). *Professional development in the United States: Trends and challenges.* Dallas, TX: National Staff Development Council.

삶의 행복을 꿈꾸는 교육은 어디에서 오는가?

● **교육혁명을 앞당기는 배움책 이야기** 혁신교육의 철학과 잉걸진 미래를 만나다!

미래 100년을 향한 새로운 교육

혁신교육을 실천하는 교사들의 **필독서** --

● **비고츠키 선집** 발달과 협력의 교육학 어떻게 읽을 것인가?

혁신학교	성열관·이순철 지음 | 224쪽 | 값 12,000원
행복한 혁신학교 만들기	초등교육과정연구모임 지음 | 264쪽 | 값 13,000원
서울형 혁신학교 이야기	이부영 지음 | 320쪽 | 값 15,000원
혁신교육, 철학을 만나다	월렌트 데이비스·데니스 수마라 지음 | 현인철·서용선 옮김 | 304쪽 | 값 15,000
대한민국 교사, 어떻게 가르칠 것인가?	윤성관 지음 | 320쪽 | 값 15,000원
아이들을 어떻게 가르칠 것인가	사토 마나부 지음 | 박찬영 옮김 | 232쪽 | 값 13,000원
모두를 위한 국제이해교육	한국국제이해교육학회 지음 | 364쪽 | 값 16,000원
경쟁을 넘어 발달 교육으로	현광일 지음 | 288쪽 | 값 14,000원
혁신교육 존 듀이에게 묻다	서용선 지음 | 292쪽 | 값 16,000원
다시 읽는 조선교육사	이만규 지음 | 750쪽 | 값 37,000원
교실 속으로 간 이해중심 교육과정(개정판)	온정덕 외 지음 | 216쪽 | 값 15,000원
대한민국 교육혁명	교육혁명공동행동 연구위원회 지음 | 224쪽 | 값 12,000원
포스트 코로나 시대의 교육	성열관 외 지음 | 224쪽 | 값 15,000원
내일 수업 어떻게 하지?	아이함께 지음 | 300쪽 | 값 15,000원
핀란드 교육의 기적	한넬레 니에미 외 엮음 | 장수명 외 옮김 | 456쪽 | 값 23,000원
한국 교육의 현실과 전망	심성보 지음 | 724쪽 | 값 35,000원
독일의 학교교육	정기섭 지음 | 536쪽 | 값 29,000원
교실 속으로 간 이해중심 통합교육과정	온정덕 외 지음 | 224쪽 | 값 15,000원
초등 백워드 교육과정 설계와 실천 이야기	김병일 외 지음 | 352쪽 | 값 19,000원
학습격차 해소를 위한 새로운 도전 보편적 학습설계 수업	조윤정 외 지음 | 240쪽 | 값 15,000원

● **경쟁과 차별을 넘어 평등과 협력으로 미래를 열어가는 교육 대전환!** 혁신교육 현장 필독서

학교의 미래, 전문적 학습공동체로 열다	새로운학교네트워크·오윤주 외 지음 | 276쪽 | 값 16,000원
마을교육공동체 생태적 의미와 실천	김용련 지음 | 256쪽 | 값 15,000원
학교폭력, 멈춰!	문재현 외 지음 | 348쪽 | 값 15,000원
학교를 살리는 회복적 생활교육	김민지·이순영 정선영 지음 | 256쪽 | 값 15,000원
삶의 시간을 잇는 문화예술교육	고영직 지음 | 292쪽 | 값 18,000원
미래교육을 디자인하는 학교교육과정	박승열 외 지음 | 348쪽 | 값 18,000원
코로나 시대, 마을교육공동체운동과 생태적 교육학	심성보 지음 | 280쪽 | 값 17,000원
혐오, 교실에 들어오다	이혜정 외 지음 | 232쪽 | 값 15,000원
수업, 슬로리딩과 함께	박경숙 외 지음 | 268쪽 | 값 15,000원

다시, 혁신학교!	성기신 외 지음 | 300쪽 | 값 18,000원
백워드로 설계하고 피드백으로 완성하는 성장중심평가	이형빈·김성수 지음 | 356쪽 | 값 19,000원
우리 교육, 거장에게 묻다	표혜빈 외 지음 | 272쪽 | 값 17,000원
교사에게 강요된 침묵	설진성 지음 | 296쪽 | 값 18,000원
왜 체 게바라인가	송필경 지음 | 320쪽 | 값 19,000원
풀무의 삶과 배움	김현자 지음 | 352쪽 | 값 20,000원
비고츠키 아동학과 글쓰기 교육	한희정 지음 | 300쪽 | 값 18,000원
교실을 위한 프레이리	아이러 쇼어 엮음 | 사람대사람 옮김 | 410쪽 | 값 23,000원
마을, 그 깊은 이야기 샘	문재현 외 지음 | 404쪽 | 값 23,000원
비난받는 교사	다이애나 폴레비치 지음 | 유성상 외 옮김 | 404쪽 | 값 23,000원
한국교육운동의 역사와 전망	하성환 지음 | 308쪽 | 값 18,000원
철학이 있는 교실살이	이성우 지음 | 272쪽 | 값 17,000원
왜 지속가능한 디지털 공동체인가	현광일 지음 | 280쪽 | 값 17,000원
선생님, 우리 영화로 세계시민 만나요!	변지윤 외 지음 | 328쪽 | 값 19,000원
아이를 함께 키울 온 마을은 어떻게 만들어야 할까?	차상진 지음 | 288쪽 | 값 17,000원
선생님, 제주 4·3이 뭐예요?	한강범 지음 | 308쪽 | 값 18,000원
마을배움길 학교 이야기	김명신 외 지음 | 300쪽 | 값 18,000원
다시, 남도의 기억을 걷다	노성태 지음 | 332쪽 | 값 19,000원
세계의 혁신 대학을 찾아서	안문석 지음 | 284쪽 | 값 17,000원
소박한 자율의 사상가, 이반 일리치	박홍규 지음 | 328쪽 | 값 19,000원
선생님, 평가 어떻게 하세요?	성열관 외 지음 | 220쪽 | 값 15,000원
남도 한말의병의 기억을 걷다	김남철 지음 | 316쪽 | 값 19,000원
생태전환교육, 학교에서 어떻게 할까?	심지영 지음 | 236쪽 | 값 15,000원
어떻게 어린이를 사랑해야 하는가	아누쉬 코르착 지음 | 송순재·안미현 옮김 | 408쪽 | 값 23,000원
북유럽의 교사와 교직	예스터 에크하트 라르센 외 엮음 | 유성상·김민조 옮김 | 412쪽 | 값 24,000원
산마을 너머 지금 뭐해?	최보길 외 지음 | 260쪽 | 값 17,000원
전문적 학습네트워크	크리스 브라운 외 엮음 | 성기선·문은경 옮김 | 424쪽 | 값 24,000원
초등 개념기반 탐구학습 설계와 실천 이야기	김병일 외 지음 | 380쪽 | 값 27,000원
선생님이 왜 노조 해요?	교사노동조합연맹 기획 | 324쪽 | 값 18,000원
교실을 광장으로 만들기	윤철기 외 지음 | 212쪽 | 값 17,000원
자율성과 전문성을 지닌 교사 되기	린다 달링 해몬드 외 지음 | 전국교원양성대학교총장협의회 옮김 412쪽 | 값 25,000원
선생님, 완벽하지 않아도 괜찮아요	유승재 지음 | 264쪽 | 값 17,000원